SPAIN AFTER FRANCO

13

Spain After Franco
Language in Context

Juan Kattán-Ibarra   Tim Connell
Ealing College of Higher Education

Second Edition

Stanley Thornes (Publishers) Ltd

First published in 1980 by Stanley Thornes (Publishers) Ltd.
Old Station Drive, Leckhampton, CHELTENHAM, Glos. GL53 0DN

2nd Edition 1984
Reprinted with new and updated material 1987
Reprinted 1988 (twice)
Reprinted 1990

British Library Cataloguing in Publication Data

Kattán-Ibarra, Juan
    Spain after Franco. – 2nd ed.
    1. Spanish language—Examinations, questions, etc.
    I. Title   II. Connell, Tim
    428.2'421   PC4119

    ISBN 0–85950–152–3

Typeset by Alden Press, Oxford, London & Northampton and printed in Great Britain at The Bath Press, Avon.

Contents

Grammar Index (Lenguaje y uso)

Grammar Index (Lenguaje y uso)

Acknowledgements

The authors wish to express their gratitude to the following for source material:

Actualidad Económica, ABC, Blanco y Negro, Cambio 16, Cuadernos para el Diálogo, Ediciones Txertoa, Ediciones Guadiana, El País, Tele Expres, Triunfo, and *La Vanguardia.* Details appear in the text. They would also like to express their sincerest thanks to Manuel Fernández Gasalla for his meticulous reading of the manuscript, and many valuable comments. Thanks are also due to Mike and Isabel Wooller, Marina Coterillo y Madrazo, Felipe Vega Escandón, Manuel Pulgar, Eduardo de Benito and Dr George Hills for information, Juan Tomás for the photos which appear on page 7, Pilar and Juliana Connell for their views, and John Ll. Hollyman for his assessment of the book.

Map of Spain

Las Autonomías

Galicia
Asturias
Cantabria
País Vasco
Francia
Navarra
La Rioja
Castilla-León
Aragón
Cataluña
Portugal
Madrid
Castilla-La Mancha
País Valenciano
Extremadura
BALEARES
Andalucía
Murcia
Ceuta
Melilla

0 60 120 180 km.

CANARIAS

Ciudades de España

Ferrol
La Coruña
Gijón Santander
Guernica
FRANCIA
Oviedo
Bilbao
San Sebastián
ANDORRA
León
Pamplona
Vigo
Burgos
Zaragoza
Valladolid
Douro
Barcelona
PORTUGAL
Salamanca
MADRID
Tajo
Toledo
MENORCA
MALLORCA
Palma
Valencia
BALEARES
ESPAÑA
Badajoz
IBIZA
Murcia
Alicante
Guadalquivir
Córdorba
MAR MEDITERRÁNEO
Sevilla
Granada
Málaga
Cádiz
Gibraltar
Ceuta
LANZAROTE
LA PALMA
FUERTEVENTURA
Santa Cruz
GOMERA
Las Palmas
Melilla
HIERRO
TENERIFE
GRAN CANARIA
MARRUECOS
CANARIAS

Disturbios
Callejeros

The political context

By the mid-1970s Spain had become a political anomaly. It was still headed by the last of the pre-War dictators, and living in a state of political isolation which had become more marked with the end of Salazar in Portugal and the revolution there in 1974—a year which also saw the demise of the Greek colonels. Economically, Spain did have extensive trade links with the rest of Europe and the United States, but there was little sympathy for its leaders or its system of government. And although General Franco had built a system little disposed towards change, and designed to function without him, the cracks in the façade had long been obvious. Apart from the legacy of bitterness left by the Civil War and the years of repression and exile, opposition forces were encouraged by one unavoidable fact: the age of the Caudillo himself. Curiously enough, the first meeting to discuss what might happen when Franco died (or *if* he died, as people sometimes said) took place in 1962—when he was 70 years old. It took place in Munich and brought together people of a wide range of persuasions, including exiles but not Communists. The main item on the agenda of the *Movimiento Europeo* was Spain's original application to join the EEC; and the exile group, led by Salvador de Madariaga, and the home group, led by Gil Robles, called on the Community not to accept Spain until democracy was restored. Official reaction was predictably unsympathetic, and the Caudillo probably comforted himself with the thought that he came from a long-lived family. And he maintained the position of *Presidente del Gobierno*, or Prime Minister, when that post was separated from the responsibilities of the Head of State as part of the Organic Laws, which came into effect in 1967.

It must be said that many ordinary Spaniards favoured the régime, and would point to the years of stability and increasing economic prosperity which followed in the wake of the 1959 economic reform plans and the increased revenues from the tourist boom which began in the mid-60s. Equally there were those who feared controversy and a return to the open hatreds of the 1930s; and many others were little more than spectators from a distance, living abroad as exiles or looking for work. Even so, the groundswell of opposition began to grow inexorably, in industry, the universities and among progressive Church elements. The Communist Party, with about 22 000 members abroad, maintained a constant level of opposition and was a prime mover behind the setting up of the *Comisiones Obreras* as an alternative to the government-controlled *sindicatos verticales*. Strikes, although largely illegal, became more widespread, frequent and bitter in the early 1970s; the Socialist Party re-emerged as a force with the Toulouse Conference in 1972, and also political violence began to make its presence felt.

It became apparent that some measure of liberalisation would be inevitable in order to avoid even greater problems; the appointment of Admiral Carrero Blanco, a known hard-liner, as Prime Minister in June 1973 did little to reassure those for whom the Civil War (and the issues that led up to it) were increasingly a part of history and less a part of everyday political life. And expressions of horror at the spectacular explosion that killed the Admiral in December 1973 (his car was actually blown over a six-storey building) were mingled with disquiet at the thought that Spain's long political siesta had finally come to an end.

Reforma v. ruptura

1974 brought with it the dual question of *reforma democrática* and *ruptura democrática*. Carlos Arias Navarro, the new Prime Minister, announced a package of reform measures which envisaged the development of democratic liberties and more popular representation. Proposals included the election of mayors (and not appointment, as hitherto) a reform of Parliament—the *Cortes*, of whose members only 17% could claim to be elected, and many of whom were also senior government officials; trade unions were to be reformed to give more bargaining power; and a law of political association was also proposed, indicating that some form of consensus politics might be possible once again. Nonetheless, phrases such as *el contraste de pareceres*, and *asociaciones políticas* instead of *partidos políticos* underline the fact that a free multiparty system was not envisaged.

The main drawback to the Arias reforms lay in the fact that they were essentially limited in scope and opposition groups were fully aware that time, and a growing number of people, were now on their side. In February 1975 the Prime Minister said in a speech that Spaniards should relieve the Caudillo of the responsibility for political innovation and participate in forming their country's future. And many Spaniards were all too ready to do just that. The law on political association, for example, was framed so as to allow a certain measure of freedom, whilst keeping everything under the control of the National Council of the *Movimiento Nacional*, hitherto the only permitted party in the country. And although no ideology was excluded by name, certain limitations were obvious, and both Christian Democrats and Socialists objected that the terms of reference of the new law were too narrow.

Demands for *ruptura democrática*, a clean break with the old system, rather than the facelift proposals of the *reforma* became more vociferous—and the opposition more organised. General Franco's five week decline into death gave all sides time to prepare for the struggles for supremacy in the ensuing power vacuum, amidst Press reports of family arguments around the dying man's bed, and black jokes about 'Francostein'—a reference to the range of equipment needed to keep the Caudillo alive. Despite continuing fears of hardline politics from the *Bunker*, or an army takeover, *reforma* v. *ruptura* became the key issue. In March 1976 the Communist and Socialist opposition groups, Junta Democrática and Plataforma de Convergencia Democrática, merged to form a united group called Coordinación Democrática (sometimes referred to as the Platajunta). A wide range of other parties joined too, forming a single pressure group, to bring about radical alterations in Spanish political life. It was probably the breadth of opinion represented by this group as much as its actual calls for change that led Arias Navarro to announce the second set of reforms in just over two years, which led, successfully, to the Political Reform Law, the Referendum and the general elections of 1977, and, less directly, to the new Constitution (and ironically also to the resignation of Arias and the principal members of his cabinet, which indicates the reluctance underlying *el espíritu del 12 de febrero*).

The King

The driving force behind these changes at governmental level was the King himself, a curious fact in the light of his careful grooming by General Franco to be his successor as Head of State. When he came to the throne he met with a certain degree of cold courtesy on the one hand, and open hostility on the other, a common opinion being that a monarch was hardly relevant to either *ruptura* or *reforma*. And yet it is probably true to say that without the quiet determination of Juan Carlos, the emergence of the new Spain would have been far harder, much bloodier, and perhaps even impossible. Apart from holding clear views as to how things should proceed (which included changing Prime Minister in July 1976 and choosing a man who was virtually an unknown quantity) his strong links with the military greatly reduced the possibility of direct intervention in the affairs of state by the armed forces (even though it is rumoured that Regional Commanders had orders to take over in the event of a Socialist victory in 1977).

Spain's image abroad

The King and Queen succeeded in gaining a high degree of respect and popularity at home as a result of a series of visits to the various regions. In the international sphere visits to countries all over the world played an important part in gaining reacceptance politically, paved the way for recognition from countries as far apart as Mexico and Mongolia, and laid down Spanish diplomatic policy for the 1980s. Traditionally Spain has seen itself playing a three-fold role as a result of its geographical location and history: as a European state, and a bridge with the Arab world on the one hand, and Latin America on the other. In Europe the transition to democracy was marked by entry into some European organisations, and applications to join others. In an economic context Spain, although suffering from the disadvantages of being on the periphery of Europe, and in possible competition with other Mediterranean countries, has begun to strengthen economic ties with its European neighbours, through trade or collaboration on projects such as the European Airbus. The link with the Middle East has its origins, rather remotely, in the Moorish occupation of Spain from AD 711 to 1492, and in modern diplomacy, the situation is perhaps eased by the fact that Spain does not recognise Israel. It has been in dispute with its North African neighbours over the situation in the Spanish Sahara since withdrawal in early 1976, but a diplomatic initiative (plus a Royal visit) in May 1979 indicated a Spanish desire to solve this long-standing problem. The Latin American connection is more ethnic and cultural by nature; Spain was overtaken by Mexico in terms of population in 1957, and although there have been suggestions that Spain could be a link providing new outlets for the Common Market, it is possibly significant that the EEC already has offices in capitals like Caracas.

Transition to democracy 1974–78

Los Reyes de España

1979–82

Why should this period stand out so clearly? Calls for change became more orchestrated in 1974, partly in response to the Arias plans for reform. Free elections were held, a new Constitution was introduced, measures of regional autonomy granted, political prisoners amnestied and political parties legalised. Public opinion widened in outlook, censorship was lifted and a heady sense of freedom prevailed. Abroad Spain withdrew from the Sahara and restored links with countries like Mexico. It joined the Council of Europe, was accepted in principle by the EEC and encouraged to think of joining NATO. Industrial relations were radically updated and independent unions legalised. The Civil War era finally came to a close: the King's birthday was celebrated as an official holiday instead of 18 July 1936; the Victory Parade became Armed Forces Day; and pensions were finally made payable to Republican invalids.

The second general election in two years enabled parties to get used to the concepts of government and opposition, parliamentary debate and the formulation of party policy at regular congresses. Communist and socialist mayors began to grapple with the practical problems of local government as a consequence of extensive support at municipal level. The overall tone of politics hardened: El Ferrol del Caudillo no longer proclaimed its earlier allegiance, but on the other hand demands that street names that commemorated Fascism in Madrid should be changed met with apologetic comments about the size of the available budget for road signs. On a more sinister note, extreme elements stubbornly persisted. Acts of violence included the bombing of the California 47 café in Madrid, which in turn provoked Blue Shirt attacks on Communist Party and trade union offices. The King called for an end to terrorism when opening Parliament and received widespread support.

In fact terrorism did decline but was not eradicated. Similarly other key items in the transitional period continued to cause concern. Parts of the Armed Forces were clearly unreliable, while the Grupo de Operaciones Especiales, set up after the 23-F (the attempted coup d'etat on 23 February 1981) to prevent such things from happening again, was mercifully the opposite. A number of serious plots were uncovered which ranged from Operación Sadat (when the King was meant to meet the same fate as the late president of Egypt) to Operación Cervantes (anything but quixotic) which included plans to shell the Zarzuela (the Royal Palace), the Moncloa (the presidential palace), and the JUJEM (Junta de Jefes de Estado Mayor—the Military High Command).

Reformist legislation continued to be debated; the Divorce Law finally went through in July 1981 but the question of abortion remained a subject for fierce polemic. The working of Social Security systems was carefully scrutinised and argued, while the awful episode of the *neumonía atípica* or *colza*, which led to the deaths of hundreds and the crippling of thousands from the effects of consuming adulterated cooking oil, revealed shortcomings in different areas of Public Health.

On the international scene, Spain made little effective progress. Entry into NATO was achieved but in a manner which inevitably provoked opposition and a pledge from PSOE to hold a referendum on the subject. The EEC continued to prevaricate in the absence of a coherent long-term policy for Mediterranean produce. The perennial question of Gibraltar made some progress, with the line being opened for residents, but events in the South Atlantic probably worsened the atmosphere for meaningful discussions to take place.

It is said that the Second Republic lasted for 1922 days—exactly the span of time between the death of Franco and the eruption of Tejero. Spain seems to have survived such ominous historical parallels and has shown itself capable of weathering the worst political storms. The era of transition has now come to a close, which is not to say that radical changes are no longer possible. But the first part of the transition (up to the approval of the Constitution) set the path that the country was to follow towards modernising its institutions. It almost overlaps with Operación Galaxia, the first attempted coup which heralded the second phase, a period of uncertainty which was to last until the 1982 elections showed that the 1978 Constitution was firmly established, understood and approved of by the 21 million people who took part in the electoral process.

From democracy to disillusion

Inevitably there was a certain backlash. People had expected democracy to solve all of Spain's longstanding problems, and the speed with which changes had been carried out since the demise of the Caudillo led many to expect that results would be equally swift and nothing but positive. In fact the economic reality of high wages being linked to inflation, the pragmatic aspects of pluralistic government, claim and counterclaim by politicians served to fuel a sense of frustration and disillusionment. *Bajo Franco vivíamos mejor* seemed to take on a real meaning and was exploited by the *Ultras*, members of the old *Bunker* and their younger adherents, who had steadily re-emerged.

Separatist movements continued to exert pressure on the government. Despite lengthy debates concerning the devolution of power, manoeuvring over which article of the constitution to apply (Article 151 and rapid change, as offered to Catalonia and the Basque Country, Article 143 and a slower process for others) created a sense of suspicion that the government might backpedal in the face of increasingly more vociferous opposition from the Right, sections of the Armed Forces and those who feared the fragmentation of the country. A failure to agree between the parties led to the LOAPA (*Ley Orgánica de Armonización del Proceso Autonómico*) being forced through by UCD and PSOE, only for it

ESTÁN ROMPIENDO LA UNIDAD DE ESPAÑA

TU HONOR
NO LO HABRIA
PERMITIDO.

to be halted by a challenge to its constitutional legality from nationalist groups. But 16 Autonomies were finally agreed, a move which reduced the pressure for separatism in most of the country.

Terrorism had a further effect in setting elements of the army against the government. Whereas the internal wranglings of UCD led to a tentative and uncertain style of government there were those in the military who wanted to take a strong line against any armed challenge to the State. That was to come in its most graphic form when Lieutenant Colonel Antonio Tejero occupied the Congress building on 23rd February 1981, ironically just when a vote was to be taken confirming Leopoldo Calvo Sotelo as the new prime minister. The 23-F, or *Tejerazo*, was the closest any of the plots in this period came to shaking the government. The King's masterful handling of the crisis and the massive demonstration of public support brought the country together in a way that had not been seen for some time; it was to be repeated with the observance of the two-minute silent protest against continued terrorism in May of the same year.

The 23-F persuaded one wing of ETA, ETA(político-militar) to call a truce and later to call off the armed struggle, a path regretfully not taken by its counterpart ETA(militar) which 'declared war' on Felipe González not long after the change of government in 1982.

The open dissent which led to the resignation of Adolfo Suárez as Prime Minister and his withdrawal from UCD to form his own party, Centro Democrático y Social, plus the formation of parties like the PDP, the re-alignment of parts of UCD with existing parties, and the poor showing of UCD in the regional elections for the Autonomy Parliaments were indicative of the decline of the centre ground in Spanish politics. It was also an indication perhaps of the end of the transitional period in that UCD might be seen as the essential vehicle for the move away from the old order. (One press editor commented that he had voted UCD in 1979 in order to *be able* to vote for PSOE in 1982.) Equally the Right found its voice and rallying point in Alianza Popular under Manuel Fraga Iribarne. Despite a pathetic electoral performance in 1979 it enjoyed a sweeping victory in the Autonomy elections in Fraga's homeland of Galicia, and stormed home in 1982 with over 5 million votes—not far off the total UCD had needed in order to win three years before. But that was merely half of the vote accorded to the PSOE and Felipe González, the first Socialist president to have a clear mandate to govern and to enter power smoothly in the country's history.

The government of Felipe González

Some of the problems faced by the first PSOE administration, such as unemployment or terrorism, appeared to have no solution. There were some successes against GRAPO, but the tension in the Basque Country continued, despite the setting up of a regional police force, the *Ertzaina*, and the use of special forces to fight ETA. The shadowy GAL *(Grupo Antiterrorista de Liberación)* carried out selective assassinations of ETA leaders, often on the French side of the border. The *reinserción social* plan brought some *etarras* out of the conflict, but the arrangement whereby known *etarras* were deported to increasingly more exotic destinations such as Martinique or Togo did not appear to resolve matters.

Greater success attached to the programme of legislation passed between 1982 and 1986, some controversial, some well overdue: the Ley de Incompatibilidades aimed to put an end to *pluriempleo*, and hit MPs in particular. The LODE *(Ley Orgánica del Derecho a la Educación)* provoked a sharp reaction from the Church which feared a cutback in its traditional role. The post of *defensor del pueblo* (Ombudsman) was created in 1983. A number of longstanding issues (such as EEC entry and Spain's role in NATO) came to a head, and others began to emerge.

Bipartidismo seemed to fade with the emergence of various small parties looking to fit into a broad coalition of interests with other like-minded groups. Internal struggles within PCE, on the other hand, all but tore it apart; Gerardo Iglesias took over as General Secretary, and Santiago Carrillo became isolated to the point of losing his seat in 1986.

Social attitudes polarised in the face of certain legislation. The *despenalización* of such things as sex-change operations or soft drugs created less controversy than the abortion law, which only reached the statute books in 1985 after claims before the Tribunal Constitucional that it would infringe Article 15 concerning the right to life.

International policy contained a number of interesting features. Diplomatic recognition of Israel in January 1986 did not provoke Arab reprisals as feared, but the spectre of North Africa continued to haunt military planning and diplomatic strategies alike. The question of Ceuta and Melilla became more delicate with the passing of the *Ley de Extranjería*, affecting all non-nationals, including the majority of Moslems who had lived for generations in those enclaves. It did, however, please Britain in that the 'Costa del Crime' would no longer be a haven for British criminals. More cordial relations with Britain led to hopes that the Gibraltar question could finally be resolved. The line was opened in February 1985 following the Brussels Agreement.

Spain continued to have economic difficulties—unemployment, for example, was severe. PSOE's bold programme of *reconversión industrial* met heavy resistance in areas with twilight industries, such as Bilbao, but was seen as a precondition of EEC entry, as was the introduction of VAT. A tone of consultation was still maintained with the signing of the Acuerdo Económico y Social by the government, the CEOE (employers' federation) and the UGT (but not CC.OO). The handling of the Rumasa affair showed determination, with the expropriation of the giant conglomeration of banks and companies. (Ruiz Mateos himself, after periods in London and Frankfurt, returned to Spain and house arrest in late 1985.)

The 1986 elections were brought forward to June (some people said to make them coincide with the World Cup). The campaign was dull and marked by wrangling between rival politicians. However, the result was never really in doubt.

Arias Navarro

Arias Navarro, Carlos: b. 1908. Prime Minister appointed by Franco after death of Admiral Carrero Blanco, December 1973. First civilian premier since Civil War. Lawyer. Civil Governor of León 1944, and Navarre 1949. Director General of Security 1957, Mayor of Madrid 1965, Minister of Interior 1973. Introduced liberalisation programme 1974. Head of National Movement December 1975. Resigned 1 July 1976, apparently at request of King.

Armada

Armada Comyn, Alfonso: b. 1920. Godson of Alfonso XIII. Joined up as volunteer 1936. Served in División Azul. Married, 12 children. Tutor to Juan Carlos at Zaragoza Military Academy. Appointed Military Governor of Lérida (Lleida) 1977. Dubious but central role in 23-F. Gaoled for 6 years for conspiracy.

Borbón y Battenberg

Borbón y Battenberg, Juan: b. 1913. Count of Barcelona, son of King Alfonso XIII. Exile at time of father's abdication 1931. Recognised by father as successor 1941. Renounced right to Spanish throne 1977.

Borbón y Borbón

Borbón y Borbón, Juan Carlos: b. Rome 1938. King of Spain. Grandson of King Alfonso XIII. Great-great-grandson of Queen Victoria. Educated in Switzerland. Entered Zaragoza Military Academy aged 16; studied Economics, Politics and Law at University of Madrid. Commissioned into all three armed services, 1957–59. Married Princess Sophia of Greece 1962. One son (Príncipe de Asturias), two daughters. Named as future king instead of father 1969, in accordance with 1947 provisions made by General Franco. Took power during Franco's illness July 1974, again October 1975. Inaugurated as King 22 November 1975.

Calvo Sotelo

Calvo Sotelo, Leopoldo: b. 1926 into a major political family. (Nephew of monarchist leader assassinated June 1936.) Minister of Commerce Dec. 1975. Minister of Public Works under Suárez 1976. Deputy for Madrid 1977–82. April 1977 directed UCD election campaign. 1978–81 in charge of relations with EEC. Replaced Suárez as P.M. February 1981 (after two votes). Lost seat in 1982 election.

Carrillo Solares

Carrillo Solares, Santiago: b. 1915. General Secretary of Junta Socialista Unida 1936. Member of Junta de Defensa de Madrid 1936. General Secretary Spanish Communist Party 1960–82. Exile 1939–76 and clandestine return. Member of Congress 1977–1986.

Fraga Iribarne

Fraga Iribarne, Manuel: b. 1922. Diplomatic Service 1945. Professor of Constitutional Law 1948. Various government posts 1956–62. Minister of Information and Tourism 1962–69. Ambassador to London 1973–75. Deputy Prime Minister for Interior in December 1975 cabinet. Founder member of Alianza Popular October 1976. Elected Deputy for Madrid June 1977. Leader of AP.

Franco Bahamonde

Franco Bahamonde, Francisco: 1892–1975. b. El Ferrol, Galicia. Entered Toledo Military Academy 1906. Active service in Morocco 1912. Rapid promotion. Wounded 1916. Appointed second in command of Spanish Foreign Legion 1920, C-in-C 1923. Commanded suppression of Asturian miners' revolt 1934. Commander Moroccan army 1935. Chief of General Staff 1935. Commander of forces in Canaries 1936. Head of State of Nationalist zone October 1936. Overall Head of State with title of *El Caudillo* 1939. Declared himself Head of State for life 1948, having arranged for monarchical succession 1947. Announced Prince Juan Carlos as successor 1969. Appointed Admiral Carrero Blanco as Presidente del Gobierno 1973, having held same since 1967. Serious illness July 1974, taken ill again 17 October 1975. Died 20 November 1975.

González Márquez

González Márquez, Felipe: b. Seville 1942. Lawyer, specialist in labour legislation. First Secretary of PSOE 1974–. Diputado for Madrid 1977–   . Led PSOE to victory in 1982 elections and again in 1986. (See p. 29.)

Ibarruri

Ibarruri, Dolores 'La Pasionaria': b. 1895. From mining family in Asturias. Member of Central Committee at 4th Party Congress 1932. Communist deputy for Asturias during Republic. Famous orator. Played leading rôle in defence of Madrid 1937–38. Exile mainly in USSR 1939–77. Son killed serving with Red Army in Second World War. President of PCE 1960. Led criticism of Soviet invasion of Czechoslovakia 1968. Communist deputy for Asturias 1977–1982.

Milans del Bosch

Milans del Bosch, Jaime: b. 1915. Entered Military Academy aged 19. Served in Spanish Foreign Legion. Fought at Alcázar de Toledo. Volunteer in División Azul, World War II. Military attaché to various Latin American countries. Board member of *El Alcázar*. C-in-C Military Region III based in Valencia. Declared state of siege on 23-F. Gaoled for 30 years as a result.

Suárez González

Suárez González, Adolfo: b. 1932. Former civil governor of Segovia. 1969 Director General of Radio and TV. Secretary General of National Movement in December 1975 cabinet. Appointed Prime Minister July 1976. May 1977 decision to stand as independent in elections, aligned with centrist forces. Won majority in 1977 and 1979 elections, at head of UCD. Resigned 1981 to form Centro Democrático y Social.

Tejero

Tejero Molina, Antonio: b. 1932. Lt Colonel Civil Guard. Moving force behind attempted coups of November 1978 (*Operación Galaxia*) and February 1981 (*El 23-F* or *El Tejerazo*). Gaoled for 30 years 1982 for military rebellion. Stood as Solidaridad Española candidate in elections. Unsuccessful.

Some of the major parties and unions are outlined below. It is interesting to note that a reference dictionary of political parties, unions and pressure groups, published in 1977 listed well over 700 different organisations, many of them with the same initials.

Political parties

Alianza Popular (AP): formed October 1976, with aim of uniting Centre Right. Tendency much farther to Right. Sixteen seats in 1977 election, and despite merger to become Coalición Democrática, won only 10 in 1979. Fraga Iribarne a leading figure. Massive swing in 1982 elections, emerging as main opposition party (see p. 29).

Fuerza Nueva (FN): extreme Right-wing party, founded 1976, representing ideals somewhat to the Right of the old Falange. Their main spokesman, Blas Piñar, was the only candidate to win a seat in 1979. The party was dissolved following its losses in 1982.

Partido Comunista Español (PCE): set up in 1921. Frequently illegal, even for a time during the Republic. Active underground after the War; guerrilla campaign 1940s. Dolores Ibarruri and Santiago Carrillo elected President and Secretary General respectively 1960. Split between Enrique Líster and Santiago Carrillo over Czechoslovakia and policy towards USSR in 1970. National reconciliation a central aim in 1975. Involvement with Eurocommunism, and eagerness to stress plurality and democratic themes after legalisation in 1977. Less than three dozen seats in both houses in 1977 and 1979. But major successes in municipal elections (April 1979) running with the PSOE. Santiago Carrillo resigned after the party's poor showing in 1982.

Partido Socialista Obrero Español (PSOE): founded 1879 by Pablo Iglesias. Formed part of the Republican government. Re-emerged in 1970s with the Toulouse Conference (1972). Split between PSOE (Histórico) and PSOE (Renovado) led by Rodolfo Llopis and Felipe González respectively. Government recognition of PSOE(H) before PSOE(R) caused internal tension prior to 1977 elections. But party emerged as main opposition group, with 118 seats in Congress and 35 in Senate; little change in 1979. Marxist in outlook, a policy confirmed at May 1979 congress, and which led Felipe González to offer his resignation, having failed to gain approval for a broader non-Marxist approach, to attract more support nationally. Reinstated September 1979. However the Marxist tag was officially dropped and *Felipe* led the party to victory in 1982 (see p. 29).

Unión de Centro Democrático (UCD): Centre Right coalition, developed from an electoral alliance early 1977 between various Liberal, Social and Christian Democrat parties. Adolfo Suárez stood as an independent aligned with centrist forces in the 1977 election, which effectively meant the UCD. It gained 165 seats in the Congress and 105 in Senate. The figures remained virtually unaltered in 1979. The party disintegrated over the following three years, and its weakness in government may even have been a factor provoking a *golpista* atmosphere. Suárez resigned in January 1981 to make way for Leopoldo Calvo Sotelo, and formed his own party, Centro Democrático y Social. A dozen diputados went over to him, while others joined the PDP. UCD's poor showing in the Autonomy elections pointed to near annihilation in the 1982 elections, a far cry from the 6 million votes of three years before.

Trade unions

Confederación Nacional de Trabajadores (CNT): Anarchist. Particularly strong in 1930s. Involved in resistance post-war. Opposed to 1978 union elections on grounds that they gave workers the right to vote but not to take decisions. About 200 000 members, mainly in Catalonia.

Comisiones Obreras (CC.OO): mainly Communist. Set up in Barcelona 1962. Extremely active among grass-roots but illegal before 1977. About $1\frac{3}{4}$ million affiliates in 1979; won 37% of votes cast in 30 000 firms in union elections.

Unión General de Trabajadores (UGT): Socialist. Formed in 1888, with support of PSOE. Before Civil War it had over $1\frac{1}{2}$ million members; by 1979 just over 2 million. It emerged as the second strongest group in the union election.

PSOE
(PARTIDO
SOCIALISTA
OBRERO
ESPAÑOL)

Felipe González asume el poder en 1982

Key Dates

9 June 1973	Admiral Carrero Blanco appointed Prime Minister by General Franco
20 December 1973	Admiral Carrero Blanco assassinated by ETA
12 February 1974	Reform Programme announced by his successor, Carlos Arias Navarro
26 August 1975	New Terrorism Law approved
27 September 1975	Execution of five suspected terrorists. Wave of protests throughout Europe
17 October 1975	Morocco announces the Marcha Verde, to annex the Spanish Sahara
17 October 1975	Beginning of General Franco's last illness
14 November 1975	Tripartite Agreement on Sahara signed in Madrid by Spain, Morocco and Mauritania
20 November 1975	Death of General Franco
22 November 1975	Proclamation of Juan Carlos as King
25 November 1975	Royal Pardon for certain political prisoners
13 December 1975	New cabinet announced in Madrid
12 January 1976	Last Spanish troops withdraw from Sahara
24 January 1976	New defence treaty signed with USA
27 February 1976	República Arabe Saharaui Democrática declared in Spanish Sahara by Polisario, with Algerian support
31 May 1976	Los Reyes to Santo Domingo—first visit of Spanish monarch to New World since its discovery
1 July 1976	Adolfo Suárez appointed Prime Minister
30 July 1976	Partial amnesty declared for political prisoners
18 November 1976	Political Reform Law approved by Cortes
15 December 1976	Overwhelming support for Law in Referendum
17 March 1977	Amnesty declared for political prisoners
28 March 1977	Diplomatic relations restored with Mexico (broken off after the Civil War)
1 April 1977	Abolition of the National Movement, the political base of the Franco régime
9 April 1977	Communist Party legalised
28 April 1977	Free Trade Unions approved
15 June 1977	General elections held, the first since 1936
18 July 1977	Spanish application to join the EEC
22 August 1977	First meeting to draw up the new Constitution
29 September 1977	Partial autonomy for Catalonia with the re-opening of the Generalitat
8–27 October 1977	The Moncloa Pact (a package of economic, social and political reforms), finalised at several meetings
17 October 1977	Amnesty for political prisoners
24 November 1977	Spain joins the Council of Europe
16 June 1978	The King visits China; the first Western Monarch to do so, and the first Spanish Head of State to visit a communist country
31 October 1978	The text of the Constitution approved by both Congress and Senate
17 November 1978	Operation Galaxia, a minor attempted coup by elements of the Civil Guard and paramilitary forces
29 November 1978	EEC approves Spanish application

Key Dates

6 December 1978	Referendum on the Constitution shows public approval
3 January 1979	Agreement with Vatican to update 1953 Concordat
January–March 1979	Trade Union elections
1 March 1979	General election
3 April 1979	Municipal elections
May 1979	Visit by King and Prime Minister to North Africa
25 October 1979	Approval of autonomy for Basque Country and Catalonia
16 December 1979	Basque government-in-exile dissolved
8 April 1980	Spain becomes 34th member of Economic Commission for Latin America
29 January 1981	Suárez resigns. Replaced by Leopoldo Calvo Sotelo
23 February 1981	Attempted coup: Congress seized by Lt. Col. Tejero (*el 23-F*)
28 February 1981	ETA(político-militar) declares truce. (Disbands September 1982)
6 May 1981	First reported outbreak of *neumonía atípica* (actually caused by adulterated cooking oil)
20 July 1981	Divorce Law approved
31 July 1981	LOAPA (*Ley Orgánica de Armonización del Proceso Autonómico*) approved
10 September 1981	Return of Picasso's Guernica to Spain from New York
10 December 1981	Spanish entry into NATO confirmed, only to be frozen by the new Socialist government a year later
19 February 1982	23-F trial opens
3 June 1982	23-F sentences (ranging from 2 to 30 years) passed on 21 officers and one civilian
24 June 1982	*Operación Sadat* foiled (plan to murder king during military parade)
27 October 1982	*Día de Reflexión* before the election; also planned date of another frustrated coup—*Operación Cervantes*
28 October 1982	General Election. PSOE wins with 10 million votes (AP polls 5 million)
30 October 1982	Papal visit to Spain
15 December 1982	Blockade lifted on Gibraltar, but only for residents
26 January 1983	Approval of Castilla-León and Baleares as *autonomías*. All 16 regions now approved, but Ceuta and Melilla still unresolved
23 February 1983	Government expropriates giant Rumasa group holdings
10 August 1983	LOAPA declared to be unconstitutional
19 August 1983	Fishing agreement signed with Morocco
7 January 1984	Serra military reforms passed
4 February 1985	The line opened at Gibraltar
28 May 1985	Abortion Law finally goes through Congress
12 June 1985	EEC treaty signed
24 July 1985	Ley de Extranjería passed
1 January 1986	Spanish accession to EEC
12 March 1986	NATO referendum

Spain after Franco was devised to provide material for the increasing number of students who are opting to study the background to Spanish Society rather than Literature, and who have an interest in current affairs. The authors feel that traditional courses rarely provide the student with the necessary range of language and reading practice to be able to make use of original sources for themselves when working on aspects of modern Spain. The book is designed to provide detailed information on the rapid and far-reaching chain of events which finally brought a measure of reconciliation to the Spanish people, and healed the scars of the Civil War and its aftermath. Changes in Spain were much faster and penetrated deeper than many people would have thought possible. Thus apart from showing how the rigid structure of Franco's State was dismantled, the period of transition to democracy (1974–82) also provides a fascinating insight into how a country which had been rejected for years by the rest of Europe managed to emerge with a new political system and a general outlook which brought it back into the mainstream of European life.

The book's four sections deal with the main areas of change: in politics, society, foreign affairs and the economy. Each Unit is based on material from the Press, showing how and why changes took place. The first passage consists of a text for comprehension, and is followed by an active piece of language work on a similar theme, such as a transcription exercise, a piece of free writing, an interpreting session, or information gathering. The context of each Unit is established by an English introduction and continued by means of a reading passage in Spanish. In addition the introductory article looks at the period as a whole and identifies the main trends and the driving forces behind them. And for easy reference and revision the Introduction is followed by guides to people, organisations and dates, plus a map.

Each comprehension passage also centres on a number of language points (although it should be stressed that changes in the original have been kept to a minimum, to preserve authenticity). Detailed explanations of Spanish grammar are followed by exercises which, once again, develop from the basic comprehension text. Thus the student will have the dual opportunity of concentrating on language and subject material simultaneously, and then be able to apply what has been learnt to other sources in Spanish, and work on similar sorts of topic. To help with the language work, there is a guide to the grammar points on page vi, a definition of grammatical terms on page 168, and vocabulary is listed under specialist headings on pages 170–173, as well as in the usual alphabetical index.

A note on sources

The book should be useful to anyone who has a basic knowledge of the language, or who has completed an introductory course such as the *Ealing Course in Spanish*. It should also be beneficial as a means of revision or consolidation, or for those with a literary background who need practice in handling material of a more applied nature.

It is a difficult task to provide students with a constant update of current events in Spain. The present book, of course, has rather more the perspective of contemporary History, as the transitional period it illustrates stands out as clearly in the train of national events as 1898 or 1931–36.

Teachers wanting to provide their students with the latest information are advised to build up their own dossiers based on the themes or stories contained here. *Keesing's Contemporary Archives*, published by Longman, is an invaluable source, built up on a weekly basis and with a very detailed set of indexes. It should be available in larger libraries. More specialised works, normally beyond the reach of an academic library, such as *Spain: Business Opportunities* by Ben Box and Michael Wooller (Metra 1980) or its 1986 update by Edward Pincheson, may be obtained via the inter-library loan scheme.

Spanish sources tend to be ephemeral. Books may well be published in runs of 1000 and so go out of print within a few months of publication. It is worth looking out for booklists from Ed. Planeta, Ed. Ariel, Ed. Taurus and Ediciones 16. Current affairs cassettes are available from the Servicio de Cooperación Cultural run by Radio Nacional de España (Apartado 156.201 – 28080 Madrid).

The *British Bulletin of Publications* (produced by the Hispanic Council, 2 Belgrave Square, London SW1, England) is a useful reference work for new titles and articles published in English.

Outline bibliography:

Abel C & Torrents N, *Spain: conditional democracy*. Croom Helm 1984.
Bell D, *Democratic politics in Spain*. Pinter 1983.
Carr R, *Modern Spain 1875–1980*. OUP 1980.
—— & Fusi J, *Spain: dictatorship to democracy*. Allen & Unwin 1981.
Chislett W, *Spanish media since Franco*. Writers & Scholars 1979.
Coverdale J F, *Political transition of post-Franco Spain*. Praeger 1979.
Gilmour D, *Transformation of Spain*. Quartet 1985.
Graham R, *Spain: change of a nation*. Michael Joseph 1984.
Hooper J, *The Spaniards: portrait of the new Spain*. Viking 1986.
Lancaster T D & Prevost G, (eds), *Politics & change in Spain*. Praeger 1985.
Preston P & Smyth D, *Spain, the EEC & NATO*. Routledge & Kegan Paul 1984.
Reay-Smith J, *Living in Spain in the 80s*. Pinter 1983.
Tamames R (ed.), *Anuario el País*. Ed. El País. Yearly since 1982.

MANIFESTACION

23 de febrero
12 horas
Argüelles-Colón

**POR
LA PAZ
Y EL EMPLEO
OTAN NO**

CITA DE CC.OO.
A LAS 11 H. GLORIETA DE SAN BERNARDO
Nos acompañará la chirigota "Rabo Radiactivo"

CC.OO.
USMR

El Gobierno considera conveniente para los intereses nacionales que España permanezca en la Alianza Atlántica y acuerda que dicha permanencia se establezca en los siguientes términos:

1.º La participación de España en la Alianza Atlántica no incluirá su incorporación a la estructura militar integrada.

2.º Se mantendrá la prohibición de instalar, almacenar o introducir armas nucleares en territorio español.

3.º Se procederá a la reducción progresiva de la presencia militar de los Estados Unidos en España.

En relación con dicha decisión, el cuerpo electoral convocado habrá de responder a la siguiente pregunta:

"¿Considera conveniente para España permanecer en la Alianza Atlántica, en los términos acordados por el Gobierno de la Nación?"

REFERENDUM 1986

**DIA 12
marzo**

The Transition Towards Democracy

Legalisation of political parties

When General Franco died, it was clear that the laws regulating political activity would be swiftly changed; as early as December 1975, the new Cabinet declared that citizens and social organisations would be permitted eventually to form parties, without discrimination or privilege. And although the *Ley para la Reforma Política*, passed in November 1976, heralded a number of changes, it was still suspected that in practice little would be altered. It seemed even more unlikely that the Communists would be included in official plans for political reform. Even the PSOE was prevented from holding a meeting a month before this Law was passed, on the grounds that it was not officially registered.

The PCE had an estimated 22 000 members in exile, plus an unknown number within Spain, involved in the organisation of movements such as the Comisiones Obreras, amongst trade unionists, and the Junta Democrática (a group formed in July 1974 with the aim of uniting the opponents of the government and restoring democracy). The Socialists set up a similar group in June 1975, called Convergencia Democrática. In the restless days following the death of Franco, it was perhaps logical for the two groups to merge, to form Coordinación Democrática. That was in March 1976, and the new call was for amnesty for political prisoners; the return of political exiles with guarantees; political rights for all parties; an independent judicial system, and the abolition of political courts; plus the neutrality of the armed forces in internal affairs. These aims epitomised many people's views on the changes which needed to be made. It would certainly explain why a fortnight later a number of parties—including Christian Democrats and some regional parties should decide to join Coordinación Democrática as well. Clearly tremendous pressure was building up for real changes in the system, and may have hastened plans for political reform. Arias Navarro, the Prime Minister, speaking on television on 28 April 1976, announced plans which led to the *Ley para la Reforma Política* and the 1977 elections.

It is uncertain how sweeping these changes were intended to be. The Communists held a meeting in Rome in July, to discuss matters, and the Government stated publicly that neither the Party's Secretary General, Santiago Carrillo, nor its octogenarian president, Dolores Ibarruri, 'La Pasionaria', would be allowed to enter Spain, regardless of any amnesty. Santiago Carrillo forced the government's hand by appearing in public in Madrid, on 10 December 1976, to announce that the PCE would present candidates in the forthcoming elections. Right-wing pressure obliged the government to arrest him. It was widely felt, though, that the *ruptura democrática*, the break with the old order, had to be complete, in order to succeed, and in contrast to the minor changes proposed by the *reforma*. Pressure groups had merged by now into the Plataforma de Organizaciones Democráticas, and agreed on a Committee of 10 to represent them. They threatened to boycott the elections unless the PCE took part. Four days later, on 9 April 1977, the party was legalised, despite resignations in the cabinet. And, possibly in view of the military's attitude, its election campaign carefully avoided provoking any Right-wing backlash, and finally attracted about 10% of the vote (see Unit 3).

Both of these passages come from the Party's July 1976 meeting in Rome. The first is an interview with La Pasionaria, who had been in exile, mainly in the Soviet Union since 1939, and the second reports Santiago Carrillo's conditions for negotiating with the government in Madrid.

Lectura

En abril de 1967, en un discurso pronunciado en Sevilla, el general Francisco Franco declaraba: 'Si los que hablan de diversidad de opiniones entienden por esto el retorno de los partidos políticos, que sepan que esto no ocurrirá nunca'. Sin embargo, mucho antes de que transcurra un año desde la muerte del Caudillo se inicia en España la legalización de los partidos políticos y con ello la transición hacia la democracia. La oposición al franquismo se une en los esfuerzos transformadores, adoptando una posición de acción conjunta con independencia de las tácticas de los diversos partidos, llegando así a constituirse plataformas unitarias como Coordinación Democrática. Y no tardan mucho en ser reconocidas las agrupaciones políticas. Retornan al país cientos de exiliados, se concede la amnistía para los presos políticos y se alivia la censura de prensa. A la vez, se anuncian los planes que conducirán a la Ley de Reforma Política y a las elecciones de 1977.

Comprensión

Congreso en Roma: el PCE sale de la clandestinidad

(a) Entrevista con Dolores Ibarruri 'la Pasionaria'

Pregunta: Dolores, ¿por qué cree que el Gobierno se niega a darles el pasaporte a usted y a Carrillo, cuando otros exiliados están volviendo a España?

Respuesta: Pues, probablemente porque no se siente
5 muy seguro. Representamos a una fuerza que se llama Partido Comunista, que es muy importante, y tiene raíces muy profundas en el país. En cierta medida nuestra presencia en España equivale a reconocer que el Gobierno no es estable, y esto no le conviene. Porque
10 nuestra vuelta a Madrid es de alguna manera hoy el fin de la Guerra Civil.

P: ¿Cree que la reconciliación es hoy posible?

R: No sólo la creo posible, sino que la creo absolutamente necesaria. Es esencial que unos y otros, todos los
15 españoles, seamos capaces de vivir juntos para que España pueda mirar tranquilamente al futuro.

P: En su discurso insistía en la importancia de la militancia de los cristianos en el Partido Comunista. ¿Qué significación tiene ese hecho en relación con los cambios que
20 se han producido dentro del pensamiento católico español?

R: Puedo decir que el que haya católicos que quieran ingresar en el partido es un hecho auténticamente significativo. Porque el creer en Dios y el ir a misa no les
25 impide combatir y defender una política correcta.

P: ¿Cómo ve usted la situación actual de la mujer en España?

R: Vivo muy lejos de España y conozco las cosas de su vida muy superficialmente. Pero recuerdo que el partido
30 siempre se ha preocupado del problema de la mujer; y para nosotros es claro que la participación de la mujer en toda la vida política y social tiene que producirse necesariamente en nuestro país, porque sin esa participación va a ser más difícil la transformación de España.

(*Triunfo,* 7–8–76)

(1) *¿Por qué piensa Dolores que les han negado los pasaportes a ella y a Carrillo?*

(2) *¿Piensa que es posible la reconciliación?*

(3) *¿Qué importancia atribuye al interés de los católicos en el Partido Comunista?*

(4) *¿Qué opina sobre la situación de la mujer en España?*

(b) Las condiciones de Santiago Carrillo

Santiago Carrillo exige un diálogo con el Gobierno, pero con seis condiciones. La primera: poner en el congelador la actual Ley de Asociaciones y permitir que todos los partidos políticos actúen libremente. La segunda: consti-
5 tuir un Gobierno provisional 'con poderes extraordinarios, y no simplemente de coalición'. La tercera: apertura de un período de elecciones para crear una asamblea con plenos poderes para elaborar la constitución. La cuarta: concesión de una amnistía general para
10 todos los condenados por motivos políticos, sin excepciones. La quinta consiste en el programa de medidas económicas de urgencia centradas en tres puntos: redu-
cir el paro, atender a las necesidades de las economías familiares más modestas y mantener los precios agrí-
15 colas, además de luchar contra la inflación. Por último, la sexta: la constitución de gobiernos autónomos en Cataluña, Euskadi y Galicia sobre la base de sus Estatutos de Autonomía.

Resumen

Exponga brevemente las condiciones puestas por Santiago Carrillo para negociar con el gobierno español. Escriba un reportaje completo y con titular, como si fuera para una agencia de prensa como Reuter.

Lenguaje y uso

1. Verbos Reflexivos

(a) Los verbos reflexivos se utilizan con frecuencia en el idioma español. Observe su uso en el primer texto.

*¿Por qué cree que el Gobierno **se niega** a darles el pasaporte?*

*Pues, probablemente porque no **se siente** muy seguro.*

(b) Los pronombres reflexivos son *me, te, se, nos, os, se.* La omisión del pronombre reflexivo puede en ocasiones alterar el significado del verbo. Compare estas dos oraciones:

*El Gobierno **se niega** a darles el pasaporte.*

*El Gobierno les **niega** la entrada a España.*

2. Uso de Palabras Interrogativas

(a) Las palabras interrogativas más comunes en el español son *por qué, qué, cuál, cómo, cuándo, quién, dónde, cuánto.*

*¿**Qué** significación tiene ese hecho?*

*¿**Cómo** ve Vd. la situación actual de la mujer . . . ?*

(b) Estas palabras tienen una doble función, puesto que también se emplean como pronombres relativos. Compare el uso de *qué* en las oraciones que siguen.

*¿**Qué** significación tiene este hecho?*

*Me parece **que** es un hecho muy significativo.*

(c) Cuando su función es interrogativa el empleo del acento es obligatorio. Igualmente es obligatorio en preguntas indirectas que incluyen un verbo de comunicación.

Dígame cómo ve Vd. la situación actual de la mujer española.
Quisiera preguntarle cómo ve Vd. la situación actual de la mujer española.

(d) El acento también se mantiene ante la presencia de un verbo de conocimiento.

No sé por qué el Gobierno no les da el pasaporte.
Ignoro por qué el Gobierno no les da el pasaporte.

(e) Observe la diferencia de uso entre las palabras *cuál* y *qué.*

¿Cuál es la razón?	*¿Cuál es su opinión?*
¿Qué razón les han dado?	*¿Qué opina usted?*

En frases interrogativas que incluyen el verbo *ser* seguido de un *sustantivo* se utiliza *cuál* en lugar de *qué.*

3. El Infinitivo con Función Similar al Nombre

El infinitivo se emplea a menudo en posición y con función similar a la que podría corresponder a un nombre. Compare las dos oraciones siguientes.

La segunda (condición): constituir un Gobierno provisional.
La tercera (condición): apertura de un período de elecciones.

4. Pronombres Numerales Ordinales

Observe el uso de los ordinales en el segundo texto.

La primera (condición): poner en el congelador . . . .
La segunda: constituir un Gobierno provisional . . . .
La tercera: apertura de un período de elecciones . . . .
La cuarta: concesión de una amnistía general . . . .
La quinta consiste en el programa de medidas . . . .
La sexta: la constitución de Gobiernos autónomos . . . .

Práctica

1. Complete estas oraciones con el presente del verbo reflexivo entre paréntesis.

Ejemplo: El gobierno no (sentirse) muy seguro.
El gobierno no se siente muy seguro.

(a) Las autoridades (*negarse*) a darme el pasaporte.
(b) La verdad es que yo no (*sentirse*) muy seguro.
(c) ¿Cómo (*llamarse*) el jefe del partido?
(d) ¿Cuándo (*irse*) vosotros a España?
(e) Nosotros (*marcharse*) pasado mañana.
(f) Tú (*preocuparse*) demasiado por este problema.
(g) Poco a poco (*producirse*) los cambios necesarios.
(h) El paro no (*reducirse*) tan fácilmente.

2. Construya preguntas con palabras interrogativas que den como respuestas las frases en cursiva.

*Ejemplo: Vivo **muy lejos de España**.*
*¿**Dónde vive**?*

(a) Ha vuelto *un gran número* de exiliados a España.
(b) El Gobierno *no se siente muy seguro*.
(c) Pensamos volver a nuestro país *lo antes posible*.
(d) *Santiago Carrillo* exige un diálogo con el Gobierno.
(e) Se encuentran *muy lejos de aquí*.
(f) No nos vamos *porque aún no tenemos el visado*.
(g) *Opino que* la situación de la mujer *ha cambiado*.
(h) Nuestra dirección es *Avenida Las Américas 721*.

3. Sustituya las palabras en cursiva por la forma del infinitivo sin alterar el significado de las frases.

Exigimos al gobierno:
(a) *La reducción* del paro. (*Reducir* el paro.)
(b) La *constitución* de un gobierno provisional.
(c) *La apertura* de un período de elecciones.
(d) *La concesión* de una amnistía general.
(e) *La mantención* de los precios agrícolas.
(f) *La atención* a las necesidades familiares.
(g) *El establecimiento* de gobiernos autónomos.
(h) *La congelación* de la Ley de Asociaciones.

4. Sustituya los infinitivos por un nombre sin alterar el significado de la frase.

Exigimos:
(a) *Elaborar* una constitución. (*La elaboración de* una . . .)
(b) *Llamar* a todos los grupos políticos.
(c) *Poner* en libertad a los presos políticos.
(d) *Elegir* una asamblea con plenos poderes.
(e) *Conceder* mayor autonomía a las regiones.
(f) *Convocar* a elecciones inmediatas.
(g) *Reconocer* el derecho de libre asociación.
(h) *Establecer* relaciones diplomáticas con todos los países.

5. Indique los ordinales correspondientes a:

uno (*primero*)	seis	once	cuarenta
dos	siete	doce	cincuenta
tres	ocho	trece	cien
cuatro	nueve	veinte	mil
cinco	diez	treinta	millón

23

The monarchy

The monarchy in the great days of the Catholic Kings, or in the times of the Hapsburgs or Bourbons, was no less stable than any other in Europe. But the crisis of absolutism and the question of the legitimate extent of royal power in the nineteenth century heralded a long period of strife. The ensuing instability of national institutions may be seen by the fact that in the century preceding the Civil War three kings lost their thrones, two Regents were exiled, four Prime Ministers were assassinated, and besides three civil wars there were also 24 *pronunciamientos*.

The matter of the succession has been a problem in modern times. Although King Alfonso XIII abdicated in 1931, General Franco always thought of Spain as a monarchy. He prevented Don Juan, Alfonso's chosen successor, from returning home to serve in the Nationalist forces, on the grounds that the Crown would eventually be the one power capable of reunifying the people of Spain after the bitter years of conflict and exile. However, Franco's eventual choice was not to be Don Juan, but his son Juan Carlos, largely as a result of disagreements over any future rôle for the Monarchy. In 1948 Franco's Succession Laws looked ahead to a monarchist succession within a franquista framework. As well as making himself Head of State for life, Franco also arranged for the 10-year-old Prince to be educated in Spain. It was not until 1969 that Juan Carlos was named officially to succeed General Franco. He held power briefly, in fact, in 1974, and again in October 1975 at the beginning of the Caudillo's last illness. He came to the throne on 22 November 1975.

His situation was uncertain, as his father (who had been named as the next king by *his* father Alfonso XIII as far back as 1941) did not relinquish his claim until May 1977; and his cousin Don Carlos Hugo had taken over as head of the Carlist Party, which recognised a separate claim to the throne, and which was actually legalised in July 1977. However, Carlos Hugo (who had been in exile since 1968) was swiftly reconciled with the new King. The remarkable thing is that, despite irreverent comments about *Juanito el Breve*, Juan Carlos played a subtle and highly significant part in the general transition towards democracy. Although Franco clearly planned for him to lead the Establishment with the same range of powers that he held as Head of State, Juan Carlos became involved in discussions concerning Spain's future with a wide range of political groups some time before he finally came to power. With his concern for change and evident sincerity, his popular standing grew enormously. The slogan *España mañana será republicana* faded as his stabilising influence at a time of radical change and the new image of Spain projected abroad by State visits and sympathetic foreign TV documentaries established him as a figure worthy of respect.

Never was this more true than at the time of the *Tejerazo*. Juan Carlos emerged as the key figure who could call upon national unity and exert his personal influence over the armed forces. His dramatic broadcast in the early hours of February 24th reassured those who feared that the coup might have succeeded and established clearly in everyone's mind that the King would support the Constitution.

The first exercise dates from before the accession of Juan Carlos, and indicates the misgivings felt then at the thought of restoring the Monarchy.

The second is based on extracts from the King's televised appeal and his speech at the Zaragoza Military Academy five days after the 23-F.

Lectura

El Movimiento Nacional, en torno al cual giraba la vida política franquista, estableció como uno de sus principios básicos: 'Su forma política (la del Estado español) es, dentro de los principios inmutables del Movimiento Nacional y de cuanto determina la Ley de Sucesión y demás Leyes Fundamentales, la Monarquía tradicional, católica, social y representativa.'

El problema sucesorio es abordado por Franco al disponerse en la Ley del 22 de julio de 1969 que 'al producirse la vacante en la Jefatura del Estado, se instaurará la Corona en la persona del Príncipe don Juan Carlos de Borbón y Borbón . . .'.

El Príncipe Juan Carlos, nieto de Alfonso XIII—que partió para el exilio con el adveni- miento de la Segunda República en 1931—es proclamado Rey al morir el Generalísimo. De esta forma se restaura una vez más la monarquía en España. En esos momentos todavía no se había esclarecido si se trataba de la instauración de una monarquía inspirada en el régimen franquista o de la restauración de la monarquía constitucional.

Comprensión

(a) Españoles ante la Sucesión

Enrique Tierno Galván *datos biográficos: nace en Madrid en 1918. Es Doctor en Derecho y en Filosofía y Letras. Ha sido catedrático en las Universidades de Murcia y Salamanca. Ha sido profesor visitante en las universidades de Princeton y Puerto Rico. Actualmente publica con regulari- dad en las principales publicaciones de España e Iberoamérica. Es la figura más destacada en los círculos socialistas españoles.*

Pregunta: ¿Es usted monárquico?

Respuesta: Como socialista marxista soy republicano. Sin embargo, si en la práctica la Monarquía restaura la democracia en España y goza del consenso nacional, hay
5 que aceptarla.

P: Pero ¿no tiene inconvenientes el sistema monár- quico?

R: Los inconvenientes son claros. El Príncipe Juan Carlos parece prisionero del régimen franquista; está tan
10 condicionado institucionalmente que es difícil admitir que pueda cambiar. Objetivamente, Don Juan es el con- tinuismo, o sea el deseo de dejar las cosas como están, o de recrear las condiciones de los años 40.

P: Entonces ¿cuál es la estrategia más prudente a seguir
15 por parte de la llamada oposición democrática?

R: Bueno, la oposición no puede oponerse dogmática- mente a la forma monárquica de Gobierno. Unicamente el voto popular puede legitimar la forma de gobierno en España. Si no, es un caso de pan para hoy y hambre para
20 mañana. Don Juan debe entenderlo así y cumplirlo así por patriotismo. Si acepta completamente los principios democráticos fundamentales, y si los aplica en la prác- tica, la oposición no tiene por qué negarse a colaborar con un gobierno constitucional monárquico.

(*Españoles ante la Sucesión. Ed. Guadiana,* 1974)

(1) ¿Es monárquico Tierno Galván?
(2) ¿Cuál es su opinión sobre la monarquía?
(3) ¿Qué obstáculos considera que existen?
(4) ¿Cree posible la colaboración de los grupos de oposición en un sistema monárquico?

(b) Palabras de Rey, Palabras de Ley

Estudie estos extractos de las declaraciones del Rey frente a los acontecimientos del 23 de febrero de 1981 y luego comente el papel que le ha tocado al Rey en aquellos momentos y cómo él ha interpretado el papel de la Monarquía.

La Corona, símbolo de la permanencia y la unidad de la Patria, no puede tolerar en forma alguna, acciones y actitudes de personas que pretenden interrumpir por la fuerza el proceso democrático que la Constitución votada
5 por el pueblo español, determinó en su día a través de referéndum.

(Pronunciadas en RTVE la noche del 23-F)

Si serios son los problemas con los que nos enfrentamos hoy afirmo que más seria es todavía nuestra decisión de superarlos, y más firme nuestra voluntad de alcanzar la meta de una España que, a través de una democracia
5 verdadera, consiga su plenitud de paz, de justicia, de libertad, de progreso y de unidad . . .
  Los Ejércitos han de ser respetuosos con la Constitución. Nunca deberán renunciar a llenar plenamente la misión que ésta les asigna, pero han de saber interpretar
10 con exactitud y acierto esa Constitución . . .
  No es conveniente que las actuaciones políticas o las campañas de los medios de comunicación propicien las condiciones para crear un ambiente de incomodidad, de disgusto, o preocupación en las Fuerzas Armadas y en las
15 de Seguridad, que tantas veces han sentido en su carne los atentados de la violencia y en su espíritu los ataques de la crítica y la incomprensión.

(Pronunciadas en la Academia Militar de Zaragoza 28-2-81)

Redacción

(a) Con referencia a los datos biográficos correspondientes al Rey Juan Carlos (véase la pág. 8) escriba un breve resumen de su vida.

Esquema:
fecha de nacimiento	educación
lugar de nacimiento	sucesión al trono
padres	papel en la transformación de España

Lenguaje y uso

1. El Presente Histórico

(a) La forma del presente histórico puede utilizarse para referirse a una acción pasada a fin de dar a ésta mayor intensidad o vivacidad.

*Enrique Tierno Galván **nace** en Madrid en 1918.*

(b) El presente histórico tiene en este contexto el mismo valor que el pretérito indefinido.

*Enrique Tierno Galván **nació** en Madrid en 1918.*

2. El Pretérito Perfecto

(a) En su formación se utiliza el presente de *haber* (he, has, ha, hemos, habéis, han) más un participio pasado.

***Ha desempeñado** un papel importante.*	*(desempeñar)*
***Ha sido** profesor visitante.*	*(ser)*
***Ha sugerido** la solución monárquica.*	*(sugerir)*

(b) Los siguientes son los principales participios irregulares:

abrir:	**abierto**	*devolver:*	**devuelto**
cubrir:	**cubierto**	*morir:*	**muerto**
descubrir:	**descubierto**	*resolver:*	**resuelto**
decir:	**dicho**	*poner:*	**puesto**
hacer:	**hecho**	*disponer:*	**dispuesto**
escribir:	**escrito**	*soltar:*	**suelto**
describir:	**descrito**	*ver:*	**visto**
volver:	**vuelto**	*romper:*	**roto**

(c) El pretérito perfecto se emplea para referirse a una acción ocurrida en el pasado y que tiene alguna relación con el presente.

– *¿Es usted monárquico?*

– *Sí, soy monárquico. Lo **he sido** siempre, y lo soy ahora.*

3. Adverbios de Modo

(a) La mayor parte de los adverbios de modo se forman agregando la terminación -*mente* a la forma femenina y singular del adjetivo.

objetiva:	**objetivamente**
rápida:	**rápidamente**
verdadera:	**verdaderamente**

*Está tan condicionado **institucionalmente** que es difícil admitir que pueda cambiar.*

***Objetivamente**, D. Juan es el continuismo.*

(b) Cuando un adverbio de este tipo va seguido de otros similares, la terminación -*mente* se agrega sólo al último de la lista.

*La oposición ha actuado **democrática** y **responsablemente**.*

(c) Como alternativa a los adverbios en -*mente* se puede utilizar una frase adverbial.

objetivamente:
con objetividad; de manera objetiva; de modo objetivo; en forma objetiva.

Práctica

1. Complete los espacios en blanco con la forma del presente indicativo del infinitivo que corresponda.

*ingresar   ser   vivir   trabajar   contraer   cursar
obtener   cumplir   colaborar   llegar a ser   viajar   volver*

El político español Agustín Jiménez *nace* en Madrid en abril de 1927. Hasta la edad de once años _____ en la capital. Sus padres se trasladan entonces a Salamanca y Agustín Jiménez _____ sus estudios en un colegio de esa ciudad. En 1946 _____ a la Facultad de Derecho de la Universidad de Salamanca y al cabo de algunos años _____ abogado. Por algún tiempo _____ como abogado en el Tribunal local. A principios de 1955 _____ su primer puesto en el servicio diplomático. Primeramente _____ a la Argentina donde _____ funciones como Agregado Cultural. Allí _____ con los intelectuales argentinos en la creación de un periódico literario. Más tarde _____ matrimonio con una ciudadana argentina. Después de servir en varios otros países _____ a España donde actualmente _____ dirigente político y miembro de las Cortes.

2. Responda a estas preguntas usando el pretérito perfecto y la palabra entre paréntesis.

(a) ¿Es Vd. monárquico? (*siempre*). (*Sí, siempre he sido monárquico*)
(b) ¿Estudia Vd. ruso? (*nunca*). (*No, nunca he estudiado ruso*)
(c) ¿Le interesa a Vd. la política? (*nunca*)
(d) ¿Pertenecen Vds. a este partido? (*siempre*)
(e) ¿Es Vd. republicano? (*nunca*)

(f) ¿Cree él en la democracia? (*siempre*)
(g) ¿Os gusta a vosotros el español? (*siempre*)
(h) ¿Trabaja Vd. mucho? (*siempre*)

3. Responda a estas preguntas usando el pretérito perfecto y la palabra *ya*.

*Ejemplo: ¿Cuándo vuelve el Director de España?
                  Ya ha vuelto.*

(a) ¿Cuándo escribirá Vd. la carta?
(b) ¿A qué hora abre el banco?
(c) ¿Cuándo verán Vds. al ministro?
(d) ¿Cuándo haréis vosotros aquel viaje?
(e) ¿Cuándo resolverá Vd. el problema?
(f) ¿A qué hora volverá la secretaria?
(g) ¿Cuándo me devolverás mi libro?
(h) ¿Cuándo dirá Vd. la verdad?

4 Indique el adverbio terminado en *-mente* que corresponda a cada una de las frases siguientes.

(a) Con prudencia (*prudentemente*)
(b) En forma dogmática
(c) En forma adecuada
(d) Con eficacia
(e) De manera legal
(f) Con dificultad
(g) Con objetividad
(h) De modo estratégico
(i) Con legitimidad
(j) De modo teórico

Election time

The first elections for 41 years were announced in April 1977 to replace the existing Cortes, or Parliament, under the terms of the *Ley para la Reforma Política*. Political groupings began to emerge into actual parties, but events took place at some speed: the Right-wing Alianza Popular, led by Manuel Fraga Iribarne, was formed in October 1976 in conjunction with half-a-dozen other former Franco ministers; the Communist Party was legalised in the same month that the election was called, whilst the Centre Right amalgamated to form the Centro Democrático at the beginning of the year; it became the Unión de Centro Democrático, aligned with Adolfo Suárez, whose candidature was announced on the day the party was formed. Although he claimed to be independent, his close relations with the King inevitably lent prestige.

350 *diputados* were elected using the d'Hondt system of electoral representation, with at least 3 members per province and 32 and 33 for Madrid and Barcelona respectively. There were 207 senators, made up of the first four candidates past the post within each province. Special arrangements were made for the Balearics and the enclaves of Ceuta and Melilla. In addition 41 senators were nominated by the King, a device dropped under the Constitution. (See p. 49 for details.) There were complaints about the fairness of the system and the way the number of votes needed to gain a seat actually varied

in practice between town and country. There were fears that the *Bunker* might not tolerate this exercise in democracy and Communist participation sent ripples of indignation through the ranks of the armed forces. The Electoral Law did contain some shortcomings, but it remained in force for the 1982 election, despite textual references to aspects of the old regime.

In 1977 about 80% of the $23\frac{1}{2}$ million electors voted, with a field of 6000 candidates spread over 156 parties. UCD and the PSOE emerged as the main parties, with a regionalistic bloc much in evidence. Neither Far Left nor Far Right polled much more than 10% of the vote, and two dozen other parties won seats. 1979 was something of an action replay, in marked contrast to 1982 which saw the disintegration of UCD, the annihilation of many regional and minor parties, a sharp fall in the fortunes of the Communist Party and the resurgence of Alianza Popular under Fraga.

Whatever jokes had been made about the *fragaso* of 1979, AP emerged beyond doubt as the main Opposition party. The loss of the middle ground in Spanish politics was

commented on with apprehension by many commentators, who feared the re-appearance of the *Bunker* in another guise, or a possible vehicle for a *democracia vigilada* at some later date. (As against this, Fraga displayed some courage and laudable impatience when the Congress building was occupied, and even had a fight with Tejero himself.) *Felipe* took power in December 1982 with a mandate to provide firm government based on 10 million votes. 1986 was slightly less successful: $1\frac{1}{4}$ million votes and 18 seats less for PSOE with 184, but also $\frac{1}{4}$ million less for AP (almost unchanged with 105). Adolfo Suárez made a comeback with 19 seats for the CDS, the mainly Communist Izquierda Unida won 7, and ETA's political wing Herri Batasuna won 6.

The first piece reports on voting patterns in the regions and their implications. The second exercise is based on the election manifestoes of the PSOE and Alianza Popular in 1982.

	1977		1979		1982	
	Congreso	Senado	Congreso	Senado	Congreso	Senado
UCD	165	105	168	119	13	4
PSOE	118	35	121	70	201	134
PCE	20	12	23	1	5	–
AP	16	2	9	3	105	53

Lectura

La Ley para la Reforma Política contemplaba la constitución de un Parlamento o Cortes integrado por dos cámaras: el Senado (o Cámara Alta) y el Congreso de los Diputados (o Cámara Baja). El número de senadores sería de 248: cuatro por cada provincia, elegidos por sufragio universal y cuarenta y uno designados por el Rey. Los diputados serían 350.

Las primeras elecciones democráticas en cuarenta y un años tienen lugar en 1977, con el triunfo de Unión de Centro Democrático seguida de cerca por el Partido Socialista Obrero Español. La tendencia moderada de la votación se refleja en el escaso número de votos obtenidos por los partidos de extrema derecha y de extrema izquierda.

Comprensión

Elecciones y Regiones

EUSKADI – CUESTIONES POLÍTICAS

La larga serie de huelgas generales, el nacimiento de las Comisiones Obreras, y la aparición del fenómeno ETA y la lucha armada, junto a la desintegración del tradi-
5 cionalismo y la sistemática acción represiva de la dicta-
dura, son algunas de las cuestiones políticas en esta región. El equilibrado éxito del Partido Socialista de Euskadi (PSOE) en las cuatro provincias vascas, junto al importante porcentaje de votos obtenido por la coalición
10 que encabeza el presidente Suárez, ubican al País Vasco en la corriente general de las preferencias políticas mani-festadas el día 15 en todo el Estado. Solamente la presen-cia del Partido Nacionalista Vasco (PNV) rompe esa tendencia, haciendo que la balanza se incline del lado del
15 autonomismo. Entonces, queda aún por resolver la orientación que puede adoptar la UCD respecto a la urgente cuestión de la autonomía. Se ha notado una ambigüedad hacia una política concreta para Euskadi, a lo largo de toda la campaña electoral; se ha citado casos
20 como Navarra, donde los partidarios de Adolfo Suárez han afirmado que el viejo Reino no desea formar parte de Euskadi, y en franco contraste, sus parlamentarios vizcaínos se han integrado en la Asamblea de Euskadi bajo el árbol de Guernica. El hecho más original de los
25 comicios ha sido sin duda el éxito logrado por la joven

coalición Euskadiko Ezquerra (EE) integrada por EIA (Euskal Iraultzarako Alderdia, es decir *el Partido para la Revolución Vasca*, relacionado con ETA) y el Movimiento Comunista Español (MCE), junto a otros grupos de
30 menor importancia, que ha conseguido colocar a dos de sus hombres en el Congreso y en el Senado por Guipúzcoa.

CATALUÑA – FUERZAS AUTONOMISTAS

El resultado electoral: victoria de socialistas en primer
35 lugar, de comunistas y *Pacte Democratic*, en segundo. Juntas, estas tres fuerzas autonomistas tienen una mayoría aplastante. La victoria en las urnas ha sido clarísima. Los socialistas han interpretado la victoria PSC–PSOE como una victoria socialista y nacional,
40 mientras que los comunistas han considerado la victoria del Partido Socialista Unificado de Cataluña (PSUC) como la prueba de que es 'el primer partido político de Catalunya'. Mientras tanto, el partido gubernamental ha tenido que conformarse con un cuarto lugar y
45 Alianza Popular sólo ha conseguido un diputado.

ANDULUCÍA – REGIONALISMO DEBILITADO

El regionalismo andaluz ha salido debilitado. ¿Es posible que se haya preferido aceptar las tesis de los comunistas andaluces, de primero las libertades para
50 toda España y después los problemas regionales? Antes del 15 de junio se han visto regionalismo y subdesarrollo como dos conceptos ligados, pero ahora no lo parecen tanto. También es posible que la mayoría haya entendido que la mejor solución al subdesarrollo es la fórmula
55 del Estado federal o el centralismo democrático.

(*Triunfo*, 25–6–77)

(1) *¿Qué tipo de problemas políticos hay en el País Vasco?*
(2) *¿Cuál es la tendencia general de los resultados electorales?*
(3) *¿Cuál es la política de la UCD respecto a la autonomía?*
(4) *¿Cuál ha sido el resultado más destacado de los comicios?*
(5) *¿Cómo fueron los resultados en Cataluña?*
(6) *¿Qué conclusiones se pueden sacar de los resultados en Andalucía en torno al pensamiento popular?*

Debate

Operación 50-M
Se han propuesto 50 medidas para aplicar después de las elecciones del 86 con el fin de lanzar la segunda legislatura socialista. Entre ellas figuran las propuestas siguientes. Prepare un discurso, empezando 'Proponemos reducir . . .'

etc y luego defienda estas medidas contra otro estudiante, utilizando las objeciones que siguen a continuación:

* **Economía:** se propone reducir en dos puntos la tasa de inflación al 6%, y los salarios se limitarán a un 7% de aumento.
*(Pero: la tasa de inflación en España ya es el doble de los
5 otros países comunitarios.)*

* **Creación de empleo:** se espera lograr la creación de 100.000 empleos en un año por medio de una política de aumento de riqueza del orden del 3 por ciento. Se incrementarán las exportaciones y se espera que baje el
10 dólar.
(Sin embargo: España cuenta con la tasa más alta de Europa, o sea, un 22 por ciento.)

* **Pactos:** Se firmará un nuevo Acuerdo Económico y Social y se espera aumentar la productividad y poner
15 fin a las huelgas salvajes.
(No obstante: los sindicatos están en contra, CC.OO por ejemplo.)

* **Seguridad ciudadana:** se dotará a la policía de mejores medios como sistemas más modernos y más plantilla.
20 Se pondrá en marcha un plan antidroga.
(Y ¿la despenalización de la droga? Y ¿las llamadas reformas de los cuerpos de policía durante el último gobierno?)

* **Terrorismo:** se apoyarán las medidas de reinserción
25 para los etarras y se buscará una cooperación más estrecha con Francia.
(Mientras tanto proliferan los actos de terrorismo y ETA-m amenaza a los reinsertados.)

* **Educación:** se espera crear medio millón de puestos
30 para los jóvenes que buscan su primer empleo con los planes de Formación e Inserción Profesional.
(Mientras que la tasa de desempleo entre los jóvenes llega hasta el 50% en algunas regiones, y la FIP es un mecanismo de contratación temporal de mano de obra barata.)
35 * **Política exterior:** se apoyará al Grupo de Contadora para buscar un camino hacia la paz en Centroamérica, y se propiciará la negociación con el Frente Polisario a fin de que llegue la estabilidad a la región del Magreb.
(Sin tomar en cuenta la inestabilidad de ambas regiones . . .)

(*Tiempo núm.216 30.6.86*)

Partidos y Programas del 82

He aquí en forma resumida algunas de las políticas declaradas de PSOE y AP durante las elecciones de 1982.

Observe el uso del sustantivo en cada ejemplo, y luego presente un reportaje sobre los dos partidos. Note la transformación sustantivo–verbo:
- *–Inauguración de un programa*
- *–Se inaugurará un programa*

	PSOE	AP
Economía	Inauguración de un programa de mayor inversión pública. Formación de un Consejo Económico y Social para efectuar el plan de concertación. Creación de 800 000 empleos en cuatro años, determinados principalmente por la inversión privada.	Promoción de la actividad privada como instrumento básico de la economía. Estímulo a la inversión, al ahorro. Restricción del déficit público y ayuda a la iniciativa privada. Modificaciones en el Estatuto de los Trabajadores actualmente en vigencia, para reducir el paro.
Servicios Sociales	Extensión de los beneficios de la Seguridad Social a todos los ciudadanos. Descentralización de funciones de la SS en las comunidades autónomas. Promulgación de una Ley del Consumidor. Fomento de Cooperativismo. Apoyo a la tercera edad, minusválidos. Planificación familiar.	Reforma de la Seguridad Social. Subida de las pensiones hasta alcanzar el salario mínimo interprofesional. Provisión de alquileres limitados. Ayuda a la tercera edad, minusválidos. Centros de Orientación familiar.
Seguridad ciudadana	Subordinación de los cuerpos de seguridad al interés general y racionalización de las estructuras policiales. Más estrecha colaboración entre la Policía Nacional, la Guardia Civil y las policías autónomas y corporaciones locales. Intensificación de la lucha antiterrorista.	Preocupación fundamental por el terrorismo. Modificación al Código Penal al respecto. Defensa de la naturaleza militar de la Guardia Civil.
Política Exterior	Congelación de las negociaciones para el ingreso en la OTAN. Declaración en favor de la desnuclearización de España. Ratificación del Tratado de No Proliferación de Armas Nucleares. Mejores relaciones con Francia, Portugal, el Magreb y América Latina. Mantenimiento de buenas relaciones con EUA.	Ingreso en la Comunidad Económica Europea. Mejores relaciones con el mundo árabe y relaciones con Israel. Relaciones más estrechas con América Latina. Integración en la OTAN. Recuperación de Gibraltar.

(*Cambio 16 núm. 569 25–10–82*)

Lenguaje y uso

1. Uso de SE

SE se utiliza frecuentemente en oraciones impersonales y pasivas, seguido de un verbo en tercera persona.

Se ha notado una ambigüedad hacia una política concreta para Euskadi.

Todavía no se ha resuelto el problema.

(El problema todavía no ha sido resuelto.)

2. Conjunciones

Observe el uso de diferentes conjunciones en el texto. La función principal de las conjunciones es la de unir oraciones o partes de una oración.

*Los socialistas han interpretado la victoria PSC–PSOE como una victoria socialista **y** nacional, **mientras que** los comunistas han considerado la victoria del PSUC como la prueba de **que** es 'el primer partido político de Cataluña'.*

Existen diversos tipos de conjunciones según la función que desempeñen.

(a) Y, O, PERO y QUE son las conjunciones más frecuentes en el idioma español.

(b) JUNTO A (frase preposicional) tiene en el presente texto una función similar a la de la conjunción **Y**.

*. . . y la lucha armada, **junto a** la desintegración del tradicionalismo y . . . .*

(c) MIENTRAS QUE (frase adverbial) une dos ideas o acciones que se contraponen.

*Los socialistas han interpretado la victoria PSC–PSOE como una victoria socialista y nacional, **mientras que** los comunistas han considerado la victoria del PSUC como la prueba de que es 'el primer partido político de Cataluña'.*

(d) MIENTRAS TANTO (frase adverbial) indica una relación de simultaneidad entre dos o más hechos o acciones.

*El resultado electoral: victoria de socialistas en primer lugar, de comunistas y Pacte Democratic, en segundo. . . . **Mientras tanto**, el partido gubernamental ha tenido que conformarse con un cuarto lugar.*

3. Formación de Palabras

(a) El sufijo -*ismo* se emplea en la formación de sustantivos abstractos.

tradicionalismo; autonomismo; regionalismo: centralismo

(b) El sufijo -*ista* se utiliza para formar adjetivos o sustantivos que indican una tendencia o actividad.

socialista; comunista; autonomista; artista

Este sufijo no cambia en la forma masculina.

Una (persona) socialista.

Un (diputado) socialista.

Práctica

1. Cambie estas frases a la forma impersonal o pasiva usando la palabra *se*.

Ejemplo: Han resuelto el problema.
Se ha resuelto el problema.

(a) *Han encontrado* una solución.
(b) *Han declarado* una huelga general.
(c) *Han propuesto* varias soluciones.
(d) *Dicen* que muchos votarán por nuestro partido.
(e) *Piensan* elaborar un nuevo programa político.
(f) *Afirman* que el ministro ha renunciado.
(g) *Esperan* obtener una buena votación.
(h) Muchos *creen* que la derecha ganará la elección.

2. Complete los espacios en blanco con la conjunción correcta.

(a) Los socialistas han conseguido 118 diputados _____ los comunistas sólo han obtenido 20. (*que, o, mientras que*)
(b) Los socialistas _____ los comunistas y Pacto Democrático han obtenido una mayoría aplastante. (*mientras tanto, pero, junto a*)
(c) Se afirma que Navarra no desea formar parte de Euskadi _____ sus parlamentarios afirman lo contrario. (*y, pero, que*)
(d) Los vascos _____ los catalanes desean una mayor independencia regional. (*y, o, pero*)
(e) El Primer Ministro visita Andalucía. _____ el líder socialista se encuentra en Cataluña. (*junto a, mientras tanto, que*)
(f) Algunos piensan _____ la mejor solución es el Estado federal. (*pero, que, mientras que*)

(g) Hay quienes apoyan el centralismo democrático _____ otros son partidarios del Estado federal. (*o, junto a, mientras que*)
(h) El hecho de _____ hayan conseguido colocar un diputado y un senador es bastante original. (*y, que, pero*)

3. Complete los cuadros en blanco (a) con una palabra terminada en *-ista*; (b) con una palabra terminada en *-ismo*.

la nación	*nacionalista*	*nacionalismo*
el partido		
la paz		
Franco		
la región		
la anarquía		
la tradición		
el extremo		

4. Indique el nombre del que deriva cada una de estas palabras.

(a) Estadista (*el estado*)
(b) huelguista
(c) artista
(d) pianista
(e) guitarrista
(f) ciclista
(g) futbolista
(h) dentista

Terrorism and democracy

The 1970s were overshadowed by constant violence, of groups opposed to the Franco régime, as well as those opposed to what replaced it; separatist groups in various regions brought pressure to bear by violent means, and although Civil Guard and police officers have been constant targets for attack, casualties have by no means been one-sided. The growing pressure on the government became apparent in 1974 at the time of the Arias reforms. In his original speech, the Prime Minister commented that the only people to be excluded would be those who excluded themselves, and later made it clear that he intended to stand firm against terrorism. It was soon apparent, however, that the demands for change were not confined to extremists. Early 1975 was plagued with strikes in most industrial sectors, the Civil Service and universities, and many faculties were actually closed down. The Anti-Terrorism Law, passed in August 1975 only served to worsen the situation, and protest at irregular court procedures and the execution of five alleged GRAPO and ETA members had repercussions throughout Europe. It also had little deterrent effect—eight policemen were to die within three weeks. An already nervous atmosphere was worsened by fears of army involvement. The Army Minister publicly warned officers not to take part in politics. Although it is unwise to make direct comparisons with the role of the army in Portugal, some junior officers in Spain at least, were deeply interested in political events; one group was even charged with sedition for belonging to a group interested in democratic change, called the Unión Militar Democrática (UMD).

Some attempts have been made to reorganise the military, paramilitary and police forces. The Policía Armada was renamed the Policía Nacional, and the secret police, the Brigada de Investigación Social, merged with ordinary detectives. The Guardia Civil, originally set up in the last century to police the countryside, has borne the brunt of the terrorist campaign, having lost over 300 dead and ten times as many wounded in recent years. It has always been considered an élite squad, with its officers drawn from the army. It was a major focus of support for General Franco (suffering the heaviest casualties of any unit in the course of the Civil War). Elements within it have not supported the changes of recent years, as may be witnessed by the apparent complicity of some of its members in events such as Operación Galaxia in November 1978 or in 23-F itself. (Civilian sympathisers reinforced this view when Tejero's tricornio uniform hat was raffled to raise funds for his defence.)

In general the security forces have remained to the Right. There were even allegations that some individuals were involved with extremist groups like the Guerrilleros de Cristo Rey, responsible for such things as firebomb attacks on bookshops, or the Triple A—Alianza Anticomunista Apostólica. (Despite the names, neither are supposed to have had links with the Church—some priests were even Triple A victims.)

On the Left wing, the Basque Separatists ETA (Euskadi ta Azkatasuna—Basque Nation and Liberty) are best known and have included members of the government, high-ranking officers, police chiefs, prison staff and judges among their victims. Various offers of a ceasefire by ETA in response to calls from the main political parties culminated in the change of direction by ETA(político-militar) in the wake of the 23-F. Certainly the attacks carried out on military personnel were a destabilising factor. However, greater operational success by the security forces, and the Grupos Antiterroristas Rurales (a specialist branch of the Civil Guard), strongly expressed public sentiment and the political impact of the Autonomías did much to contribute to the decline of terrorism. (The latter may have undermined the MPAIAC, a group advocating independence for the Canary Islands. See Unit 17.)

The FRAP (Frente Revolucionario Antifascista y Patriótico) and GRAPO

(Grupo de Resistencia Antifascista del Primero de Octubre, named after 1 October 1975 when four policemen were killed) are other extreme organisations which have tried to achieve their aims by force, including an attempt on the King's life, and kidnapping figures like Señor Oriol, head at the time of the Consejo del Reino. Attitudes can still be dangerously polarised: different groups have variously threatened to assassinate the Prime Minister 'and other agents of freemasonry, separatism and Marxism'. Blas Piñar, leader of the ultra-Right Fuerza Nueva, made a speech when he was their sole parliamentary representative in the 1979 parliament which called for a struggle against democracy, pornography and abortion, besides other items which led to a press boycott and a copy being sent to the Attorney General. Civil War inevitably provokes the most bitter hatreds, and many memories in Spain have not yet faded.

This Unit contains a chart showing details of how acts of violence dogged the steps towards democracy; a report on the cease-fire called by ETA(político-militar) after the *Tejerazo*; an eye-witness account of the occupation of the Congress, and an item with details of the Civil Guard.

 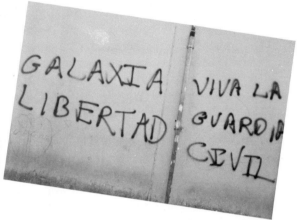

Terrorismo y Democracia

Se aprueba el derecho de asociación (18 marzo)	Secuestro de Berazadi. ETA (18 marzo)
Real decreto de amnistía (30 julio)	Bombas en numerosas ciudades (31 julio)
Período preelectoral (mayo-primera quincena junio)	Atentado a dos policías en Madrid (2 mayo). Atentado a Bultó (9 mayo). Secuestro de Ybarra. ETA (20 mayo). Atentado dos guardias civiles en Barcelona. GRAPO (4 junio). Atentados contra red eléctrica Madrid. ETA (4 junio). Siete bombas en País Vasco. ETA (4 junio). Bomba en Beasaín. ETA (8 junio).
Crisis de Gobierno (24 febrero)	Guardia municipal ametrallado en Santurce. Policía Armado herido en Tenerife (24 febrero). Ametrallado un autobús de la Policía Armada en Bilbao (3 marzo). Dos policías muertos y tres heridos en Vitoria (5 marzo).

(El País, 22–7–78)

36

Temas de Actualización

Yo estaba dentro

A las seis y muy pocos minutos de la tarde el Presidente del Congreso de los Diputados anunció: 'Se procede a la votación. Cierren las puertas.' Anduvimos al bar, y apenas transcurridos unos minutos escuchamos
5 algunos ruidos y voces, y de repente oimos un golpe seco y fuerte.

–¿Qué ha sido eso? Parece un tiro.'

Los periodisatas comenzamos a levantarnos para averiguar lo que había pasado. Vimos pasar corriendo a
10 guardias civiles. Estábamos en la puerta del bar cuando tres guardias civiles se plantaron ante nosotros metralletas en mano.

–'Todo el mundo al suelo. ¡Tírense al suelo!' – ordenaron. Durante unos veinte o treinta minutos
15 permanecimos tumbados en el suelo con los brazos extendidos. Naturalmente estábamos nerviosos. Pero no mucho, porque lo primero que pensamos fue que se había producido un atentado terrorista y que la Benemérita había entrado para detener a los terroristas y
20 protegernos. Pero al cabo de diez minutos ya nos empezó a extrañar la situación. Un compañero detrás de mí me tocó el talón y me dijo en un susurro: – 'Esto parece un golpe de estado.' Txiqui Benegas, echado un poco más adelante, lo oyó, y con los ojos me hizo señal de
25 asentimiento de que sospechaba lo mismo. Pudimos ver, pistola en mano, al teniente coronel Tejero.

–'Es Tejero, Tejero, el de la Operación Galaxia,' decíamos en susurros; por fin nos dimos cuenta, supimos que se trataba de un golpe de estado. A mi lado, un
30 periodista de *Pueblo* me dijo, 'Caray, y yo con el carnet de UGT en el bolsillo . . .'

. . . El guardia civil de la barba que nos vigilaba durante todo el tiempo no decía nada. En un momento yo le comenté: 'Vaya un follón,' y me comentó; –'El lío
35 grande es el en que nos hemos metido nosotros.' Tenía aspecto sereno, de buena persona, y de no saber muy bien lo que pasaba. Luego vino un sargento con aire tranquilizador. Alguien pidió una taza de té. 'Si alguien necesita un güisqui para su estómago, también puede
40 servirse, siempre que sea como necesidad,' añadió con un guiño cómplice. En segundos, la barra estaba llena y los camareros empezaron a servir pedidos, –'Oigan, por favor, que he dicho con discreción,' insistió el sargento. Ya hablábamos en voz casi normal y nos relajamos un
45 poco . . .

. . . Salimos a las ocho y pico de la tarde. Varios autocares, con matrículas oficiales y particulares acababan de llegar y estaban estacionados delante de los leones del Congreso. Cuando a los guardias civiles
50 ocupantes les ordenaron bajar y penetrar en las Cortes muchos de ellos dieron muestras de desconcierto y se quedaron sentados en los autocares. Fue preciso que dos guardias civiles, metralleta en mano, subieran a los autobuses y conminaran a todos a bajar.
55 Toda la zona estaba acordonada por más guardias civiles. Como no había tenido noticia durante las dos horas que permanecí dentro del Congreso, pensé que el golpe de estado había triunfado en Madrid. Pero me extrañó ver tras la primera línea de la Guardia Civil otra
60 de la Policía Nacional. Me quedé desorientado entonces, y empecé a pensar que los guardias civiles de fuera no estaban para proteger a los de dentro del Congreso sino para cercarlos . . .

(*Cambio 16* núm. 483 2–3–81)

Se supone que Ud. ha escuchado esta descripción por radio. Explique a un amigo cómo fue la experiencia de este periodista.

Adiós a las armas

El proceso hacia una nueva dictadura, temido durante muchas horas la noche del 23 de febrero, precipitó los análisis de ETA(politico-militar). 'Lo decidimos en pocas horas: estábamos en un principio muy asustados, como
5 todo el mundo', comentaron los poli-milis en su rueda de prensa el día 28, cuando pusieron en libertad a los tres cónsules—de Austria, Uruguay y El Salvador—, secuestrados poco antes del 23-F. El *tejerazo*, entonces, provocó una decisión inesperada y trascendental para el futuro
10 politico vasco.

Ahora la atención y todas las miradas se dirigieron hacia la otra rama de ETA, ETA militar. ¿Cómo iban a responder los milis? se preguntaron los vascos. La respuesta casi no se hizo esperar. El atentado armado en
15 Portugalete contra un coche de patrulla de la Policía Nacional el domingo siguiente indicó ya que las esperanzas de que ETA(m) aceptara la tregua eran nulas.

(*Cambio 16* núm. 484 9–3–81)

Lectura

A pesar de las transformaciones políticas y sociales que viene viviendo España en los últimos años, tanto el terrorismo de la extrema izquierda como el de la ultraderecha continúan siendo una constante para la que no parece haber una respuesta inmediata. La violencia desatada por ciertos grupos separatistas vascos durante la época franquista continúa vigente. GRAPO, un grupo político de difícil identificación, que se presenta como de izquierda revolucionaria, se ha declarado responsable del secuestro de algunas personalidades destacadas. Elementos de izquierda han sido víctimas de organizaciones de extrema derecha, tales como los Guerrilleros de Cristo Rey, tanto en el País Vasco como en el resto de España.

La aprobación de una Ley contra el terrorismo y la dureza en la represión, lejos de solucionar el problema, han acrecentado la tensión y la confrontación de estos grupos con las fuerzas de orden público y en más de un momento circularon inquietantes rumores de una posible intervención militar.

Comprensión

(a) Un guardia civil por cada 628 españoles

CON FRANCIA, EL PAÍS EUROPEO DE PROPORCIÓN MÁS BAJA

En Francia la relación es de un gendarme por cada 706 habitantes; en Bélgica un gendarme por cada 618 habitantes; en Italia, un carabinero por cada 597 habitantes; en Turquía
5 *un gendarme por cada 546 habitantes; en Portugal un miembro de la seguridad policíaca por cada 440 habitantes, y en Grecia uno por cada 321 habitantes.*

La Guardia Civil, que cuenta con unos 58.000 hombres, se compone, en su organización, de:
10 – Unidades territoriales: seis zonas (mando de general de brigada), 26 tercios (mando de coronel), 56 comandancias (mando de teniente coronel), 270 compañías (mando de capitán), 700 líneas (mando de teniente o suboficial) y 3.000 puestos (mando de suboficial o cabo).

15 – Tres comandancias móviles.
– Agrupación de Tráfico, al mando de un coronel.
– Unidades de especialistas para servicios de aduanas.
– Núcleos de reserva, helicópteros, grupos antidroga y hombres rana, todos ellos de reciente creación.

(*El País*, 20–7–78)

(1) *Compare la proporción entre las fuerzas de seguridad y población en los países mencionados en el texto.*
(2) *¿Con cuántos hombres cuenta la Guardia Civil?*
(3) *Dé el nombre del mando que corresponde a las unidades siguientes:*

zonas	*tercios*
comandancias	*líneas*
puestos	*compañías*

(4) *¿Cuáles grupos son de reciente creación?*

(b) Abstención: más de lo previsible

Los electores españoles que acudieron a las urnas el pasado miércoles aprobaron por gran mayoría la Constitución. Sin embargo, se registró un alto porcentaje de abstenciones que, en cierto modo, fue la sorpresa de esa
5 jornada histórica. ¿Desilusión ante las expectativas que despertó el proceso hacia la democracia? Los problemas del terrorismo, de la inseguridad, del paro y del coste de la vida han influido, sin duda, en la actitud abstencionista de un tercio de los ciudadanos españoles. Claro que en
10 este tercio de electores españoles que no ejercieron su derecho y deber de votar va incluido el esperado abstencionismo vasco (54,5 por 100), que afecta muy sensiblemente a la media abstencionista nacional. Todos somos conscientes de que el 'caso vasco' es, en estos momentos,
15 el cáncer de España. El Pueblo Vasco, aparte de sus legítimas aspiraciones a la autonomía, está sometido a un chantaje del miedo por parte de los terroristas de ETA. La Constitución nace con graves preocupaciones. No hay por qué ocultarlas.
20 He aquí los resultados porcentuales del referéndum constitucional:

A nivel nacional		País Vasco	
Votantes	67,66%	Votantes	45,51%
Abstenciones	32,33%	Abstenciones	54,48%
Votos sí	87,79%	Votos sí	68,76%
Votos no	7,91%	Votos no	23,83%
Votos en blanco	3,53%	Votos en blanco	5,80%
Votos nulos	0,75%	Votos nulos	1,59%

(*Blanco y Negro* núm. 3476, 13–12–78)

En su propio idioma, explique los motivos de la abstención, según el artículo y haga una breve comparación entre los resultados del referéndum en el País Vasco, y a nivel nacional.

Lenguaje y uso

1. El Pretérito Indefinido

(a) El pretérito se forma agregando las terminaciones *-é, -aste, -ó, -amos, -asteis, -aron* a la raíz de los verbos terminados en *-ar* (*hablé, hablaste, habló, hablamos, hablasteis, hablaron*). Los verbos que terminan en *-er* e *-ir* agregan a la raíz las terminaciones *-í, -iste, -ió, -imos, -isteis, -ieron* (*comí, comiste, comió, comimos, comisteis, comieron; viví, viviste, vivió, vivimos, vivisteis, vivieron*).

(b) Algunos verbos forman el pretérito en forma irregular. Entre ellos, los más comunes son:

Andar: *anduve, anduviste, anduvo, anduvimos, anduvisteis, anduvieron*

Estar: *estuve, estuviste, estuvo, estuvimos, estuvisteis, estuvieron*

Tener: *tuve, tuviste, tuvo, tuvimos, tuvisteis, tuvieron*

Haber: *hube, hubiste, hubo, hubimos, hubisteis, hubieron*

Poder: *pude, pudiste, pudo, pudimos, pudisteis, pudieron*

Poner: *puse, pusiste, puso, pusimos, pusisteis, pusieron*

Saber: *supe, supiste, supo, supimos, supisteis, supieron*

Traer: *traje, trajiste, trajo, trajimos, trajisteis, trajeron*

Decir: *dije, dijiste, dijo, dijimos, dijisteis, dijeron*

Hacer: *hice, hiciste, hizo, hicimos, hicisteis, hicieron*

Venir: *vine, viniste, vino, vinimos, vinisteis, vinieron*

Ver: *vi, viste, vio, vimos, visteis, vieron*

Dar: *di, diste, dio, dimos, disteis, dieron*

Los verbos **ser** e **ir** son irregulares y forman el pretérito en igual forma: *fui, fuiste, fue, fuimos, fuisteis, fueron.*

(c) El pretérito se utiliza para referirse a acciones o hechos ocurridos y concluidos en un momento o período de tiempo del pasado y sin relación con el presente. El pretérito va a menudo acompañado de expresiones temporales tales como *el año pasado, la semana pasada, anoche, ayer, el miércoles, el 24 de diciembre, entonces,* etc.

*Los electores españoles que **acudieron** a las urnas **el pasado miércoles aprobaron** por gran mayoría la Constitución.*

(d) Uno de los contextos más característicos del pretérito es la narración donde se usa para referirse a una secuencia de hechos ocurridos en el pasado.

*El 18 de marzo **se aprobó** el derecho de asociación y tres meses más tarde **se dictó** el real decreto de amnistía. En el mes de septiembre **comenzó** el debate sobre la ley de Reforma política, la que **fue** aprobada por las Cortes el 18 de noviembre.*

En el contexto anterior, el pretérito tiene el mismo valor que el presente histórico:

*El 18 de marzo **se aprueba** el derecho de asociación y tres meses más tarde **se dicta** el real decreto de amnistía . . . .*

2. El Estilo Periodístico

Observe el estilo periodístico del lenguaje en el texto 'Terrorismo y Democracia'.

La necesidad de presentar la información en forma clara y sucinta y de dar énfasis a los puntos claves de la noticia, llevan al periodista a la utilización de un estilo poco frecuente en otros contextos. He aquí algunas de sus características:

(a) La frase normalmente comienza por aquello que se considera más importante o interesante para el lector. Observe el cambio de énfasis en las frases siguientes:

El hecho (*¿Qué?*)
***Ametrallado** guardia civil en pleno centro de la ciudad mientras estaba de servicio.*

El sujeto (*¿Quién?*)
***Guardia civil** ametrallado en pleno centro de la ciudad mientras estaba de servicio.*

El sitio (*¿Dónde?*)
***En pleno centro de la ciudad** ametrallado guardia civil mientras estaba de servicio.*

El tiempo (*¿Cuándo?*)
***Mientras estaba de servicio** fue ametrallado guardia civil en pleno centro de la ciudad.*

(b) Preferencia por el uso de sustantivos en lugar de verbos para la relación de hechos o acciones. Compare las frases siguientes:

Secuestro de Berazadi. ETA (18 marzo).

Berazadi fue secuestrado por ETA el 18 de marzo.

ETA secuestró a Berazadi el 18 de marzo.

(c) Frecuente omisión de palabras innecesarias para la comprensión de la noticia. Compare las oraciones que siguen:

Atentado dos guardias civiles en Barcelona. GRAPO (4 junio).

El 4 de junio el GRAPO atentó contra la vida de dos guardias civiles en la ciudad de Barcelona.

(d) Frecuente uso del presente histórico en lugar del pretérito, en una relación de hechos, a fin de dar mayor proximidad temporal al suceso. Ejemplos:

Se aprueba el derecho de asociación (18 marzo).

Comienza debate ley Reforma Política (29 septiembre).

3. Vocabulario Especializado

Observe el léxico especializado del texto *'Un guardia civil por cada 628 españoles'* y estudie su significado.

(a) *El guardia civil, el gendarme, el carabinero, el miembro de la seguridad policíaca.*

(b) *El general de brigada, el coronel, el teniente coronel, el capitán, el teniente, el suboficial, el cabo.*

Redacción

Escriba un texto de 200–50 palabras expresando su opinión sobre el terrorismo. Utilice algunas de las siguientes palabras y frases si lo considera necesario.

ametrallar	*los extremistas*	*el atentado (terrorista)*	*la muerte*
las armas	*herir*	*la bomba*	*los muertos*
el armamento	*los heridos*	*poner una bomba*	*secuestrar*
asesinar	*el asesinato*	*la cárcel*	*el secuestro*
el extremismo	*el asesino*	*la condena*	*los secuestradores*
		condenar	*la violencia*
		disparar	*violento*
		el disparo	*el terrorismo*
		morir	*los terroristas*

1. **Ponga los infinitivos entre paréntesis en la forma correcta del pretérito.**

(a) Los electores (*estar*) de acuerdo con la nueva ley.
(b) La mayoría (*dar*) su apoyo a la nueva Constitución.
(c) (*Haber*) muchas personas en la manifestación.
(d) Los manifestantes (*venir*) de todas partes del país.
(e) Yo no (*poder*) asistir a la reunión.
(f) Desconocidos (*robar*) armamento en una base de Gerona.
(g) Los periódicos (*dar*) la noticia en grandes titulares.
(h) La noticia (*producir*) mucha preocupación entre la población.

2. **Vuelva a escribir las frases siguientes sustituyendo el presente por la forma del pretérito.**

(a) El Presidente *abandona* el país y *se dirige* a Sudamérica.
(b) Miles de personas *dan* la bienvenida a los visitantes.
(c) Fuerte terremoto *se produce* en el sur de los Andes.
(d) Los sindicatos *ponen* fin a la huelga.
(e) Los heridos *tienen* que ser internados en el hospital.
(f) Muchos electores *se abstienen* de votar.
(g) La abstención *es* mayor en el País Vasco.
(h) Los representantes regionales *son* recibidos por el Primer Ministro.

3. **Vuelva a escribir los párrafos siguientes sustituyendo el presente por la forma del pretérito.**

(a) El día 24 de abril *tiene* lugar un serio atentado contra dos guardias civiles. Los terroristas *dan* muerte a uno de los guardias, mientras que el otro *queda* gravemente herido.
(b) En diciembre de 1978 *se lleva* a cabo en todo el país el Referéndum para la aprobación de la ley de Reforma política. Los electores que *acuden* a las urnas *aprueban* por gran mayoría la Constitución. Sin embargo, *se registra* un gran porcentaje de abstenciones que, en cierto modo, *es* la sorpresa de esa jornada histórica.

4. **Vuelva a escribir las frases siguientes sustituyendo el verbo por el sustantivo correspondiente.**

Ejemplo: Rey de España visita la Argentina.
Visita del Rey de España a la Argentina.

(a) Misión comercial española *llega* a Washington.
(b) Las Naciones Unidas *intervienen* en conflicto africano.
(c) *Terminó* la lucha entre guerrilleros y el gobierno.
(d) *Comienza* nueva etapa en el proceso político español.
(e) *Se inician* conversaciones con los dirigentes sindicales.
(f) Dos civiles *mueren* en un acto terrorista.
(g) El jefe del gobierno *se entrevista* con la prensa.
(h) Representante español *visita* la sede de la Comisión Económica Europea.

5. **Usando como base la noticia siguiente, escriba otras tres frases poniendo énfasis en: (a) el sujeto; (b) el sitio; (c) el tiempo, de la acción.**

CAPTURADO AVION DE IBERIA EN EL AEROPUERTO DE BARAJAS CUANDO SE PREPARABA PARA DESPEGAR

6. **Clasifique el vocabulario siguiente bajo los títulos: (a) el Ejército; (b) la Marina; (c) la Aviación, (d) la Policía.**

la flota, el paracaidista, la caballería, el vigilante, el almirante, la infantería, la policía secreta, el aviador, el recluta, la tripulación, el marinero, la armada, el cuerpo de seguridad, el regimiento, el detective, el bombardero, el capitán de navío.

The regions

Although Spain's regions differ from each other in many ways, the question of language stands out, perhaps, most of all. Apart from Castilian, there are three main ones: *gallego*, *vascuence* and *catalán* (and the latter has two offshoots in the form of *valenciano* and *mallorquín*). Gallego is akin to Portuguese, and Vascuence is almost like nothing on earth. It is the only non-Indo-European language in Europe, similar in some respects to Magyar, and probably found its way to the Iberian Peninsula as a result of Bronze Age migrations in about 2000 BC. Enthusiasts will find details of the grammar in the *Encyclopedia Britannica*. Catalan will be recognisable to anyone familar with French.

Language has always been an important part of the regionalist issue. Basque was banned after the Civil War, and for a time it was illegal to print in Catalan. Gradually the authorities became less intolerant; languages were discouraged rather than forbidden, and although the use of Catalan in the media was strictly controlled, in publishing the situation eased. Weeklies appeared in the 1960s, and regional languages were freed from any restrictions by the decree of 31 October 1975, a decree which applied in fact to 12 million people. The daily *Avui* fittingly appeared in Catalan on the next St George's Day (St George being the patron saint of Catalonia). None the less, these events had been predated by a Cabinet decision in May 1975 to allow Basque, Catalan and Galician to be taught in schools, initially as a one-year experiment.

This highlights a common problem for minority languages; apart from political pressures, things such as migration can reduce the number of actual speakers, and certain conflicts can arise with the newcomers to the area (see Unit 19). Gallego has revived in recent years as a reflection of events elsewhere, and the Basques have set up evening classes and *ikastolas*—schools where teaching is done exclusively in Vascuence. Catalan has always maintained its position as a regional language because of the extent to which it is used, in both town and country, whereas Gallego has remained largely a rural phenomenon, and less adaptable perhaps to the flexibility demanded for everyday use in the modern world. Although all three languages have their literary traditions, Catalan had a revival in the last century, and has since attracted a significant level of academic interest to preserve its dynamism.

One curious feature of this newfound linguistic prosperity is the fashion for using odd regional words in the Press: *ikurriña* (the Basque flag); *Euskadi* (the Basque country); *euskera* (the Basque language); and *euskaldun* (ethnic Basque); and Catalan words are written using Catalan rather than Castilian spellings: for example, *Catalunya*.

The first comprehension piece comes from November 1975 and highlights the specific demands for the teaching of Catalan, permitted by the decree referred to above, and the call for it to be made an official language too. The second passage looks at the historical decline of the Basque language and the migration of the Basque people. Note that Bayona is the Spanish name for the French city of Bayonne; the Basques live on both sides of the Pyrenees, and slogans such as '3+4 = 1' (demanding the unification of the Spanish provinces, *Euskadi Sur*, and the French provinces, *Euskadi Norte*) point to the strength of kinship between the two areas even today. It is not current French policy to support such a move.

When the Constitution was approved by the Cortes, bi-lingual editions were published prior to the Referendum.

Article 3 of the Preliminary Chapter refers to the languages of what some people call *los pueblos del estado español*, and gives you a chance here to compare them.

Lectura

Castellano

Artículo 3.

1. El castellano es la lengua española oficial del Estado. Todos los españoles tienen el deber de conocerla y el derecho a usarla.
2. Las demás lenguas españolas serán también oficiales en las respectivas Comunidades Autónomas de acuerdo con sus Estatutos.
3. La riqueza de las distintas modalidades lingüísticas de España es un patrimonio cultural que será objeto de especial respeto y protección.

Vascuence

3. artikulua

1. Gaztelania da Espainiako Estatuaren hizkuntza ofiziala. Espainol guztiek jakin behar dute eta erabiltzeko eskubidea dute.
2. Espainiako beste hizkuntzak ere ofizialak izango dira haiei dagozkien Erkidego Autono-moetan berauen Estatutoei dagozkien eran.
3. Espainiako hizkuntza moeta ezberdinen aberastasuna kultur ondare bat da eta hura babes eta begirunegarri izango da.

Catalán

Art. 3.

1. El castellà és la llengua espanyola oficial de l'Estat. Tots els espanyols tenen el deure de conèixer-la i el dret d'usar-la.
2. Les altres llengües espanyoles seran també oficials en les respectives Comunitats Autònomes d'acord amb els seus Estatuts.
3. La riquesa de les diferents modalitats lingüistiques d'Espanya és un patrimoni cultural que serà objecte d'especial respecte i protecció.

Gallego

Artigo 3.

1. O castelán é a lingua española oficial do Estado. Todos os españoles teñen o deber de coñecela e o dereito a usala.
2. As demais linguas españolas serán tamén oficiais nas respectivas Comunidades Autónomas dacordo cos seus Estatutos.
3. A riqueza das distintas modalidades lingüísticas de España é un patrimonio cultural que será obxeto de especial respeto e protección.

(a) Los pueblos del estado español y el idioma

Enseñanza y oficialidad son hoy las dos demandas principales de quienes hace apenas unos años limitaban sus reivindicaciones al uso hablado y escrito de la lengua. En uno de los primeros editoriales sobre el reciente decreto-
5 ley, el *Diario de Barcelona* precisaba sus limitaciones, a saber, el hecho de que las lenguas se calificaban de nacionales, pero no de oficiales. Según otros editoriales de prensa y personalidades de la cultura catalana consultadas por esta revista, la principal limitación del texto
10 era precisamente la falta de reconocimiento de la oficialidad, mientras que otros partidarios aportaban como elementos en la cooficialidad del catalán, datos relativos a la extensión del área catalanoparlante.

Con sus 70.000 km cuadrados, decían que Cataluña
15 era mayor que Dinamarca, Holanda o Bélgica. Y con sus ocho millones de habitantes—sumando el principado, el País Valenciano, las Baleares, 'Cataluña Norte', la zona aragonesa de habla catalana, el Alaguer —porción de Cerdeña— y Andorra, supone un área superior a Finlan-
20 dia, Noruega o Irlanda. El artículo segundo del Estatuto de la II República especificaba que el catalán, como el castellano, era lengua oficial de Cataluña, opinión sostenida en la actualidad.

RECATALANIZACIÓN

25 En términos históricos, la normalización es relativa. Durante la República salían cuatro diarios escritos en catalán por la mañana, y aparecían cuatro más por la tarde. En 1936 el principado contaba con 1.200 publicaciones y 20 periódicos en catalán. Hoy en día, cuenta
30 solamente con algunas publicaciones tanto semanarias como mensuales. Antes conocían dificultades de producción y poca rentabilidad. Pero la recatalanización era muy superior a niveles de base, como los boletines de entidades como asociaciones de vecinos, colegios, pan-
35 fletos clandestinos, pintadas anónimas, todos los sistemas de comunicación elemental utilizaban el catalán. Y los anuncios para secretarias o telefonistas siempre llevaban todos el requisito de catalán incorporado a las necesidades del puesto de trabajo.

MAYOR RIQUEZA

40 Los licenciados en literatura catalana sostenían que era preciso comenzar la enseñanza en catalán en los cursos preescolares. La experiencia de cuatro centros escolares daba resultados positivos. En comparación con
45 otros centros, los educadores sostenían que allí donde los dos primeros cursos se impartían en la lengua familiar y se incorporaba luego el castellano, los escolares presentaban una mayor riqueza en las dos lenguas que aquéllos que empezaban con una enseñanza monolingüe en
50 castellano.

(*Cambio 16* núm. 207, 24–11–75)

(1) ¿Cómo han cambiado las demandas de los catalanoparlantes?
(2) ¿Cuál es el tamaño de la región que habla catalán?
(3) ¿Cómo era la situación respecto al catalán durante la República?
(4) ¿A qué nivel se utilizaba el catalán? Cite ejemplos.
(5) ¿A qué conclusiones se llegó concerniente a la enseñanza del catalán?

(b) El País Vasco

Hace un siglo toda la población de Guipúzcoa y prácticamente toda la de Vizcaya hablaba euskera, es decir, eran vascoparlantes. En las provincias del Norte lo conocía una mitad de la población. La parte que rodea al puerto
5 de Bayona, la más poblada, se consideraba fuera de la zona euskaldun, ya que prácticamente no utilizaba el euskera. Un quinto de la población navarra y una décima parte de la alavesa eran euskaldunes.

El total de euskaldunes en la actualidad es, pues, de
10 unos 600.000; unos 520.000 en el Sur y unos 80.000 en el Norte. Si a estos 600.000 que viven en las siete provincias vascas añadimos los 100.000 vascoparlantes emigrados a América y Europa, tenemos un total de 700.000 euskaldunes en el mundo.
15 (*Luis Camarero Núñez: opresión y defensa del euskera. Editorial Txertoa*, 1977)

Haga una comparación entre las regiones que antes hablaban euskera, y el número total de vascoparlantes en el mundo de hoy.

Esquema:
regiones vascoparlantes, en aquella época y hoy en día; ubicación de los euskaldunes en el siglo 19 y en nuestros días.

Modelo:
Antes. . . . pero hoy . . . . En el siglo pasado . . . mientras que en nuestros tiempos . . . . En aquella época . . . pero en el mundo de hoy . . . .

Lenguaje y uso

1. El Pretérito Imperfecto

(a) El pretérito imperfecto se forma agregando las terminaciones *-aba, -abas, -aba, -ábamos, -abais, -aban* a la raíz de los verbos terminados en *-ar* (*hablar-hablaba*). Los verbos que terminan en *-er* e *-ir* agregan las terminaciones *-ía, -ías, -ía, -íamos, -íais, -ían* (*querer-quería; decir-decía*). Los verbos *ir* y *ser* forman el pretérito imperfecto en forma irregular:

Ir: *iba, ibas, iba, íbamos, ibais, iban.*
Ser: *era, eras, era, éramos, erais, eran.*

(b) El imperfecto se emplea principalmente para referirse a acciones o estados comenzados en el pasado y cuyo principio o fin se desconoce o no interesa especificarlo.

Con sus 70.000 Km. cuadrados, **decían** *que Cataluña* **era** *mayor que Dinamarca, Holanda o Bélgica.*

El artículo segundo del Estatuto de la II República **especificaba** *que el catalán, como el castellano,* **era** *la lengua oficial de Cataluña.*

(c) El imperfecto tiene un carácter durativo y se utiliza frecuentemente en narraciones y descripciones.

Los educadores **sostenían** *que allí donde los dos primeros cursos* **se impartían** *en la lengua familiar y* **se incorporaba** *luego el castellano, los escolares* **presentaban** *. . . .*

(d) El imperfecto se emplea para referirse a una acción repetida en el pasado, sin que se mencione su comienzo o su fin.

Durante la República **salían** *cuatro diarios escritos en catalán por la mañana, y* **aparecían** *cuatro más por la tarde.*

Y los anuncios siempre **llevaban** *todos el requisito de catalán incorporado . . . .*

2. Adverbios de Tiempo

(a) Observe y estudie en ambos textos el uso de adverbios de tiempo y otras expresiones con similar función.

*Enseñanza y oficialidad son **hoy** las dos demandas . . .*

***Hace unos años** limitaban sus reivindicaciones al uso hablado.*

***Hoy en día** cuenta solamente con algunas publicaciones.*

***Antes** concocían dificultades de producción.*

*Y los anuncios **siempre** llevaban todos el requisito . . . .*

*Y se incorporaba **luego** el castellano . . .*

***Hace un siglo** toda la población hablaba euskera.*

*El total de euskaldunes **en la actualidad** es, pues, de unos 600.000.*

(b) He aquí otros adverbios de tiempo de uso corriente no incluidos en el texto:

tarde	*nunca*	*ayer*	*entonces*
temprano	*jamás*	*ahora*	*después*

3. Palabras Compuestas

(a) Se llaman palabras compuestas aquéllas que son el resultado de la unión de dos o más palabras con significado independiente. Ejemplos en el texto son:

catalanoparlante
vascoparlante

Las palabras anteriores resultan de la fusión de los adjetivos *catalán+ parlante* y *vasco+ parlante*.

(b) En la formación de palabras compuestas, la primera de ellas sufre a veces una alteración en su forma. Observe estos ejemplos:

español	*francés*
hispanoparlante	**francoparlante**

(c) En la formación de palabras compuestas se pueden combinar palabras con diferente función gramatical. Por ejemplo:

(i) Sustantivo+ adjetivo: **Boquiabierto** *(boca+ abierto)*

(ii) Sustantivo+ sustantivo: **Compraventa** *(compra+ venta)*

(iii) Verbo+ sustantivo: **Abrelatas** *(abrir+ latas)*

(iv) Adjetivo+ adjetivo: **Sordomudo** *(sordo+ mudo)*

Práctica

1. Transforme las siguientes oraciones al imperfecto sustituyendo las palabras que se dan entre paréntesis.

Ejemplo: Ahora hay algunas publicaciones en catalán.
(Antes – muchas.)
Antes había muchas.

(a) Actualmente *existen* pocos periódicos en catalán.
  (*En el año 1936 – veinte*)

(b) En la actualidad *hay* unos 600.000 vascoparlantes.
  (*Hace un siglo – muchos más*)

(c) Hoy en día *emigran* pocos españoles a América.
  (*En el siglo pasado – muchos*)

(d) Actualmente España *es* una Monarquía constitucional.
  (*En el año 1936 – una República*)

(e) Ahora *comprendemos* bastante español.
  (*Hace un año – muy poco*)

(f) Ahora *sé* tres idiomas extranjeros.
  (*Antes – sólo dos*)

(g) Hoy *tienes* 5.000 pesetas.
  (*Ayer – 8.000*)

(h) Actualmente *vais* a España todos los años.
  (*Antes – cada dos años*)

2. Ponga los infinitivos entre paréntesis en la forma correcta del imperfecto.

(a) En el año 1936 (*publicarse*) muchos periódicos en catalán, a pesar de que (*haber*) algunas dificultades de producción y que su publicación no (*ser*) muy rentable. El idioma catalán, como el castellano, (*ser*) idioma oficial y lo (*utilizar*) la mayor parte de la gente. En algunas escuelas se (*enseñar*) en catalán y el castellano se (*introducir*) más tarde. Los educadores (*afirmar*) que este sistema (*dar*) mejores resultados.

(b) Para muchos trabajos (*ser*) necesario saber el idioma catalán. Muchos de los anuncios para secretarias y telefonistas (*informar*) a los interesados sobre la necesidad de conocer el idioma. El catalán también se (*emplear*) en boletines, panfletos y pintadas y (*existir*) una abundante literatura en esta lengua.

3. Explique el sentido de las palabras compuestas en las siguientes frases.

(a) El accidente ocurrió en *la bocacalle.*
(b) La Marina española ha adquirido un *portaaviones.*
(c) Los habitantes de Gibraltar son *angloparlantes.*
(d) Los que entraban al edificio enseñaban *el salvoconducto.*
(e) Se quedó *boquiabierto* de la impresión.
(f) El gobernador contrató a un *guardaespaldas.*
(g) Trabajaba en *la compraventa* de automóviles.
(h) *El limpiaparabrisas* del coche no funcionaba.

4. De acuerdo a su significado, clasifique los siguientes adverbios y expresiones de tiempo bajo las categorías (a) pasado; (b) presente; (c) futuro.

ahora, en la actualidad, pasado mañana, hoy en día, dentro de poco, anteayer, hoy, en breve, hace mucho tiempo, en el futuro, pronto, actualmente, la semana que viene, ayer, dos años atrás, en aquel tiempo, próximamente, recientemente, en tres meses más.

The Constitution of 1978

Spain has had nine sets of constitutional laws. Its first, in 1812 was one of the first in Europe. Some have been extremely rigid, within a Parliamentary framework, and others open to broader interpretation. The State has been legally defined in a number of ways, and the latest is as a multiparty democratic parliamentary monarchy, and therefore a radical departure from the *Leyes Fundamentales* of the Franco era, designed to keep everything *atado y bien atado*—on a predictable path.

As a piece of constitutional legislation, that of 1978 is unique in the country's history in that great care was taken to make it broadly representative and acceptable to all and certainly less doctrinaire than the Republican Constitution of 1931. Work began in August 1977, and the draft put before the Cortes in January 1978 when 1133 amendments were duly tabled. To speed things up, a 36-man all-party commission was organised to agree on general principles and leave the more difficult points for ordinary legislation. As a measure of their success, only 180 amendments were tabled in July 1978 when the new proposals were put before the Cortes, some of them on points of language. (A curious side-effect of the speed with which the draft appeared was the criticism of the language and the informal style used. Definitions are vital to Spanish law— the change of a single word in a clause about individual rights, for example, sparked off accusations that it was a deliberate underhand attempt to challenge any law on abortion.) The clause-by-clause vote, following a strict timetable, indicated a general desire for consensus and even created some curious temporary alliances: the Communists, Basque and Catalan nationalists voted with the government in favour of the monarchy clause, whilst the Socialists abstained. (And even they hastily explained that they were doing so purely on historical grounds.) When the Socialists also objected to the naming of the Catholic Church in the article defining Church–State relations, they were again outvoted, and Santiago Carrillo himself spoke fervently in favour of the motion.

Votes on the final text were cast at the end of October 1978. On a slightly negative note, one member actually voted against 168 of the 169 articles, but he was an exception. The Senate vote was 226 for, 5 against, and 8 abstentions; and in the Congress 325 for, 6 against with 14 abstentions. It was put to the country in the referendum of 6 December 1978. The turnout was 68% with 87% of votes cast in favour, and only 8% against. More worrying was the high rate of abstention in the Basque country (see Unit 4 for details). Despite recognition of the *Comunidades Autónomas* and the new concept of the *nacionalidades*, the Basques have not regained the extensive privileges granted (in admittedly exceptional circumstances) by the Republican government in 1937.

Broadly speaking, the new Constitution reflects the demands for greater fairness and representation which had become increasingly more urgent during General Franco's declining years. The right to unionise and strike are included, and both employers and workers have their rights as well as their obligations. Parents are to have a greater say in educational matters; and besides recognising that prisoners do have rights, the death penalty and forced labour are no longer to be applied.

The Comprehension section considers the Military and the Constitution; this is followed by a piece on the Senate. People's rights and obligations are then listed, with extracts from children's essays. There are also Essay and Interpreting exercises.

Lectura

En el curso de su historia más reciente España ha tenido varias constituciones. Al iniciarse la guerra civil de 1936–1939, estaba vigente la Constitución de 1931 que corresponde a la Segunda República. Con posterioridad a la guerra España se rige no por una constitución en el sentido estricto sino por un conjunto de Leyes Fundamentales que representan los principios esenciales de la organización política del Régimen y que tienden a proteger a éste y a asegurar su continuidad. Los partidos políticos, por ejemplo, quedaban firmemente excluidos; el ejercicio del derecho de sufragio estaba limitado a un cauce corporativo que lo desnaturalizaba; las libertades ciudadanas se hallaban considerablemente restringidas y los sindicatos de trabajadores habían sido substituidos por un aparato estatal.

La Constitución de 1978 responde a las aspiraciones de cambio de la gran mayoría de los españoles. La nueva Constitución define al Estado español como 'un Estado social y democrático de Derecho'. La soberanía nacional reside en el pueblo, y la forma política del estado es la Monarquía parlamentaria. Junto con su carácter pluralista, reconoce y salvaguarda las libertades y derechos de los individuos y determina sus obligaciones en los más diversos aspectos de la vida política, económica y social de la nación.

Comprensión

(a) Constitución a la orden

Aunque todavía están cerca los tiempos en los que un coronel de cierto regimiento del norte, al ver un bloque de libros con el texto constitucional, dijo que no quería política en la biblioteca, lo cierto es que el contenido de
5 nuestra ley fundamental será mas conocido en los centros de enseñanza castrense.

El estudio de la ciencia política, dentro de la que se enmarca la Constitución, supondrá un total de treinta horas de clase para los alumnos de la Academia General
10 Militar. Estas horas se darán en el primer año. El estudio del derecho ocupará cuarenta horas de los futuros oficiales y durante el segundo año de los cinco años de carrera se dedicarán veinte horas a la pedagogía y la sociología.
15 Los nuevos oficiales de la Policía Nacional se forman en su propia academia y en ella tendrán más tiempo para estudiar el texto constitucional y comentarlo.

(*Cambio 16* núm. 523 7–12–81)

(b) Artículo 69: la composición del Senado

La composición del Senado, que es la Cámara de representación territorial, queda reflejada así en el artículo 69 de la Constitución:

- En cada provincia se elegirán cuatro senadores por sufragio universal, libre, igual, directo y secreto por los votantes de cada una de ellas, en los términos que señale una ley orgánica.
- En las provincias insulares, cada isla o agrupación de ellas, con Cabildo o Consejo Insular, constituirá una circunscripción a efectos de elección de senadores, correspondiendo tres a cada una de las islas mayores —Gran Canaria, Mallorca y Tenerife— y uno a cada una de las siguientes islas o agrupaciones: Ibiza-Formentera, Menorca, Fuerteventura, Gomera, Hierro, Lanzarote y La Palma.
- Las poblaciones de Ceuta y Melilla elegirán cada una de ellas dos senadores.

- Las Comunidades Autónomas designarán además un senador y otro más por cada millón de habitantes de su respectivo territorio. La designación corresponderá a la Asamblea legislativa o, en su defecto, al órgano colegiado superior de la Comunidad Autónoma, de acuerdo con lo que establezcan los Estatutos, que asegurarán, en todo caso, la adecuada representación proporcional.
- El Senado es elegido por cuatro años. El mandato de los senadores termina cuatro años después de su elección o el día de la disolución de la Cámara.

(*Blanco y Negro* núm. 3479, 3–1–79)

(1) *¿Cómo serán elegidos los senadores en cada provincia? ¿Cuántos serán en total?*

(2) *¿Cómo serán organizadas las elecciones en las provincias insulares?*

(3) *¿Y en las poblaciones del Norte de Africa?*

(4) *¿Cómo serán designados los representantes de las Comunidades Autónomas?*

(5) *Describa el mandato del Senado y de los senadores.*

(c) Libertades, responsabilidades y derechos: extractos de la Constitución

Artículo 20

1 Se reconocen y protegen los derechos:

(a) A expresar y difundir libremente los pensamientos, ideas y opiniones mediante la palabra, el escrito o cual-
5 quier otro medio de reproducción.

(b) A la producción y creación literaria, artística, científica y técnica.

(c) A la libertad de cátedra.

Artículo 28

10 1 Todos tienen derecho a sindicarse libremente. La ley podrá limitar o exceptuar el ejercicio de este derecho a las Fuerzas o Institutos armados o a los demás Cuerpos sometidos a disciplina militar y regulará las peculiaridades de su ejercicio para los funcionarios públicos . . . .
15 Nadie podrá ser obligado a afiliarse a un sindicato.

2 Se reconoce el derecho a la huelga de los trabajadores para la defensa de sus intereses. La ley . . . establecerá las garantías precisas para asegurar el mantenimiento de los servicios esenciales de la comunidad.

20 *Artículo 30*

1 Los españoles tienen el derecho y el deber de defender a España.

2 La ley fijará las obligaciones militares de los españoles y regulará, con las debidas garantías, la objeción de
25 conciencia, así como las demás causas de exención del servicio militar obligatorio, pudiendo imponer, en su caso, una prestación social sustitutoria.

Artículo 32

1 El hombre y la mujer tienen derecho a contraer matri-
30 monio con plena igualdad jurídica.

2 La ley regulará las formas de matrimonio, la edad y capacidad para contraerlo, los derechos y deberes de los cónyuges, las causas de separación y sus efectos.

Artículo 37

35 1 La ley garantizará el derecho a la negociación colectiva laboral entre los representantes de los trabajadores y empresarios, así como la fuerza vinculante de los convenios.

Artículo 38

40 Se reconoce la libertad de empresa en el marco de la economía de mercado. Los poderes públicos garantizan y protegen su ejercicio y la defensa de la productividad con las exigencias de la economía general y, en su caso, de la planificación.

45 *Artículo 56*

1 El Rey es el Jefe del Estado, símbolo de su unidad y permanencia, arbitra y modera el funcionamiento regular de las instituciones, asume la más alta representación del Estado Español en las relaciones internacionales,
50 especialmente con las naciones de su comunidad histórica, y ejerce las funciones que le atribuyen expresamente la Constitución y las leyes.

Artículo 143

1 En el ejercicio del derecho a la autonomía reconocido
55 en el artículo 2 de la Constitución, las provincias limítrofes con características históricas, culturales y económicas comunes, los territorios insulares y las provincias con entidad regional histórica podrán acceder a su autogobierno y constituirse en Comunidades Autónomas con
60 arreglo a lo previsto en este Título y en los respectivos Estatutos.

Reportaje

Haga un reportaje sobre los requerimientos de la Nueva Constitución respecto a los asuntos siguientes: la Monarquía, las regiones de España, la Prensa, los sindicatos, las fuerzas armadas, el matrimonio y el trabajo. (Consultar primero los artículos que aparecen en otras partes del libro, págs. 44, 78, y 139, y los mencionados arriba.)

Interpretación

This is an interview with a Spanish government minister, and concerns the new Constitution:

Pregunta: Minister, the new Constitution will introduce many changes. Which are most important, do you think?

Respuesta: Bueno, pero habrá tantos cambios. ¿Cambios
5 en qué sentido?

P: Well, what about the unions?

R: Vamos a ver, todos tendrán el derecho a asociarse libremente.

P: Will people be obliged to join a union?

10 *R:* En absoluto. Nadie podrá ser obligado a afiliarse a un sindicato.

P: What rôle will the unions have?

R: Digamos que la ley garantizará el derecho a la negociación colectiva entre los respectivos grupos, es decir,
15 los representantes de los trabajadores y empresarios.

P: Will this create more stability economically?

R: Ojalá. Fomentaremos una política que asegure la estabilidad económica.

P: Can you tell me how exactly?

20 *R:* Aseguraremos el pleno empleo y la formación profesional, y si es necesario, la readaptación profesional.

P: Will this policy include improving working conditions?

R: Por supuesto. Garantizaremos el descanso necesario,
25 las vacaciones periódicas, en fin, mejoraremos las condiciones de trabajo, eso sí.

Dejad que los niños

La Constitución es un libro donde vienen las normas españolas y se hace en el congreso de los diputados y hay 169 artículos. Hay 350 *diputaos*. La escribieron los senadores y *diputaos* se reúnen en el Palacio de las Cortes y en la entrada tiene dos leones y sale muchas veces por la televisión.

Rafael F
ocho años

La Constitución es para vivir bien es para ser amigos.

Iván
seis años

En España tiene que haber una regla para que todo el mundo viva en paz, nos beneficia a todos mucho. Todo el mundo debe vivir en paz gracias al rey cuando le botaron todos *yami* me gusta el rey.

Emilio A
ocho años

La Constitución fue formada por el voto de todos los españoles que se pusieron de acuerdo. La Constitución nos permite hacer lo que queremos pero sin pegarnos, robar etc.

Gonzalo S
ocho años

La Constitución es que yo me porte bien con mis *ermanos*. Yo respeto la lei. Yo respeto a mi *aguelo* también.

Juancho
seis años

(*Cambio 16* núm. 523 7–12–81)

1. El Futuro

(a) El futuro se forma agregando al infinitivo las terminaciones *-é, -ás, -á, -emos, -éis, -án* (ir: *iré, irás, irá, iremos, iréis, irán*).

(b) Algunos verbos forman el futuro en forma irregular. Entre ellos, los más comunes son:

saber:	**sabré**	poder:	**podré**
caber:	**cabré**	venir:	**vendré**
haber:	**habré**	poner:	**pondré**
hacer:	**haré**	tener:	**tendré**
decir:	**diré**	salir:	**saldré**

(c) El futuro se utiliza normalmente para referirse a una acción futura con respecto al momento en que se habla.

__Garantizaremos__ el descanso necesario.

__Mejoraremos__ las condiciones de trabajo.

(d) El futuro se usa frecuentemente en el lenguaje legal, en tercera persona singular o plural, para expresar una consecuencia obligatoria de una decisión legal. Observe este uso en los artículos de la Constitución que aquí se dan:

La ley __podrá__ limitar o exceptuar el ejercicio de este derecho . . . y __regulará__ las peculiaridades de su ejercicio.

A partir de la edad núbil, el hombre y la mujer, en plena igualdad de derechos y deberes, __podrán__ contraer matrimonio.

(e) El futuro puede expresar probabilidad en relación al momento en que se habla.

¿Dónde __estará__ Isabel en este momento?

¿Qué hora __será__?

¿Qué __pensará__ Vd. de mí?

2. El Lenguaje Legal

Aparte del uso del Futuro para expresar obligación hay otras características del lenguaje legal observables en este extracto de la Constitución.

(a) Poca variación en la estructura de las frases.

La ley	*fijará*	*las obligaciones militares.*
Los niños	*gozarán*	*de una protección especial.*
Los poderes públicos	*aseguran*	*la protección económica.*
Los poderes públicos	*fomentarán*	*una política que asegure . . . .*

(b) Frecuente uso de ciertos verbos:

regular, establecer, fijar, garantizar, asegurar, poder, deber.

(c) Frecuente uso de la frase verbal *poder+ infinitivo.*

*La ley **podrá limitar** . . . .*
***Podrá establecerse** un servicio civil . . . .*
***Podrán contraer** matrimonio . . . .*

(d) Léxico especializado, de acuerdo al tipo de documento legal. En el presente pasaje de la Constitución encontramos repetidamente los términos:

tener el derecho, tener el deber, los derechos, los deberes, las garantías, la obligación, la ley, el ejercicio, los poderes públicos.

(e) Preferencia por el uso de un léxico más formal.

La edad núbil (*la edad de casarse*)
Contraer matrimonio (*casarse*)
Los cónyuges (*el marido y la mujer*)
La jornada laboral (*un día de trabajo*)

Práctica

1. Ponga el verbo de las oraciones siguientes en la forma del futuro.

Ejemplo: La ley fija las obligaciones militares.
La ley fijará las obligaciones militares.

De acuerdo a la Constitución:

(a) Todos *tienen* derecho a sindicarse libremente.

(b) La ley *regula* la objeción de conciencia.

(c) Se *reconoce* el derecho a la huelga.

(d) Nadie *puede* ser obligado a afiliarse a un sindicato.

(e) Se *reconoce* el derecho a la propiedad privada.

(f) Los poderes públicos *garantizan* el descanso necesario.

(g) Todos los españoles *tienen* el derecho al trabajo.

(h) Los poderes públicos *aseguran* la protección de los hijos.

2. Imagine que el siguiente es el programa de un partido político y Vd. es uno de sus candidatos. Lea el programa en la forma que indica el ejemplo.

Ejemplo: Respetar la Constitución.
Respetaremos la Constitución.

Un programa político:

(a) *Apoyar* las organizaciones sindicales.

(b) *Defender* los intereses de los trabajadores.

(c) *Derrotar* la inflación.

(d) *Crear* más oportunidades de trabajo.

(e) *Acabar* definitivamente con el paro.

(f) *Favorecer* las exportaciones.

(g) *Proteger* a la mujer y al niño.

(h) *Legislar* sobre el divorcio.

3. Vuelva a escribir las frases siguientes sustituyendo los verbos *poder* y *deber* por las frases verbales *tener el derecho* y *tener el deber* respectivamente.

Ejemplo: Los españoles deberán conocer el castellano.
Los españoles tendrán el deber de conocer el castellano.

(a) El Rey *podrá* utilizar los títulos que correspondan a la Corona.

(b) La Reina no *podrá* asumir funciones constitucionales.

(c) Los ciudadanos *deberán* contribuir a la defensa de España.

(d) Los españoles *podrán* expresar libremente sus pensamientos.

(e) Los padres *deberán* prestar alimentos, educación e instrucción a sus hijos.

(f) El hombre y la mujer en edad núbil *podrán* contraer matrimonio.

(g) Todos los ciudadanos *podrán* usar la lengua castellana.

(h) Trabajadores y empresarios *podrán* adoptar medidas de conflicto colectivo.

4. Identifique las palabras y frases de la columna A con su correspondiente significado en la columna B.

A	B
(a) Contraer matrimonio	. . . salario, sueldo
(b) Dar a luz	. . . día de trabajo
(c) Fallecer	. . . ocupación
(d) Cónyuges	. . . casarse
(e) Oficio	. . . impuestos
(f) Remuneración	. . . morir
(g) Jornada laboral	. . . marido y mujer
(h) Conflicto laboral	. . . tener un hijo
(i) Sistema tributario	. . . huelga

Traducción

(a) Traduzca al español el párrafo que comienza '*Broadly speaking, the new Constitution* . . . hasta . . . *no longer to be applied*' (p. 49).

(b) Traduzca al inglés o a su propio idioma el párrafo que comienza '*La Constitución de 1978 responde a las aspiraciones* . . . hasta . . . *la vida política, económica y social de la nación (Lectura, p. 50).*

Redacción

Escriba un breve comentario de 30–50 palabras expresando su propia opinión sobre DOS de los siguientes puntos de la Constitución española:

(a) Todos tienen derecho a sindicarse libremente.

(b) Nadie podrá ser obligado a afiliarse a un sindicato.

(c) La ley fijará las obligaciones militares de los españoles, y regulará, con las debidas garantías, la objeción de conciencia.

(d) Se reconoce la libertad de empresa en el marco de la economía de mercado.

Changes in Society

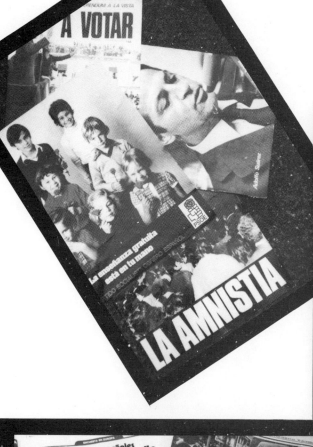

Press and censorship

Control of the media after the Civil War was maintained by censoring stories before they went to press and by enforcing *consignas*, lists of items to emphasise or ignore, depending on the view of the government. In the face of prolonged criticism from abroad, the Spanish Press was directed to maintain public morale by only printing material with a positive slant. This policy of *triunfalismo* is said to have had its lighter side; for example, when the progress of strikes could be traced by watching Press denials that there were any strikes in Asturias or Barcelona or Madrid . . . .

Autocensura, a process whereby the Press would not attempt to print news which was sure to provoke official reaction, came in as part of the 1966 Press Laws (under the direction of Fraga Iribarne). Some publications, the leftist *Triunfo* for instance, deliberately challenged this, and *Cuadernos* maintained a steady stream of serious and informed articles on items for public concern. Nonetheless, the Press Regulations were strictly enforced and could be exceedingly severe, for despite some modifications, sanctions were harsher than before and used more readily: the extreme Right-wing *Fuerza Nueva* once had whole pages removed because of a piece referring to government corruption. The worst year was perhaps 1975: even an interview with Don Juan de Borbón in the monarchist daily *ABC* was cut, because he called for reconciliation and tolerance. Other journals had whole editions seized, were shut down for weeks at a time (thereby incurring serious financial losses) and editors were heavily fined. *Le Monde* calculated in May 1975 that there had been over 30 temporary closures in six months, with an average loss of two million pesetas each time.

The same month, the Ministerio de Información y Turismo established a set of guidelines at a meeting with nine leading editors: respect was to be shown for the Movimiento Nacional, the Leyes Fundamentales, the Armed Forces and Institutions of State; there was to be no criticism of General Franco, Juan Carlos or the Prime Minister, Arias Navarro; nothing was to be done to impair national unity; the Succession was not to be discussed; public order was to be upheld, and no reference made to terrorist organisations. (An interesting example of *triunfalismo* was the directive to staff employed by the Spanish News Agency *Efe* that they should concentrate on terrorism stories from abroad.) This list is really an interesting indicator of the major political questions of the day! And reading the foreign Press was not necessarily any more enlightening as some editions were printed specially for the Spanish market, and others were adapted locally, as in the case of pin-up photos which were touched in to comply with decreed standards of modesty.

The terrorist question shows how strictly the Press was kept in line. Condoning an act of terrorism or criticising a sentence imposed could lead to a two-year ban for journalists, and a paper or radio station could face closure for an equal length of time. Yet a feverish atmosphere began to build up in the last years of the régime, reaching its climax in the period of transition. Investigative journalism was taken up by journals like *Cambio 16*, whose article alleging torture by the Civil Guard in June 1976 led to charges being laid before the military State Prosecutor.

But it was not until October 1977 that a Joint Commission took charge of RTVE (the television network) and the State Radio, and only then was the state monopoly broken on news broadcasting. (Previously networks had had to switch in to the State Radio for all news bulletins.) A year later the press outlets belonging to the Movimiento Nacional came under the control of the new Secretary of State for Information. It was not a completely clean break with the past, however, for the new minister had held a similar post in General Franco's time.

Something completely different was the *destape*. Nudity became something of a political symbol; it was common in political cabarets in

Madrid cafés, in any progressive-type magazine, and even in *fotonovelas*. And at a demonstration in the Plaza 2 de Mayo in May 1977 a couple danced naked on top of the main statue to a chorus of *El Pueblo Desnudo es más Cojonudo*—a pun on a popular slogan. Pornographic magazines virtually took over newspaper kiosks, and at one point in 1976 *Cuadernos* reported that photographic agencies all over Europe were running out of suitable material because of increased Spanish demand. *Interviú* hit on the formula of mixing political and *Playboy*-type exposés, and circulation rapidly topped one million copies a week.

The first piece here comes from the difficult days of 1975; the second looks at reactions from the cinema towards censorship. The essay exercises touch on the question of freedom of expression and the commentary is based on complaints by journalists that they were being harrassed when covering certain stories in the year of the 23-F.

Lectura

Uno de los resultados más evidentes del nuevo proceso político español ha sido, sin duda, la supresión de la censura de prensa y la aparición de un gran número de nuevas publicaciones. Hasta 1966, la estricta censura ejercida por el Régimen impide la publicación de cualquier información que presente una imagen negativa del país o de sus gobernantes. En abril de ese año se aprueba la Ley de Prensa que sin dejar de salvaguardar los principios intocables, abre no obstante el camino a una mayor liberalización de los medios de comunicación de masas.

Con la desaparición de Franco y la transición definitiva hacia el Estado democrático la libertad de expresión recuperó su plenitud.

Comprensión

(a) ¡Pobre Prensa!

Cuando nuestros lectores lleguen a leer este número —y no saben cuánto lo deseamos— quizá adviertan nuestras dudas. Tratamos por todos los medios, como todas las semanas, de informarles lo mejor posible sobre los
5 hechos más significativos de la vida nacional e internacional. Pero es evidente que en condiciones normales, nuestro tema de portada no sería éste. No vale la pena que busque el lector la autocensura en nuestras páginas: es patente y monumental. Si las cosas no se aclaran
10 pronto, los españoles van a aprender de nuevo el difícil arte de leer entre líneas, y los periodistas aprenderemos a escribir sin que entienda nuestro público. Hay media generación de españoles que no conoció aquellos heroicos tiempos cuando uno se enteraba de las huelgas
15 al leer sus desmentidos en la prensa. 'No hay huelga en Asturias' etc.

Es posible que el clamor y nerviosismo de estos días encuentre también sus cauces —que ya hacen falta— y podamos recuperar así esa normal seguridad jurídica
20 que es condición mínima de convivencia y civilidad. Pero al que nos hable estos días de apertura, no le extrañe nuestro sarcasmo. Ni apertura ni apretura, ni libertad de prensa se escribe con c de censor ni s de socorro.

(*Cambio 16* núm. 196, 8–9–75)

(1) ¿Qué ambición tiene la Prensa?
(2) ¿Qué es lo que se teme?
(3) ¿Qué significan autocensura y apertura?

(b) Censura y represión

El director de cine Carlos Saura —autor de *La prima Angélica*— dijo con respecto a la censura: 'Yo no puedo estar de acuerdo nunca con que una serie de señores se arroguen el derecho, no solamente por mí, sino por los
5 espectadores que van a ver mis películas, de decir lo que está mal y lo que está bien. Me parece una cosa monstruosa. Para mí lo importante es suprimir todo tipo de censuras.'

MARISOL EN DESTAPE

10 Juan Antonio Bardem, que acaba de estrenar *El poder del sexo*, con una Marisol en destape, cree que sin la censura, el cine español sería de los mejores. 'A lo largo de estos años pienso que el efecto fundamental de la censura, a niveles personales, ha consistido en la frustra-
15 ción de los impulsos creadores, sean éstos de la dimensión que sean. A niveles colectivos —continúa— también ha significado una degradación de las exigencias en los niveles de calidad de las películas nacionales. Tanto por parte de los que hacen la obra cinematográfica
20 —productores, actores, escritores, directores y técnicos— como por los que explotan —exhibidores y distribuidores— así como por el público que la recibe.'

Refiriéndose al mismo tema, Vicente A. Pineda explica: 'La censura ha sido siempre consecuencia de
25 una represión. Hay que oponerse a cualquier tipo de represión con un espíritu auténticamente democrático y,

por tanto, rechazar de plano todo tipo de censura. Es hora —concluye Pineda— de que por fin en nuestro país se considere al ciudadano como un adulto.'

³⁰ **EN CONTRA**

El gremio de los actores y actrices españoles sufrió igualmente las consecuencias de la censura. 'Aunque —asegura Fernando Rey— a nosotros no nos censuran nada. Estamos en este juego, pero de una manera más ³⁵ pasiva. Yo —añade— estoy en contra de la censura, pero no como actor sino como español. Personalmente, creo que la censura impide hacer, sobre todo, buen cine.'

(*Cambio 16* núm. 213, 5–1–76)

(1) ¿Qué opina Carlos Saura con respecto a la censura?
(2) Según Juan Antonio Bardem, ¿qué efecto ha tenido la censura?
(3) ¿Qué se necesita para oponerse a la represión, a juicio de Vicente A. Pineda?
(4) ¿Cómo es la situación de los actores?

Redacción

He aquí dos interpretaciones de la llamada 'libertad de expresión.' ¿Está usted de acuerdo con que haya una libertad absoluta, o piensa que la Sociedad debe imponer límites?

'SEXY A GOGO'

Con varias vedettes internacionales. (Chelsea, Cuesta de Sto. Domingo, 18. Tel. 247 10 25.)

Los amantes de las impresiones fuertes tienen en este cabaret todo lo que se puede pedir hoy en España. Una sala pequeña y un ambiente cargadillo, sirven de marco a la actuación de las más explosivas mujeres de la noche madrileña.

'ACTRICES PARA ESPAÑA'

Por José María Castellví. (Editorial Ediciones Actuales, S.A., 165 páginas, 3.500 ptas.)

Todas las actrices españolas como Dios las trajo al mundo, vistas por uno de los fotógrafos más originales y creativos del país, José María Castellví. Algunas como Sara Montiel o Rocío Jurado siguen empeñadas en que sólo sea su marido quien admire sus encantos «in toto». La revelación es Concha Velasco que, según los entendidos, debería haberse destapado más a menudo y desde hace mucho tiempo.

Comentario

Comente oralmente las quejas de estos periodistas sobre la libertad de Prensa, adoptando una postura similar a la de ellos o defendiendo un punto de vista contrario.

No nos callarán

Hay algo que nos preocupa como colectivo. Como colectivo de periodistas demócratas (porque es ilusorio pensar que todos los periodistas apoyen sinceramente la libertad de expresión) nos preocupa la conciencia de que desde los poderes públicos y en abierta contradicción contra lo que proclama la Constitución, existe la voluntad política de limitar de forma rigurosa el derecho a informar y a ser informado. Y entendemos que no es casual que una buena parte de los procesos (más de cuatrocientos; sí—*cuatrocientos*) sean debidos a artículos referidos a la Administración de Justicia, las Fuerzas Armadas o las Fuerzas de Orden Público.

Los profesionales de la información hemos de enfrentarnos a una situación difícil. Tenemos que elegir entre la obligación moral de informar sobre los hechos que importan a la sociedad, con nombres y apellidos. Y hemos de decirlo una vez más: no pretendemos gozar de inmunidad. Que el Código Penal se nos aplique si cometemos algún delito en el ejercicio de nuestra profesión como a cualquier otro ciudadano; pero que este código penal no sea un arma contra la libertad de expresión. Nadie ha reclamado impunidad contra la injuria, la calumnia, la falsedad. Pero todos exigimos que se nos deje en paz cuando trabajamos desde la responsabilidad y el tratamiento objetivo de los temas. Y que nos dejen ejercer nuestro derecho a discutir con las armas que un Estado democrático proporciona a sus ciudadanos. Ni más ni menos.

Por eso como periodistas demócratas, nos reafirmamos en el lema de la manifestación que hoy recorrerá las calles de Madrid, al tiempo que las de otras ciudades españolas: No nos callarán. Porque en caso de que lo logren, nos callarán a todos.

COMISION COORDINADORA DE PROFESIONALES DE MADRID.

(*El País* 4–12–81)

Lenguaje y uso

1. El Presente de Subjuntivo (I)

(a) El presente de subjuntivo se forma agregando a la raíz de los verbos en *-ar* las terminaciones *-e, -es, -e, -emos, -éis, -en* (*hable, hables, hable, hablemos, habléis, hablen*); los verbos en *-er* e *-ir* agregan a la raíz las terminaciones *-a, -as, -a, -amos, -áis, -an* (*coma, comas, coma, comamos, comáis, coman; viva, vivas, viva, vivamos, viváis, vivan*).

(b) El presente del subjuntivo de algunos verbos irregulares se deriva de la primera persona del presente indicativo. Entre ellos, tenemos:

	Presente de Indicativo	Presente de Subjuntivo
Tener:	tengo	tenga, tengas, tenga, tengamos, tengáis, tengan.
Venir:	vengo	venga, vengas, venga, vengamos, vengáis, vengan.
Conocer:	conozco	conozca, conozcas, conozca, conozcamos, conozcáis, conozcan.

Otros verbos irregulares en el presente del subjuntivo son:

Saber: *sepa, sepas, sepa, sepamos, sepáis, sepan.*
Caber: *quepa, quepas, quepa, quepamos, quepáis, quepan.*
Estar: *esté, estés, esté, estemos, estéis, estén.*
Haber: *haya, hayas, haya, hayamos, hayáis, hayan.*
Ir: *vaya, vayas, vaya, vayamos, vayáis, vayan.*
Ser: *sea, seas, sea, seamos, seáis, sean.*
Ver: *vea, veas, vea, veamos, veáis, vean.*

(c) El presente del subjuntivo se usa frecuentemente en frases subordinadas precedido por una frase con un verbo en presente indicativo.

*No vale la pena **que busque el lector la autocensura en nuestras páginas.***

*Yo no puedo estar de acuerdo nunca con **que una serie de señores se arroguen el derecho** . . . .*

(d) El presente del subjuntivo se utiliza después de aquellos verbos que expresan una actitud mental, emoción o negación. Entre ellos, los más frecuentes son: *esperar, desear, querer, dudar, temer, no creer, tener miedo de, alegrarse de, gustar, sentir.*

***Espero** que se **termine** la censura.*

***Quiero** que Vd. **venga** conmigo.*

Deseamos que el cine mejore.

No creo que sea posible.

(e) Verbos tales como *querer, desear, esperar,* normalmente usados con infinitivo, deberán ir seguidos de un verbo en subjuntivo cuando el sujeto de la frase subordinada es diferente del sujeto de la frase principal. Compare las frases que siguen:

Quiero venir mañana.

Quiero que Vd. venga mañana.

Espero terminar pronto.

Espero que Vds. terminen pronto.

(f) El subjuntivo se usa después de algunas frases impersonales con el verbo *ser,* tales como *ser posible, ser importante, ser necesario, ser imposible, ser mejor, ser conveniente, ser hora,* etc.

Es posible que el clamor y nerviosismo de estos días encuentre también sus cauces . . . .

Es hora de que por fin se considere al ciudadano como un adulto.

2. El Estilo Directo e Indirecto

(a) El estilo directo reproduce exactamente las palabras expresadas por el autor de ellas.

El director de cine Carlos Saura dijo con respecto a la censura: 'Yo no puedo estar de acuerdo con que una serie de señores se arroguen el derecho . . . '

(b) El estilo indirecto relata o cuenta lo expresado por otras personas sin que se reproduzcan textualmente sus palabras.

Juan Antonio Bardem cree que sin la censura el cine español sería de los mejores.

(c) Al pasar del estilo directo al indirecto, varía frecuentemente el tiempo y/o la persona del verbo:

Carlos Saura dijo: 'Yo no puedo estar de acuerdo con . . . '.

Carlos Saura dijo que no podía estar de acuerdo con . . . .

(d) Los verbos que normalmente se emplean para reproducir directa o indirectamente lo expresado por otra persona, son los siguientes: *decir, opinar, afirmar, explicar, manifestar, agregar, comentar, declarar, señalar, asegurar, añadir, continuar,* etc.

En el estilo indirecto, el verbo que sirve de introducción va seguido de la conjunción *que:*

Carlos Saura dijo que . . . .

Juan Antonio Bardem cree que . . . .

3. Formación de Palabras

El sufijo *-or* se utiliza normalmente para indicar un oficio, función u ocupación. Ejemplos son: *actor, productor, escritor, director, exhibidor, distribuidor,* etc.

Práctica

1. Ponga los verbos entre paréntesis en la forma correcta del presente del subjuntivo.

(a) Quiero que Vd. me (*dar*) su opinión.

(b) Temo que no (*valer*) la pena.

(c) Nos alegramos de que Vds. (*entender*) nuestra posición.

(d) Siento que no (*ser*) el momento oportuno.

(e) Es posible que nosotros (*ir*) al teatro.

(f) Es mejor que vosotros (*decir*) la verdad.

(g) Será necesario que el periódico (*hacer*) un reportaje.

(h) Será difícil que nosotros (*estar*) aquí a tiempo.

2. Responda a estas preguntas usando el verbo entre paréntesis seguido de una frase en subjuntivo.

Ejemplo: ¿Irá Carlos al cine? (dudar)
    Dudo que vaya.

(a) ¿*Vendrá* el director mañana? (*esperar*)

(b) ¿*Asistirá* el productor a la entrevista? (*no creer*)

(c) ¿*Estarán de acuerdo* los exhibidores? (*dudar*)

(d) ¿*Tendrá* ella tiempo de leer el artículo? (*dudar*)

(e) ¿*Se opondrán* los escritores? (*esperar*)

(f) ¿*Habrá* oposición? (*no creer*)

(g) ¿*Desaparecerá* la censura? (*esperar*)

(h) ¿*Será necesario*? (*no creer*)

3. Escriba estas frases en estilo directo.

Ejemplo: Carlos dice que no está de acuerdo con la censura.
    'No estoy de acuerdo con la censura.'

(a) Juan Antonio manifiesta que *para él la censura es un error.*

(b) Vicente dice que *se opone a cualquier tipo de represión.*

(c) Marisol declara que *rechaza todo tipo de censura.*

(d) Saura dice que *a él le parece una cosa monstruosa.*

(e) Actores y actrices declaran que *están en contra de esta forma de control.*

(f) Los directores afirman que *lucharán por la libertad de expresión.*

(g) Los distribuidores dicen que *esta situación los perjudica.*

(h) Los productores aseguran que *se opondrán firmemente.*

4. Escriba estas frases en estilo indirecto. Haga los cambios necesarios en la persona y tiempo del verbo.

Ejemplo: 'No estoy de acuerdo,' dijo Carlos.
    Carlos dijo que no estaba de acuerdo.

(a) 'Me opongo firmemente a ello,' manifestó Marisol.

(b) 'Estamos en contra de la censura,' opinaron los actores.

(c) 'Queremos mayor libertad,' expresaron los periodistas.

(d) 'Me parece muy mal,' declaró la actriz.

(e) 'Es una película excelente,' aseguró el crítico.

(f) 'Es una obra estupenda,' señaló el periódico.

(g) 'Esperamos estrenarla muy pronto,' afirmaron los distribuidores.

(h) 'Voy al Festival de Cine,' dijo Manuel.

5. Indique un nombre terminado en *-or* derivado de cada una de estas palabras.

(*a*) actuar (*actor*)   (*e*) trabajar
(*b*) pintar   (*f*) construir
(*c*) esculpir   (*g*) vender
(*d*) componer   (*h*) despertar

6. Indique el verbo del cual derivan estas palabras.

(*a*) instructor (*instruir*)   (*e*) computador
(*b*) comprador   (*f*) entrenador
(*c*) gobernador   (*g*) jugador
(*d*) censor   (*h*) escritor

Redacción

Escriba un texto de 200–50 palabras expresando su opinión sobre la censura, ya sea en términos generales o bien en relación a la Prensa, el cine, la literatura, la televisión, etc. Utilice algunas de las siguientes palabras y frases si lo considera necesario.

censurar	*la libertad de expresión*
la censura	*la política*
los censores	*la pornografía*
censurado	*publicar*
los espectáculos	*los espectadores*
la lectura	*la publicación*
los lectores	*el público*
la libertad	*los televidentes*

Traducción

Traduzca al español el párrafo que comienza 'Autocensura, *a process whereby the Press would not attempt to print news . . .* hasta *. . . with an average loss of two million pesetas each time*' (*p.59*).

¿Verdadero o falso?

Indique si las declaraciones siguientes sobre el cine pornográfico son verdaderas o falsas:

Cinco meses después de la concesión de las primeras licencias de apertura para salas X funcionan menos de 50 en todo el país. Los exhibidores se quejan de que el negocio no haya resultado más rentable. Según un 5 portavoz, de las 400.000 pesetas de los primeros días se ha pasado a una media de 50 mil. El director general de Cine del Ministerio declara que es pronto para referirse a los datos. Pero según un actor conocido la única productora nacional de cine X no tiene nuevos proyectos 10 de rodaje y un distribuidor explica que cuesta dos millones importar una película verde y no cree que ya valga la pena. Agrega que no se expide siempre la licencia de importación. Total, desengaño.

(*a*) *No se han concedido muchas licencias para inaugurar salas X* _____
(*b*) *No ha sido muy beneficioso económicamente* _____
(*c*) *Hay bastantes proyectos para películas nuevas* _____
(*d*) *Ir a ver una película extranjera es muy caro* _____
(*e*) *La licencia no se pide siempre* _____

New publications

If the last years of the regime were bad for the Press, the three years that followed were a bonanza. A new daily paper, *El País*, appeared in early 1976 with the declared aim of being independent, and reporting events at home and abroad as they really happened—particularly in the case of government matters. *El País* led a whole range of publications, representing all shades of public opinion, and rapidly reached a circulation figure in excess of 125 000, from where it has grown steadily to become one of the most respected sources in the media and its director, Juan Luis Cebrían, a major public figure. Weeklies, political and satirical, also appeared in large numbers and were read avidly. Traditional party papers like *Mundo Obrero* and *El Socialista* which had been underground since the days of the Republic, also re-emerged. Weeklies and dailies with a regional circulation, many in the regional languages, also came out.

The Press boom paralleled the period of rapid political and social change. A growing disillusionment with politics heralded a corresponding tail-off in circulation. By December 1978 closures had begun, including *Cuadernos*. Sales of *Interviú* fell markedly although it was to remain one of the market leaders. *Avui*, the first paper to appear in Catalan since the Republic, also declined. Revenue from sales and advertising both declined, forcing smaller enterprises out of print. Some which failed to keep up with the times in approach or format, such as *Triunfo*, also went to the wall. By contrast, old established papers with a firm readership were not substantially affected; for example *La Vanguardia* (published in Barcelona but never in Catalan), or the monarchist daily *ABC*. Other well-known titles such as *Blanco y Negro* and the satirical magazine *La Codorniz* (another survival from leaner times) also faded away. Some groups had not foreseen the likely decline in circulation and over-reached themselves financially. Saturation of certain kinds of market must also have had an effect, whether or not there is any truth in the story that some titles were launched with the sole intention of putting a particular rival out of business! Market forces became more complex: advertisers were forced to be more discriminating about types of readership. (For a while it was possible to see adverts for luxury items in revolutionary-style magazines, and for business reasons Right-wing interests sometimes put up finance for Left-wing journals.)

As the first comprehension passage shows, general readership even now is lower than before the Civil War, and despite the range of new publications and the frenetic (albeit ephemeral) Press boom, many observers realised that consolidation and a return to normality would eventually be inevitable. It also comments on the rather surprising impact of the boom on journalists.

The *tema de actualización* laments the closure of the Left-wing periodical *Triunfo*, which in company with *Cuadernos para el Diálogo* went out of business because it could no longer compete with the wave of new publications and the new environment for the Press, wherein their brand of investigative reporting and insights into current affairs are the rule and no longer the courageous exception. It is also supremely ironic that the two major exponents of a free Press and a new order should fail to survive in the environment which they had fought so long to create.

	1977	1978	1979	1980	1981	1982
El País	128.805	128.338	146.310	183.591	234.016	268.752
Vanguardia	205.849	195.555	186.173	188.555	192.916	196.829
ABC	156.725	135.652	123.492	130.552	135.554	131.545
Ya	140.572	124.087	122.099	117.667	112.310	109.433
El Alcázar	51.007	69.505	58.805	63.471	76.928	92.319
Avui	50.591	37.640	32.055	36.028	38.336	38.028
Interviú	329.473	706.745	593.418	571.216	494.789	494.347
¡Hola!	367.181	370.427	400.540	411.790	442.375	467.673
Cambio 16		145.487	140.250	162.966		171.229
El Papus	69.691	62.805	52.049	42.415		

(Fuente: Anuario El País 1983)

Lectura

En la actualidad existen en España varios periódicos de circulación nacional. Entre los de vida más larga se cuenta *La Vanguardia*, que se publica en Barcelona y que tiene una tirada de unos 200.000 ejemplares; el *ABC*, que es un periódico de tendencia monárquica, y el *Ya* que es un órgano de inspiración católica.

Terminada la guerra civil, el Estado organizó su propia cadena de periódicos mediante la Prensa del Movimiento y la Organización Sindical. Muchos de ellos continúan editándose. Su línea política naturalmente ha cambiado, pero todavía no se han tomado decisiones definitivas en cuanto a su control.

Entre los periódicos aparecidos en el período postfranquista, el de mayor prestigio y circulación es *El País*, publicado por primera vez a principios de 1976. *El País* intenta presentar la realidad política, social y económica tanto española como internacional con un criterio independiente.

Junto con *El País* han aparecido una serie de diarios y revistas de carácter general y especializado. *Cambio 16* es una de las revistas de interés general que han conseguido consolidarse en esta etapa de profusión editorial.

Comprensión

El Boom de la Prensa

Un diario en Madrid, dos en Barcelona, otro en Segovia, dos revistas de información general (de las llamadas 'políticas'), una de información 'humana', una cuarta humorística y otra deportiva, además de varias des-
5 tinadas al público infantil y a temas específicos, como la psicología, bibliografía, problemática regional etc. No pasa semana sin que el *Boletín Oficial del Estado* anuncie nuevas publicaciones. Sin embargo, en nuestro país se siguen leyendo pocos periódicos y pocas revistas; pese al
10 llamado *boom*, algunos expertos en estas cuestiones afirman que aún no se ha alcanzado el nivel de lectura de prensa que existía antes de la Guerra Civil.

CUANDO LA REPÚBLICA

En 1936, con un Madrid de un millón de habitantes, se
15 leían en la capital 18 periódicos, seis de los cuales tenían tiradas superiores a los 200.000 ejemplares. Hoy, con cerca de cuatro millones de habitantes, ninguno de los siete diarios de información general llega a tirar 200.000 entre semana, de lo que se deduce que después de la

Guerra Civil y al comenzar la censura, la gente dejó de comprar —y de leer— periódicos; de los dos mil diarios de la II República se ha pasado a 115 hoy. La única prensa que durante años se ha llevado totalmente a la gente de la calle ha sido la deportiva.

PRENSA NUEVA

Uno de los fenómenos llamativos del actual momento ha sido la gran popularidad de los nuevos diarios. 'La extraordinaria acogida que hemos tenido,' dice el director de *El País*, 'es reflejo de las ansias de los lectores que querían una prensa a tono con el momento actual. La opinión pública ha identificado la aparición de *El País*

Otro ejemplo de la prensa nueva es *Diario 16*. Saldrá el 18 de octubre, pero no como se pensó inicialmente: un gran periódico nacional 'de venta fundamentalmente en las regiones españolas, adonde llegarán las páginas hechas a través de teleimpresión'. Este montaje es carísimo e incluso la Compañía Telefónica no está, al parecer, en condiciones de garantizar su funcionamiento perfecto por el momento. Diario 16 —cuya tirada inicial será de 150.000 ejemplares— pretende ser un periódico de lectura rápida, 'sin pretensiones culturalistas', y 'con el tratamiento informal que inventó *Cambio 16*'. Ello exigirá cierta reestructura de la revista, de forma que las informaciones no parezcan repetidas.

con el cambio en el país. Pienso que si hubiera aparecido otro título, con la línea y presentación que reclaman hoy sectores importantes de la sociedad hubiera sido recibido de la misma forma.'

El *hit-parade* de ventas en los quioscos ha sido apreciable durante las tres primeras semanas con los nuevos periódicos. En Madrid, y en cuanto a los matutinos, el impacto de la novedad ha sido muy apreciable. 'Ya se estabilizará en su auténtica dimensión,' dicen los competidores. No obstante, 'vamos a consolidarnos,' dicen los recién llegados. Según promete su director, *El País* pronto tendrá una tirada de más de 200.000 ejemplares.

LA FACULTAD, ¿YA NO SIRVE?

A primera vista, parece como si los nuevos profesionales estuviesen en una magnífica situación para encontrar trabajo. Pero no es así. Tanto *Acento* como *Diario 16* u *Opinión* no han incorporado ni un solo licenciado de la Facultad de Periodismo: 'No podemos arriesgarnos con periodistas sin experiencia —se disculpan—. 'Cuando la revista o el diario tengan ya asegurado su público, entonces se podrá pensar en darles trabajo.' Un periodista de *Diario 16* es más franco aun: 'Hemos hecho un examen a cuarenta candidatos, y el resultado es deplorable. La Facultad ha sido creada para una época

ya pasada, así que ya no sirve para nada.' La única
70 solución para estos nuevos periodistas parece ser empezar a trabajar en los medios clásicos (agencias o diarios
tradicionales), donde puedan formarse profesional-
mente.

(*Cambio 16* núm. 234, 31–5–76, y *Cuadernos* 177,
18–9–76)

*(1) ¿Cuáles nuevas publicaciones citadas en el texto salieron
después de la muerte de Franco?*
*(2) Compare la importancia de la prensa durante la
República y la época franquista.*
(3) ¿Cómo ha sido acogido El País? *¿A qué se debe?*
(4) ¿Cuál es la política editorial de Diario 16?

*(5) ¿Ha sido beneficioso para los jóvenes periodistas el
desarrollo de la prensa? ¿Qué tendrán que hacer?*
(6) ¿Por qué se critica a la Facultad de Periodismo?

Frases y palabras

*Identifique las frases utilizadas en el texto para indicar lo
siguiente:*
(1) revistas para niños
(2) seis periódicos vendían más de 200.000 ejemplares
(3) durante la República había 2.000 periódicos,
mientras que ahora hay solamente 115
(4) la recepción entusiasta por las nuevas publicaciones
(5) ahora no es efectiva la Facultad

Lenguaje y uso

1. **El Presente de Subjuntivo (II)**   (a) Después de ciertas conjunciones se puede usar el presente del subjuntivo para expresar una acción futura o hipotética.

Cuando la revista o el diario tengan ya asegurado su público . . . .

Se reestructurará la revista, de forma que las informaciones no parezcan repetidas.

Otras conjunciones del mismo grupo son:

después que	tan pronto como	luego que
aunque	de manera que	a pesar de que
hasta que	de modo que	siempre que

(b) Cuando la acción no es hipotética ni futura, sino una realidad, se usa el presente del indicativo.

Después que leo el periódico veo la televisión.
Cuando tengo vacaciones voy siempre a España.

(c) Después de ciertas conjunciones el uso del presente del subjuntivo es obligatorio.

No pasa semana sin que el 'Boletín Oficial del Estado' anuncie nuevas publicaciones.

Otras conjunciones similares son:

antes (de) que	a fin de que	a no ser que
en caso de que	a menos que	
para que	con tal que	

2. Uso de AÚN, TODAVÍA, YA, y AUN

(a) *Aún* y *todavía* tienen igual significado. Estudie su uso en las frases siguientes:

Aún no se ha alcanzado el nivel de lectura que existía antes de la guerra civil.
Todavía no se ha alcanzado el nivel de lectura . . . .

Su familia está aún en Madrid.

Su familia está todavía en Madrid.

(b) Observe los diferentes usos de la palabra *ya* en las frases que siguen:

La Facultad ha sido creada para una época ya pasada.

Ya no sirve para nada.

Ya se estabilizará en su auténtica dimensión.

(c) *Aun* (sin acento) es similar en significado a la palabra *incluso*.

Un periodista de 'Diario 16' es más franco aun . . . .

Un periodista de 'Diario 16' es más franco incluso . . . .

3. Vocabulario Especializado

Observe el empleo en el texto de palabras y expresiones relacionadas con el *periodismo* y estudie su significado. He aquí algunas de ellas:

tirada, periodista, periódico, periodismo, diario, ejemplares, lector, lectura, matutino, revista, prensa, teleimpresión.

Práctica

1. Ponga los verbos entre paréntesis en la forma correcta del presente del subjuntivo.

(*a*) No pasa un día *sin que* (*aparecer*) nuevas publicaciones.

(*b*) Te daré el periódico *después que* yo lo (*terminar*).

(*c*) Daremos trabajo a nuevos periodistas *con tal que* (*tener*) experiencia.

(*d*) Tenemos que hacer publicidad *para que* las ventas no (*bajar*).

(*e*) Tendréis que mejorar vuestro español *antes de que* (*ir*) a España.

(*f*) *En caso de que* nosotros (*viajar*) a España visitaremos Barcelona.

(*g*) Reorganizarán la revista *a fin de que* las informaciones no (*parecer*) repetidas.

(*h*) No habrá examen *a no ser que* (*ser*) absolutamente necesario.

2. Seleccione la forma correcta del verbo.

(*a*) Leeré este artículo *cuando* (*tengo, tenga*) tiempo.

(*b*) *Siempre que* (*paso, pase*) por el quiosco compro el periódico.

(*c*) Pasaré por tu casa *luego que* (*salgo, salga*) de la oficina.

(*d*) Te llamaré por teléfono *tan pronto como* (*sé, sepa*) la noticia.

(*e*) *Después que* (*deja, deje*) el colegio Luis piensa estudiar periodismo.

(*f*) *Cuando* (*salimos, salgamos*) del trabajo, regresamos directamente a casa.

(*g*) No cerraremos el quiosco *hasta que* (*vendemos, vendamos*) todos los ejemplares.

(*h*) Por lo general no se acuesta *hasta que* no (*termina, termine*) de leer el diario.

3. Complete cada frase con una de las palabras siguientes: *aún* o *todavía, ya, aun.* —ever

    still   *still*   *already* / *yet*

(*a*) Esta revista es _____ más interesante que la otra.

(*b*) Javier ha terminado sus estudios de periodismo y _____ no está en la Facultad.

(*c*) _____ no he encontrado trabajo. Espero encontrar pronto.

(*d*) _____ no se ha alcanzado el nivel de lectura que existía en 1936.

(*e*) ¿_____ has leído este libro? – No, _____ no.

(*f*) Las revistas deportivas _____ siguen siendo las más populares.

(*g*) La tirada ha aumentado considerablemente, _____ en las zonas rurales.

(*h*) _____ he terminado mis exámenes y los he aprobado todos.

4. Explique en español el significado de las palabras siguientes y haga una frase con cada una de ellas.

la tirada	el matutino	el artículo
el periodista	los lectores	la prensa
el ejemplar	la lectura	el titular
el diario	el quiosco	el redactor

Traducción

Traduzca al inglés o a su propio idioma el párrafo que comienza 'De esta forma dos publicaciones periódicas . . . hasta . . . les niega la posibilidad de seguir subsistiendo' (l. 6–18)

Temas de Actualización

El último número de Triunfo

La revista *Triunfo* sale por última vez a los quioscos. El aumento de los costes, la disminución de la difusión y la caída de los ingresos publicitarios han hecho imposible la supervivencia de la publicación.

5   De esta forma dos publicaciones periódicas—*Cuadernos para el Diálogo* y ahora *Triunfo*—que tan decisivamente contribuyeron a difundir los valores democráticos en la última etapa del franquismo, no han podido mantenerse en esa España constitucional por cuyo 10 advenimiento combatieron durante los tiempos difíciles. Es una paradoja que algunas de las publicaciones que anticiparon en sus columnas durante aquellos años, con riesgo para las empresas y amenazas de multas y de cárcel a sus redactores, los principios y valores que hoy 15 figuran en la Constitución, descubran que la sociedad por la que lucharon les niega la posibilidad de seguir subsistiendo.

Algo funciona mal, o no funciona en absoluto, en la política de ayudas a la Prensa si revistas como *Triunfo*, y 20 antes *Cuadernos*, son inviables en la Monarquía parlamentaria. Es urgente que las Cortes establezcan un marco legal de ayudas financieras a la Prensa mucho más estricto, objetivo y preciso en su articulado, que elimine las tentaciones de favoritismo o arbitrariedad del 25 Poder Ejecutivo a la hora de aplicar los créditos votados por el Parlamento con este propósito. Dentro de esa normativa hoy ausente debe tener cabida una política de ayuda específicamente orientada a publicaciones minoritarias que hayan demostrado su independencia.

(*El País* 30–6–82)

(*1*) ¿A qué se debe la clausura de Triunfo?

(*2*) ¿Qué reacción ha inspirado en este editorial la clausura de una entidad rival?

Nota: Observe el uso de Subjuntivo en las frases siguientes:

Es una paradoja que algunas publicaciones . . . **descubran** *que la sociedad . . .*

Es urgente que las Cortes **establezcan** *un marco legal . . . que elimine las tentaciones . . .*

. . . orientada a publicaciones minoritarias que **hayan** *demostrado su independencia . . .*

Divorce

Until recently, Spain stood out with a few other European countries (like Liechstenstein, Andorra and San Marino) in not permitting divorce. Annulments could only be obtained from ecclesiastic tribunals, recognised by the state, for reasons such as abduction or coercion before the ceremony. The laws on the matter, passed in 1938 and 1939, were equally uncompromising; the scales of justice seemed to be weighted in favour of males in the matter of adultery, for whilst a woman was guilty if caught in the act, a man had to bring his mistress to live in the conjugal home, or live *notoriamente* with her elsewhere. But a woman could even be gaoled for between six months and six years, and pay a heavy fine—and lose custody of her children as well.

Divorce had been legal before, during the Republic. The 1932 law provided for divorce by mutual consent, or in a dozen other circumstances, including incurable illness or insanity; prison sentences longer than 11 years; in cases where husbands forced wives or daughters into prostitution; and in more predictable cases, such as bigamy. It also contained a clause on mental and physical cruelty. An early move in 1938 by the new Nationalist government rendered civil marriages invalid for Catholics, and the following year not only did it bring in a new law on divorce, it also made it retroactive.

In 1975 there were over 90 000 separation cases waiting to be heard by ecclesiastical tribunals, which were commonly considered to be unsympathetic unless one had influence. And over a dozen cases of adultery were heard, such as that of Inmaculada Benito, for whom the prosecution demanded a five-year prison sentence, and a fine of 50 000 pesetas. She was supported by feminist groups all over Spain, and locally by the Asociación Democrática de Mujeres Aragonesas, plus a petition bearing 1100 signatures. Perhaps better known was the case of María Angeles Muñoz, who was tried in Catalonia for adultery in November 1976. Some 10 000 women turned up to support her when she made her court appearance, many carrying placards proclaiming *Jo també soc adúltera*. Her husband had left her in 1973, and she had become pregnant by someone else, before the marriage had been annulled. When, in November 1976 the court ruled that their daughter Yolanda should be taken in by the husband's parents, María Angeles refused to hand her over, and a tentative agreement giving her custody of the child was never finalised—hence her reappearance in court in August 1977.

Early discussions about a change in the law centred on divorce for civil marriages at least. But many parties held sympathetic views, and a telling legal point was that the law should be applicable to everybody, and leave its interpretation to the conscience of the individual. In February 1978 the law was changed (see Unit 6, Article 32), and extended parental duties towards children.

The Divorce Bill was finally approved in July 1981, but despite estimates of half-a-million couples waiting to take advantage of the new law the response was slow, with the Juzgados de Familia in Madrid receiving less than 2000 petitions for divorce or legal separation. Estimates may have been wrong, but it is also possible that less controversial changes in Family law concerning recognition of children, for instance, have made divorce a less urgent matter for many couples. It is still not a simple process and even divorce by mutual consent requires a significant measure of cooperation which some lawyers feel to be unrealistic in such circumstances.

This Unit also contains two letters, one from students opposing divorce, which gives some idea of the strength of feeling that the topic can arouse; the other is more pragmatic in tone and suggests that many Spaniards are now taking a cooler view of the institution.

Lectura

En las elecciones de 1931 los candidatos llevaban en sus programas y en sus discursos de propaganda el tema del divorcio y el artículo 43 de la Constitución fue aprobado sin gran dificultad:

'La familia está bajo la salvaguardia del Estado. El matrimonio se funda en la igualdad de derechos para ambos sexos y podrá disolverse por mutuo disenso o a petición de cualquiera de los cónyuges, con alegación, en este caso, de justa causa.'

Pocos años más tarde, la legislación franquista suprimía prácticamente el divorcio y los tribunales eclesiásticos pasaban a entender en materia de nulidad de matrimonio con respecto a quienes profesasen la religión católica.

Hoy, la Constitución de 1978 determina que será la ley la que regule las causas de separación y disolución del matrimonio, dejando así la puerta abierta para la legalización del divorcio en España.

Comprensión

El Divorcio en España

María Angeles Muñoz, procesada por adulterio y requerida en noviembre de 1976 por el juez de primera instancia a ceder la guardia y custodia de su hija Yolanda, volvía a ser citada por las leyes. El caso parecía
5 congelado, debido a un acuerdo convenido por las dos partes, pero nunca se llegó a firmar. Sin embargo, no se lo respetaba y Angeles Muñoz debía entregar su niña a los abuelos paternos. Enrich Leyra, abogado de Angeles Muñoz, explicó que antes habían acordado lo siguiente:
10 ella concedía el perdón a su marido por abandono de hogar —ella presentó denuncia ante el Juzgado en el año 1973—, ambos perdonaban los casos pasados de adulterio y consentían en el futuro la convivencia con otras personas. La niña quedaba bajo la custodia de la madre,
15 el padre pagaba los gastos de educación, el colegio de Yolanda era elegido por los dos, el padre podía estar con la hija en época de vacaciones escolares etc. Este documento tardó en presentarse dos meses; por fin Ramón Contijoch, el abogado que representaba al marido,
20 Ramón Soto, lo envió a Palma de Mallorca a fin de que lo firmase, pero la respuesta fue que quería que el Juzgado reclamara a la niña.

¿CEDER A LA HIJA?

Las femenistas de Barcelona desencadenaron toda
25 una ola de movilizaciones a favor de Angeles Muñoz. El conflicto surgió cuando Ramón Soto presentó denuncia ante el juzgado acusando a su mujer de adulterio ya que, cuando estaban en trámites de separación y no vivían juntos ella se encontraba embarazada. Sin embargo,
30 María Angeles alegó el abandono de hogar por parte del padre desde hacía varios años. Fue requerida ante el Juzgado de Primera Instrucción para ceder su hija a los abuelos paternos. Pero la madre se presentó en el juzgado sin Yolanda, expresando 'su enérgica oposición a
35 entregarla', alegando que el hombre que fue su esposo las había dejado abandonadas a las dos, sin prestarles asistencia de ninguna clase. El movimiento de protesta femenista culminó en aquella manifestación del 18 de noviembre en la que participaron alrededor de diez mil
40 personas, muchas llevando pancartas proclamando 'Jo també soc adúltera.'

ABAJO EL MACHISMO

Por su parte, la *Associació Catalana de la Dona* manifestaba su incondicional apoyo a la madre acusada y decían

45 que era inadmisible que esto ocurriera después de las elecciones. 'A pesar de que el país está experimentando algunos cambios, las leyes discriminatorias para la mujer continúan, y es el primer paso que debemos dar.' Parlamentarias, candidatas, miembros de la *Associació*
50 *Catalana de la Dona*, y mujeres en general van a hacer oír sus voces: 'Amnistía para la mujer. No a las leyes discriminatorias. Abajo el machismo . . . .'

(*Tele Expres*, 3–8–77)

(1) ¿Cuál fue el requerimiento del juez en el caso de María Angeles Muñoz? ¿Cuándo fue?

(2) ¿Quién era su abogado?

(3) ¿A qué acuerdo habían llegado Angeles y su marido?

(4) ¿Cuál fue el resultado?

(5) ¿Tuvo Angeles algún apoyo?

(6) ¿Qué hizo?

(7) ¿Qué sucedió el 18 de noviembre de 1976?

(8) ¿Cómo fue la reacción de la Associació Catalana de la Dona?

Ampliación

(a) Declaración de matrimonio

Hace poco tiempo leí, no recuerdo en qué revista, que con respecto a impuestos es más barato juntarse que casarse. No hice mucho caso porque me pareció una exageración, pero llegó el momento de hacer
5 nuestra declaración (me refiero a la fiscal, no la sentimental) y me encuentro con que haciendo nuestras respectivas declaraciones sobre la renta por separado, mi marido y yo pagaríamos 2.471 pesetas, y juntos hemos pagado 22.372 pesetas. ¿A
10 qué viene esta *multa* de casi 20.000 pesetas? ¿Por pasar por un juzgado y una iglesia hemos de pagar más impuestos?

Quizá la *multa* tenga que pagarla yo porque, según dicen algunos, la mujer casada no debe
15 trabajar, sino quedarse en casa y dejar el puesto a algún parado (hombre, por supuesto). Me parece otra agresión a los derechos de la mujer.—*Paloma* CASARES.

(*El País* 30–6–82)

¿De qué se queja la autora de esta carta?

(b) Cartas al Director

Contra el Divorcio

Señor Director: Somos dos estudiantes, hartos de que se nos esté explotando moralmente por medio de revistas, películas
5 eróticas y todo tipo de propaganda obscena con que se está bombardeando a la juventud.

Parece que el dinero ha llegado a ser tanto para algunos que no reparan en conseguirlo
10 aun a costa del perjuicio de otros y de la propia sociedad. Con esto aludimos a la defensa de anticonceptivos, aborto y algún movimiento, que no solucionan ningún problema, sino que destruyen la dignidad de
15 la persona.

Los jóvenes queremos un matrimonio indisoluble, con algo que garantice su estabilidad. ¿Y qué nos la garantiza si hay una puerta abierta respaldada y apoyada por una
20 'ley'? Un sistema de Gobierno no tiene derecho a 'disolver el matrimonio' porque sus leyes 'están' hechas para el *bien común.* El matrimonio que nosotros (principales afectados por un sistema de gobierno
25 todavía en proyecto) queremos formar lo queremos para cumplir dentro de él los fines que le son propios, dejar nacer a todos los niños que vengan y educarlos dentro de una moral sana.
30 Creemos que la mayoría de los españoles se oponen por convicción a la destrucción de la familia—*José* **PANIAGUA** *y Pedro* **CORTES LEAL.**

(*ABC*, 11–6–78)

¿Por qué motivos se oponen al divorcio los autores de esta carta?

1. El Imperfecto y el Pretérito

(a) La característica principal del imperfecto frente al pretérito es su valor de durabilidad y la falta de interés por el principio o fin de la acción. El pretérito, en cambio, se emplea fundamentalmente para referirse a hechos o acciones concluidos y claramente limitados en el tiempo. Observe estos ejemplos:

*Imperfecto: El caso **parecía** congelado.*
*Sin embargo, no se lo **respetaba**.*

*Pretérito: Ella **presentó** denuncia ante el Juzgado en el año 1973.*

*El conflicto **surgió** cuando Ramón Soto presentó denuncia ante el Juzgado.*

(b) Tanto el pretérito como el imperfecto se emplean en la narración. En este contexto, el pretérito se usa normalmente para referirse a una secuencia de hechos o acciones, mientras que el imperfecto se limita a la descripción.

*El conflicto **surgió** cuando Ramón **presentó** denuncia ante el Juzgado acusando a su mujer de adulterio ya que, cuando **estaban** en trámites de separación y no **vivían** juntos, ella se **encontraba** embarazada.*

(c) Ocasionalmente, en la narración escrita principalmente, se utiliza el imperfecto en lugar del pretérito a fin de dar mayor vivacidad al relato.

*A las tres de la tarde Ma. Angeles Muñoz **entraba** en la sala del Tribunal y se **presentaba** ante el juez.*

(d) El imperfecto se emplea a veces en el lenguaje escrito con función de condicional.

*(Enric Leyra . . . explicó que antes se había acordado lo siguiente:) La niña **quedaba** bajo custodia de la madre, el padre **pagaba** los gastos de educación.*

2. Oraciones Adversativas: Uso de SIN EMBARGO, NO OBSTANTE, PERO, a PESAR DE QUE y AUNQUE

Oraciones adversativas son aquéllas en que hay una contraposición entre una idea u oración positiva y otra negativa. Observe el uso común de las conjunciones anteriores en estos ejemplos:

*El caso parecía congelado. **Sin embargo,** no se lo respetaba.*

*El caso parecía congelado. **No obstante,** no se lo respetaba.*

*El caso parecía congelado, **pero** no se lo respetaba.*

***A pesar de que** el caso parecía congelado, no se lo respetaba.*

***Aunque** el caso parecía congelado, no se lo respetaba.*

3. El Participio usado como Adjetivo

El participio se puede utilizar como adjetivo, en cuyo caso concuerda en género y número con el nombre.

*Ambos perdonaban **los casos pasados** de adulterio.*

*Las feministas manifestaban su incondicional apoyo a **la madre acusada**.*

Práctica

---

1. Ponga los infinitivos entre paréntesis en la forma correcta del pretérito imperfecto.

(a) (*Hacer*) varios años que el marido había abandonado el hogar.

(b) Nosotros (*vivir*) separados.

(c) El padre (*visitar*) a su hija frecuentemente.

(d) Ella no (*querer*) ceder la custodia de la niña.

(e) La Asociación Femenina manifestó que la (*apoyar*) incondicionalmente.

(f) Las feministas expresaron que (*haber*) que terminar con las leyes discriminatorias.

(g) Durante la manifestación muchas mujeres (*llevar*) pancartas alusivas al adulterio.

(h) Asistió más gente a la manifestación de lo que nosotras (*esperar*).

2. Vuelva a escribir el siguiente párrafo usando en cada caso la forma verbal que corresponde.

(*Fueron, eran*) las tres de la tarde cuando el acusado salió hacia el Tribunal. Esteban (*se llamó, se llamaba*) el acusado, (*tuvo, tenía*) cuarenta y ocho años. Esteban (*salió, salía*) acompañado de dos guardias que le condujeron hasta un vehículo que (*estuvo, estaba*) estacionado enfrente de la prisión.

La sala del Tribunal (*se encontró, se encontraba*) llena. Esteban (*dio, daba*) una mirada a su alrededor. En el centro del recinto (*se halló, se hallaba*) el juez. (*Vistió, vestía*) de negro y (*pareció, parecía*) muy severo. Por un instante Esteban le (*miró, miraba*) fijamente a los ojos. (*Hizo, hacía*) calor en la sala. (*Fue, era*) un día de pleno sol. El acusado (*se quitó, se quitaba*) la chaqueta y (*sacó, sacaba*) un pañuelo para secar su sudor. Uno a uno desfilaron los testigos. Esteban (*supo, sabía*) que iba a ser condenado. (*Pasó, pasaba*) mucho tiempo antes de que el juez leyera la sentencia. El Tribunal condenaba a Esteban a quince años de prisión.

3. Una los siguientes pares de oraciones con la conjunción dada entre paréntesis. Cambie el orden de las frases si es necesario.

(a) Se ha progresado mucho. La discriminación contra la mujer continúa. (*sin embargo*)

(b) Decidió acusarla de adulterio. Vivían separados desde hacía mucho tiempo. (*a pesar de que*)

(c) Protestaron enérgicamente. El tribunal se negó a escucharlas. (*aunque*)

(d) No consiguió solucionar su problema. Tenía un buen abogado. (*sin embargo*)

(e) Habían llegado a un acuerdo favorable. El se negó a firmar. (*a pesar de que*)

(f) Hubo mucha gente en la manifestación. Llovía. (*aunque*)

(g) Teníamos mucho trabajo en casa. Asistimos a la marcha. (*no obstante*)

(h) Viajó a Palma de Mallorca. Tenía muy poco dinero. (*a pesar de que*)

Ampliación

Lo que dice la Constitución

Artículo 39 (extractos)
2 Los poderes públicos aseguran la protección integral de los hijos . . . y de las madres, cualquiera que sea su estado civil . . . .
3 Los padres deben prestar asistencia de todo orden a los hijos habidos dentro o fuera del matrimonio, durante su minoría de edad . . . .
4 Los niños gozarán de la protección prevista en los acuerdos internacionales que velan por sus derechos.

¿Cómo protege a los niños este artículo de la Constitución?

Temas de Actualización

Francisco Fernández Ordóñez, entonces ministro de Justicia al aprobarse la ley de Divorcio en 1981, hizo esta declaración a la Prensa sobre sus opiniones personales al respecto. Léala, y leugo modifíquela donde sea posible, de modo que se refiera a lo que opina sobre las ideas que tenía en esa época, así: 'En 1981 yo defendía esta ley . . .'

La Ley de Divorcio: opinión del ministro de Justicia

Yo defiendo esta ley no porque me parezca perfecta, sino porque pienso que es un mínimo. Este proyecto de ley dista mucho de ser de las más avanzadas de Europa, la ley francesa por ejemplo es una ley más abierta. Pero
5 Francia tiene una experiencia de divorcio muy antigua. Uno de los datos fundamentales es que aquí no ha habido divorcio desde el Concilio de Trento en 1545 hasta ahora, quitando los 6 años de la ley de 1932. En contraste, en el mundo de hoy el 93 por 100 de los países
10 tienen divorcio. Esta ley intenta adaptarse a una realidad actual. Hay que reconocer que la gente que se va a divorciar es la gente de orden, la que quiere organizar su vida y vivir, digamos, legalmente.
El proyecto se basa en el tan controvertido concepto

15 del mutuo acuerdo entre los cónyuges. Cuando existe una separación de por lo menos dos años, cuando los dos cónyuges están de acuerdo en que quieren separarse definitivamente y firman un convenio regulador donde se establecen claramente los derechos y responsabili-
20 dades de cada cónyuge respecto de los hijos habidos y los bienes muebles e inmuebles comunes, el juez dictamina el divorcio. Yo creo sobre todo que hay que arbitrar un procedimiento rápido para estos casos en que hay acuerdo y están garantizadas todas estas condiciones.
25 Esta tesis coincide con las más recientes resoluciones del Consejo de Europa en este terreno. De lo contrario se puede caer en la llamada *comedia judicial*.
Mientras tanto, sí hay garantías. La figura clave es el juez, encargado de velar por los intereses de los hijos que
30 puedan haber y los dos cónyuges, efectivamente. En respuesta a los demás, y muy conocidos, argumentos en contra, yo diría, y aunque sea un punto repetido hasta más no poder es válido siempre, el divorcio no es obligatorio. Y la familia que se divorcia es porque ya está
35 destruida. A fin de cuentas, como decía hace poco *Le Nouvel Observateur*, el principal problema podría ser que los viejos no se molestan ya en divorciarse, y los jóvenes no se molestan en casarse.

(*Cambio 16* núm. 485, 16–3–81)

Redacción

Escriba un texto de 200–50 palabras expresando su opinión sobre el divorcio en general. Utilice algunas de las siguientes palabras y frases si lo considera necesario.

casarse	*el marido*
los cónyuges	*la mujer*
la custodia (de los hijos)	*el matrimonio (civil/eclesiástico)*
los derechos	
tener (los mismos) derechos	*la madre*
divorciarse	*el padre*
el divorcio	*la pareja*
la familia	*las responsabilidades*
los hijos	*la separación*
la igualdad (de derechos)	

Amnesty

To get some idea of the effect of the Civil War on the Spanish population, losses in the War (up to a million people, civilians and combatants) must be added to nearly a million refugees, the numbers executed in the immediate postwar period (192 000 in six years according to Ministry of Justice figures) and those condemned to long sentences in prison. The overall impact on the people may be gauged by the *topos*—the men who remained in hiding, a few until the mid-1970s and who only emerged after the death of the Caudillo.

The prison population began to rise again with the growing levels of open opposition to the régime in its last years, so that the question of amnesty (for those who had spent most of their adult lives abroad, as well as those in prison for political activities) was foremost in many people's minds when Juan Carlos came to the throne. In fact one of his first acts, three days after becoming king, was to declare a pardon to commemorate the new reign. Sentences were commuted on a sliding scale (1–3 years free, 3–6 years halved, 6–12 years reduced by a quarter etc.) but it did not apply to terrorists or those belonging to illegal organisations. General dissatisfaction at such a decree was inevitable, even though it was claimed that over two thousand people went free, half of them having been only on remand. Claims were made that many had not been released, and statements such as

the one made by Sr Areilza to *The Times* that the amnesty was being gradually applied did little to help. Some prisoners refused to accept a pardon anyway, on the grounds that they could not be pardoned if they were not actually guilty of any crime in the first place!

A second amnesty in July 1976 released certain categories of non-violent political prisoner, including Basques, members of illegal parties, and of the UMD (see Unit 4). Conscientious objectors and army deserters were also included (an act which finally brought to an end the longstanding battle of the *Testigos de Jehová* not to do military duty—a refusal which had led to lengthy prison sentences).

However, it was widely felt that total reconciliation was the only way forward for Spain in the long term, and that acts of violence had not solely been confined to activist organisations.

The definition of non-violence became broader, possibly in the face of continued protest. Possession of weapons became a less serious offence if there was reason to suppose that they might have been intended for use against property, not people.

Most remaining political prisoners were released in March 1977, and sentences imposed for political acts committed before the Referendum (15 December 1976) were reduced, on the grounds that this had been the

first step towards democracy. The question of when an act took place was significant in the final amnesty of October 1977, for all political offences which had taken place before the Referendum, and for offences committed between December 1976 and June 1977 (the date of the elections), and which were motivated by a desire to gain democratic freedoms or autonomy, and any offences which had not endangered human life. This amnesty was granted in the wake of renewed protest, especially in the Basque country, and had a curious repercussion in that it led to common prisoners rioting in Carabanchel prison in Madrid, and demanding the same rights. A common amnesty was rejected by the Cortes in February 1978, a decision which provoked riots, a mass suicide attempt at the Modelo prison in Barcelona, and the burning down of a wing at the Carabanchel. This outburst may have been due more to the conditions within prisons, and the allegation made by *El País* that 75% of the inmates at the latter had been on remand without trial for up to four years.

The first piece examines the details of the 1976 amnesty, and criticises it for being vague. It also looks at claims that General Franco declared an amnesty in 1939, and gauges the likely success of the latest one. The second piece covers other Press comments on the same topic.

Lectura

Uno de los primeros hechos con que tuvo que enfrentarse el nuevo Gobierno español en el año 1975 fue el inmenso clamor por una amnistía para los presos políticos. Trescientas entidades de diversos tipos y decenas de miles de personas firmaron documentos exigiendo una amplia amnistía, y otros tantos miles salieron a la calle con la misma petición. Sólo tres días después del comienzo de su reinado Juan Carlos había concedido un indulto que significó la puesta en libertad de unas dos mil personas y una reducción en la pena para muchas otras. Ello fue considerado insuficiente por la gran mayoría de los grupos políticos y la presión frente al Rey y las autoridades para que se concediera una amnistía total se hizo cada vez más intensa.

Una segunda amnistía en julio de 1976 dio la libertad a un número mucho mayor de presos políticos, sin incluir a los que habían participado en actos de terrorismo. Sin embargo, el clamor por una amnistía general continuó, especialmente en el País Vasco.

La amnistía de 1977, sin ser completa, favoreció en gran medida a todos aquéllos que habían cometido delitos políticos con anterioridad al Referéndum y a las elecciones de 1977.

Comprensión

Los límites de la amnistía

Por fin, ya tenemos amnistía. Después de tantos esfuerzos, tantas firmas, tantas manifestaciones, tantas detenciones y aun tantas víctimas, se ha conseguido la promulgación de un Decreto-Ley de amnistía. Ante el
5 nuevo texto legal es inevitable la pregunta: ¿Era ésta la amnistía solicitada? ¿Estamos ante una amnistía plena, ante una amnistía total? ¿Cuáles son sus límites y su verdadero alcance?

Según la referencia del Consejo de Ministros del 30 de
10 julio el Decreto-Ley firmado por el Rey contiene una amplia amnistía para los 'delitos de intencionalidad política y de opinión tipificados en el Código Penal y en las Leyes penales especiales así como para las infracciones administrativas de la misma intencionalidad, para los
15 delitos de rebelión y sedición militar y otros tipificados en el Código de Justicia Militar, entre ellos el de los objetores de conciencia'.

La gran excepción de la amnistía (aparte del contrabando monetario, de las infracciones monetarias y los
20 delitos de injuria y calumnia) es la priva de ella 'a quienes con su conducta niegan las más elementales bases de la convivencia nacional, al lesionar o poner en peligro la vida y la integridad de las personas'. Esta formulación de la nota oficial del Consejo de Ministros es demasiado
25 vaga y ambigua y se presta a críticas técnicas, aparte de las políticas. ¿Qué significa 'poner en peligro' la vida o la integridad de una persona? La expresión es tan amplia que puede abarcar igual al secuestro que al atentado sin lesiones y a la colaboración con personas que practican
30 la violencia. Urge rectificar este extremo.

¿AMNISTÍA TOTAL?

Se ha dicho estos días por portavoces oficiales que el General Franco había ya concedido una amnistía, la del 23 de septiembre de 1939, para coronar su victoria en la
35 Guerra Civil. Incluso el diario *ABC* ha titulado la noticia: 'Segunda amnistía desde el final de la guerra civil.' Pero la ley de 1939 no estableció una verdadera amnistía, ya que sólo beneficiaba a los vencedores y ni siquiera utilizaba la palabra 'amnistía' en el texto.
40 ¿Pudo darse en el Decreto-Ley del 30 de julio de 1976

la amnistía total solicitada por la oposición? Si la amnistía puede alcanzar a toda clase de delitos (incluso a los comunes) no hay obstáculos para beneficiar a aquellos hechos realizados con intencionalidad política
45 que han determinado lesiones o muertes.

La circunstancia excepcional que atraviesa el Estado español, la promulgación de la 'amnistía' discriminadora de 1939 que perdonaba a los partidarios de Franco hasta los homicidios y lesiones, y la necesidad de resolver
50 un problema tan complejo como el del País Vasco —que no se resolverá con el reciente Decreto Ley— permitían esperar una amnistía total que reparara aquellas anteriores discriminaciones y sirviera de punto de partida absoluto para un nuevo camino, que nos llevara
55 hacia la reconciliación y la Democracia.

(*Triunfo* núm. 706, 7–8–76)

(1) ¿A qué tipo de delito se aplica la nueva amnistía?
(2) ¿Cuál es la gran excepción?
(3) ¿Cuál es el extremo que se debe rectificar?
(4) Comente sobre la amnistía de 1939.
(5) Según el texto, ¿sería posible una amnistía total? Explique el por qué.

Reportaje

Usted es un periodista; está en Madrid con el objeto de escribir un reportaje sobre la nueva amnistía. Escríbalo, utilizando los extractos de la prensa que siguen a continuación:

(a) La amnistía tiene el enorme valor de demostrar que es posible progresar hacia una democracia auténtica a partir de la realidad heredada tras cuarenta años de autoritarismo.

(b) Aprobadas por las Cortes regulaciones más amplias y comprensivas de los derechos de reunión y asociación, era lógico que los condenados por cosas que, por fortuna, no son ya delito, queden libres de la pena y vean borrado el delito mismo.

(c) La Monarquía ha sido siempre generosa con sus posibles adversarios, porque lo que desea ahora, en plena conciencia con el Gobierno, es precisamente conseguir la convivencia nacional y no tener adversarios de ninguna clase. Que ahora se trate de 200 o 500 beneficiarios por la amnistía será lo menos importante, porque no se discute una cuestión de cantidad, sino de calidad.

(d) La amnistía producida no es total, y por tanto no puede ser la base de partida de un Gobierno que se proponga ir a la democracia a través de la reconciliación. Esta es la primera conclusión a que han llegado los abogados de la mayoría de los presos políticos españoles, en una rueda de prensa celebrada ayer en Madrid.

1. Problemas de Redacción: Cómo evitar la repetición

Para evitar la constante repetición de las mismas palabras o frases en un texto escrito, existe una serie de elementos gramaticales cuya función es servir de referencia a una o más partes de un mismo párrafo o texto. Entre ellos, tenemos:

(a) Pronombres demostrativos, tales como *éste, éstos, ésa, aquél, aquéllos, etc.*

*¿Era **ésta** (esta amnistía) la amnistía solicitada?*

(b) Adjetivos posesivos, tales como *su, sus.*

*¿Cuáles son **sus** límites (los límites de la amnistía) y **su** alcance (el alcance de la amnistía)?*

(c) Pronombres posesivos, tales como *el mío, el tuyo, el suyo, el nuestro, el vuestro.*

*Su idea me parece razonable. La **vuestra** (vuestra idea) es inaceptable.*

(d) Pronombres personales, tales como *él, ella, ellos, ellas.*

*. . . para los delitos de rebelión y sedición militar . . . entre **ellos** (los delitos) el de los objetores de conciencia.*

(e) Artículos definidos e indefinidos: *el, la, los, las; uno, una, unos, unas.*

*. . . para los delitos de rebelión y sedición, entre ellos **el** (el delito) de los objetores de conciencia.*

(f) Pronombres indefinidos, tales como *algunos, ninguno, todos, otro, otros, etc.*

*. . . para los delitos de rebelión y sedición militar y **otros** (otros delitos) tipificados en el Código de Justicia Militar . . . .*

2. Uso de TANTO y TAN

(a) La palabra *tanto* antes de un nombre indica número o cantidad. En estas frases su significado es similar al de la palabra *mucho(s).*

*Después de **tantos** esfuerzos, **tantas** firmas . . . .*
*Luego de **tanto** tiempo . . . .*

(b) *Tanto* deberá concordar en género y en número con el nombre al que acompaña.

tantos esfuerzos, tantas detenciones, tanto tiempo, tanta gente.

(c) *Tan* precede normalmente a un adjetivo o a un adverbio y es invariable.

*La expresión es **tan amplia**.*

*Habla **tan rápidamente**.*

(d) *Tanto* y *tan* se usan también en exclamaciones, tales como:

¡Me gusta **tanto**!	¡Es **tan** urgente!
¡La quiero **tanto**!	¡Es **tan** importante!

(e) *Tanto* y *tan* se emplean en frases comparativas del tipo:

*Este año hubo **tantas** manifestaciones **como** el año pasado.*

*Existe la necesidad de resolver un problema **tan** complejo **como** el del País Vasco.*

(f) *Por lo tanto* es similar en significado a la expresión *como consecuencia*.

*La amnistía producida no es total, y **por lo tanto** no puede ser la base de partida de un Gobierno . . . .*

3. **Vocabulario Especializado**

Observe el uso en el texto de palabras y expresiones relacionadas con *la delincuencia* y *la justicia* y estudie su significado. He aquí algunas de ellas:

(a) *el delito (común), la infracción, la sedición, la rebelión, el contrabando, la injuria, la calumnia, el secuestro, el atentado, el homicidio.*

(b) *la ley, la detención, el Código Penal, las leyes penales, el Código de Justicia, el condenado, la pena, el preso político.*

Práctica

1. Indique a qué se refiere cada una de las palabras en cursiva en los párrafos siguientes.

(a) 'La gran excepción de la amnistía es la priva de *ella* a quienes con su conducta . . .'

(b) '. . . el General Franco había ya concedido una amnistía, *la* de 23 de septiembre de 1939, para coronar *su* victoria en la guerra civil.'

(c) 'Si la amnistía puede alcanzar a toda clase de delitos (incluso a *los* comunes).'

(d) '. . . la necesidad de resolver un problema tan complejo como *el* del País Vasco.'

(e) 'Esta formulación de la nota oficial . . . es demasiado vaga y ambigua y se presta a críticas técnicas, aparte de *las* políticas.'

(f) Las opiniones de los distintos periódicos nacionales sobre la amnistía parecen representar dos corrientes principales. Para *algunos*, la amnistía es justa y adecuada, mientras que para *otros ésta* es limitada y parcial. *Los primeros* consideran que lo importante no es la cantidad sino la calidad. *Los segundos* piensan que sólo con una amnistía total será posible la reconciliación.

2. Complete cada frase con la palabra *tan* o con la forma apropiada de la palabra *tanto*.

(a) ¡Es _____ interesante!

(b) Hemos tenido _____ problemas.

(c) Hay _____ opiniones diferentes.

(d) La situación no es _____ grave como se piensa.

(e) Hace _____ tiempo que están fuera de España.

(f) ¡Nos interesa _____ resolver el problema!

(g) En las ciudades no hay _____ delincuencia como antes.

(h) La amnistía no es total y por lo _____ es necesario ampliarla.

3. Explique en español el significado de las palabras siguientes y haga una frase con cada una de ellas.

el delito, el contrabando, la calumnia, el secuestro, el atentado, el homicidio, asesinar, robar, asaltar, detener, juzgar, condenar.

4. Complete estas frases.

(a) La persona que comete delitos es un *delincuente.*

(b) La persona que administra justicia es un _____.

(c) La persona que contrabandea es un _____.

(d) La persona que asesina a alguien es un _____.

(e) La persona que roba es un _____.

(f) La persona que recibe una condena es un _____.

(g) La persona detenida por razones políticas es un _____.

(h) La persona que comete un acto de terrorismo es un _____.

Temas de Actualización

¿Qué quieren los prisioneros? ¿Qué opina Vd con respecto a la amnistía de terroristas frente a los reos comunes?

Motín en la Cárcel: demanda de medidas de reinserción

Un grupo de 54 reclusos de la prisión provincial de Sevilla se subió al tejado de la cárcel anoche para pedir medidas de gracia semejantes a las que, según manifestaron, se aplican a presos relacionados con el terrorismo.
5 El director del centro penitenciario declaró que la situación se resolvió por la vía del diálogo, dada la falta de apoyo a su acción entre el total de 700 internos de la cárcel. Asimismo les advirtió que la Constitución prohíbe las medidas de gracia tanto individuales como generales.
10 Los presos comenzaron a bajar hoy a las dos de la tarde y la situación se normalizó aunque continúa la huelga de hambre iniciada anteayer por unos 200 reclusos, y otro grupo amenaza con iniciar una huelga de brazos caídos tanto en los trabajos de cocina como los de limpieza.

(El País 30.1.86)

Changing attitudes

Traditionally in Latin Society young people are expected to take a subordinate place. Parents will expect obedience, even from grown-up children (especially daughters) and economic circumstances have normally reinforced this, either through high levels of youth unemployment, limited job possibilities or low earning power. However, the age of majority is 18 in most of Western Europe, and indeed in a significant proportion of the Hispanic world, and so it was predictable that this should be a particular area for change in Spain.

The number of young Spaniards going abroad and the number of tourists coming in led inevitably to comparisons being made with other countries; and undoubtedly things have changed since Cardinal Segura withheld absolution from girls who danced too close to their partners in the 1947 Feria in Seville! Politically and socially, recent developments have been sweeping. The voting age, set at 23 in 1931, was 21 for the 1977 elections and 18 for those voting in 1979—a change which increased the electorate by 1.5 million.

Significantly as well, some 52% of the electorate are women, and it is interesting to note the rise in the number of women standing for election to the Cortes. (In 1982 in two areas—Santa Cruz de Tenerife and Barcelona—two parties fielded all women candidates.) Yet the total representation of women in Parliament actually fell, with a mere 17 *diputadas* and 7 *senadoras*, ironically in the year that marked the fifty-first anniversary of female suffrage in Spain.

If that was disappointing, the number of women to hold Cabinet rank has been even more so. The Calvo Sotelo administration broke with tradition by selecting Soledad Becerril, a UCD member for Seville, although her portfolio as the Minister of Culture made her seem to some merely a token figure. (The only other woman minister ever before was Federica Montseny, Minister of Health during the Republic.) Despite taunts about being *le Cenicienta de UCD*, she takes a more optimistic view here in an interview recorded shortly before the October elections in which, oddly enough, she was to lose her seat.

Although feminist electoral pressure groups failed to materialise, in other aspects of public life the women's movement has become a force to be reckoned with. Sadly, greater freedom has brought difficulties too. Many women feel that it is high time that their social status was upgraded, whilst there are still elements in society whose attitudes are, if anything less sympathetic; and the incidence, or at least the reporting, of rape has increased alarmingly.

Los gays are another group who have become more vociferous, although this is partly due to the fact that the Ley de Peligrosidad Social no longer applies. Legally at least, there is greater freedom for the individual and minority groups; whether this is likely to be reflected in updated attitudes throughout society is harder to say. But as far as the young are concerned, their future rôle is clearly reinforced in principle at least, by the Constitution (Article 48).

Whether or not phrases like *desarrollo cultural* were meant to apply to *los punks*, the outlook in Spain has become more uniform with the rest of Europe. However, fashions and moods can prove volatile, and Press reporting often concentrates on what is innovatory or just sensational.

The survey which appears here claims that young Spaniards are as 'European' as anyone else, but it should not be imagined that a sample of 200 people in Madrid, and another 200 in Barcelona, is anything more than an indication of current trends.

Lectura

El desarrollo económico de España, su rápido proceso de urbanización y los acontecimientos políticos ocurridos en los últimos años han producido un cambio importante dentro de la familia, principalmente en el grupo familiar urbano. Esta transformación se refleja, entre otras cosas, en la modificación del papel tradicional de los distintos miembros del núcleo familiar. Así, las necesidades de la vida moderna han obligado a la mujer a participar en forma más activa en la sociedad. La mujer ya no está dispuesta a aceptar la función exclusiva de ama de casa, y son muchas las españolas que hoy en día trabajan en la industria, el comercio y los servicios públicos. El número de mujeres profesionales aumenta día a día.

Con respecto a los hijos, el acercamiento de la juventud a otros modelos europeos es cada vez mayor. En muchos aspectos, las actitudes y aspiraciones de los jóvenes españoles de hoy se diferencian poco o nada de las del resto de la juventud europea.

Comprensión

Lo progresistas que son los jóvenes

La juventud española no es diferente, y en algunos aspectos está más avanzada y es más liberal que la de los países de Europa, según un sondeo realizado hace poco por una empresa publicitaria.

5 Interesa destacar que la agencia de publicidad que costeó este sondeo no lo encargó con fines puramente comerciales, sino para su propia información. Los ejecutivos de la empresa tienen todos más de treinta años, y querían saber cómo son, cómo piensan, y cuáles son las 10 ideas de los jóvenes entre dieciséis y veinticinco años a fin de reorientar sus campañas. Al menos en lo que concierne a las mujeres jóvenes, los puntos de vista utilizados por la publicidad van a ser reconsiderados.

LA ENCUESTA

15 El sondeo, que comprendía más de un centenar de preguntas, fue propuesto en España a 400 jóvenes de ambos sexos, mitad en Madrid y mitad en Barcelona. La proporción de los encuestados estaba basada en rigurosos criterios de selectividad en lo tocante a clases sociales y 20 número de representados de cada clase. Los más abundantes fueron jóvenes trabajadores y trabajadoras y estudiantes de las clases media-baja y media-media. Se calibró también su origen, o sea, se procuró que la proporción entre los nacidos en Madrid y Barcelona y los 25 inmigrantes estuviera relacionada con la realidad. Los mismos criterios estaban vigentes en todos los demás países estudiados: Finlandia, Francia, Grecia, Italia, Holanda, Suecia, Alemania Federal y el Reino Unido. Las preguntas propuestas se refirieron en su mayor parte a 30 cuestiones relativas a 'a vida social, religiosa, política, sexual, laboral o estudiantil de los interrogados. Se realizó la vasta operación de esta encuesta entre diciembre de 1976 y enero de 1977.

Los resultados permiten afirmar, sin lugar a dudas, 35 que la juventud de España ya es europea. El joven español de ambos sexos es mucho más europeo de lo que se creía y en lo fundamental, adopta actitudes más liberales, avanzadas o progresistas que el francés, el inglés o el escandinavo. En suma, estamos ante una 40 juventud muy realista, racional y razonable, muy abierta y tolerante en lo sexual y lo social. Dato singular, el joven español es bastante más pesimista que el del resto de Europa, aunque cree firmemente en la posibilidad de establecer en su país una democracia que parece 45 desear de tipo socialdemócrata.

APERTURISMO

Frente al sexo, la actitud de la juventud española es una de las más liberadas de Europa: sólo un 24% de jóvenes de ambos sexos en España opina que el divorcio
50 está mal. En cambio y curiosamente el 26% de los jóvenes españoles piensa que están mal las relaciones prematrimoniales. Conviene relacionar, sin duda, este notable aperturismo sexual con el cuadro referente a la práctica religiosa. Un 60% de jóvenes españoles la han
55 abandonado completamente. Este abandono se acentúa a partir de los veinte años, edad que coincide con las primeras experiencias sentimentales y, sobre todo, con el fin de la tutela familiar.

Pero ni la libertad ni abandono de las prácticas reli-
60 giosas provocan en los jóvenes conflictos familiares ni actitudes asociales o antisociales. Al contrario, coincide el crecimiento de la liberación personal con una mayor exigencia en el sentido de las responsabilidades cívicas y de solidaridad social. Esta exigencia, en el caso español
65 no está desprovista de cierto autointerés y hasta cinismo. Por ejemplo, un 47% de jóvenes españoles evitaría pagar impuestos al Estado si pudiera hacerlo. Dos puntos parecen destacables: un 68% de los jóvenes piensa que los bancos deben ser nacionalizados, y un 89% de los
70 jóvenes sería partidario de que los trabajadores tengan derecho a participar en la administración de la empresa. Las ideas claves de la autogestión o la cogestión están profundamente ancladas en el seno de la juventud de este país, y constituyen un factor que, sin duda, contará
75 en el porvenir español. Pero hace más comprensible esta cifra el hecho de que la mayoría de los jóvenes, al opinar sobre el aspecto que tienen más en cuenta a la hora de seleccionar un trabajo, optan por lo interesante o lo agradable, más que por las cuestiones de seguridad a
80 largo plazo o de dinero.

(*Cambio 16* núm, 311, 27–11–77)

(1) *¿Qué les interesaba saber a los ejecutivos de la empresa publicitaria?*

(2) *¿Cómo seleccionaron a los encuestados?*

(3) *¿Qué países participaron en el sondeo?*

(4) *¿A qué conclusión llegan los resultados?*

(5) *Comente sobre el aperturismo personal.*

(6) *¿Se pueden identificar actitudes antisociales?*

(7) *En el campo económico, ¿qué puntos se destacan?*

(8) *¿Cuáles son los factores más importantes al seleccionar un trabajo?*

Rellene el espacio en blanco de acuerdo al texto, y luego seleccione la palabra de la lista que más corresponde al original:

La juventud _____ no es _____, y en algunos aspectos está más _____ y es más _____ que la de los países de Europa. La agencia de publicidad no encargó este sondeo con fines puramente _____. Estamos ante una juventud muy _____, racional y razonable. Coincide el crecimiento de la liberación _____ con una mayor exigencia en el sentido de las responsabilidades _____.

ibérico	*pragmático*	*libre*	*personal*
financiero	*individual*	*civil*	*progresista*
europeo	*solitario*	*distinto*	*bancario*

Cartas al Director

¿Tiene razón esta carta? Exponga las razones en pro y en contra.

UNIDAD EUROPEA

Las apariencias engañan como siempre. Me refiero a la «Encuesta en Europa», CAMBIO 16, número 311, y particularmente a las respuestas dadas por los jóvenes en su país, España y en el mío, que es Holanda.

Parece que les sorprende la similitud de los resultados obtenidos, pero a mí no me extraña. La unidad europea no es una ficción y España, que es parte integrante de Europa, no es tan «different» como lo afirma su Ministerio de Turismo. Esto vale particularmente para la juventud. Todo extranjero que habla castellano lo puede comprobar estando en España. Los europeos somos todos iguales, pero nos conocemos mal.

Hank van HESELHAUS,
Bergen-op-Zoom,
Holanda.

1. Usos de SER y ESTAR

El verbo **SER** se usa para indicar:

(a) Nacionalidad: *Es español.*
Son franceses.

(b) Origen: *Es de Madrid.*
Son de Gran Bretaña.

(c) Actividad o profesión: *Soy estudiante.*
Somos profesores.

(d) Religión: *Son católicos.*
¿Es Vd. protestante?

(e) Filiación política: *Es socialista.*
Son liberales.

(f) Posesión: *¿Es suya esta revista?*
Es de Luis.

(g) Tiempo y cantidad: *¿Qué hora es? Son las cuatro.*
¿Cuánto es? Son quinientas pesetas.

(h) Material: *Este florero es de cristal.*
La chaqueta es de cuero.

(i) Una cualidad considerada universal: *El cielo es azul.*
El hombre es un ser racional.

(j) Una cualidad considerada como normal o general:
La juventud española no es diferente.
Los jóvenes españoles son liberales.

(k) Una característica individual considerada como permanente:
Carlos es inteligente.
Isabel es elegante.

(l) *Ser* se usa en expresiones impersonales: *Es importante.*
No es conveniente.

El verbo **ESTAR** se usa principalmente para referirse a:

(a) Posición: *Madrid está en el centro de España.*
Al oeste de España está Portugal.

(b) Un estado considerado transitorio: *Isabel está muy elegante hoy.*
¡Estás muy guapa!

(c) Una condición: *¿Estás contento?*
Estoy muy bien.

(d) Una acción que ocurre en el momento en que se habla (*usado con gerundio*):

Estamos estudiando español.
¿Qué estás haciendo?

(e) El resultado de un proceso: *Mi padre está muy viejo.*
Tu hijo está muy grande.

2. Ser + Participio y Estar + Participio

(a) El verbo *ser* seguido de participio se usa para formar la voz pasiva. El participio concuerda en género y número con el sujeto de la frase.

*Este sondeo **fue propuesto** a 400 jóvenes de ambos sexos.*
*Los jóvenes piensan que los bancos deben **ser nacionalizados**.*

En la construcción pasiva existe un agente que realiza la acción del verbo. Este agente puede a veces omitirse.

*Este sondeo fue propuesto a 400 jóvenes de ambos sexos (**por una empresa publicitaria**)*

(b) El verbo *estar* seguido de participio se usa para indicar un estado o el resultado de una acción anterior. El participio concuerda en género y número con el sujeto de la frase.

*Las ventanas **están cerradas**.*
*El sondeo **está terminado**.*

3. Comparación del Adjetivo

(a) Comparativo

*El joven español es **más pesimista que** el del resto de Europa.*
*El joven español es **menos optimista que** el del resto de Europa.*
*El joven español es **tan liberal como** el del resto de Europa.*

(b) Superlativo

*Los jóvenes españoles son **los más pesimistas** de Europa.*

4. El Artículo Neutro LO

Lo se usa delante de adjetivos, adverbios, preposiciones o frases, con función similar a la de un sustantivo. *Lo* no precede nunca a un sustantivo, ya que en español no existen sustantivos neutros. En el texto encontramos los siguientes ejemplos:

(a) Delante de una frase

*Es mucho más europeo de **lo que se creía.***

(b) Delante de una preposición

*En **lo tocante a** las clases sociales . . . .*

(c) Delante de un adjetivo

*La juventud es muy abierta en **lo sexual** y **lo social.***

Práctica

1. Seleccione el verbo correcto.

(a) Según un sondeo realizado en varios países, los jóvenes españoles no (*son, están*) muy diferentes a los del resto de Europa y en algunos aspectos (*son, están*) más liberales y progresistas.

(b) La encuesta (*fue, estuvo*) realizada por una empresa publicitaria y (*fue, estuvo*) propuesta a 400 jóvenes españoles de ambos sexos. La mitad de los jóvenes (*era, estaba*) de Madrid y la otra mitad (*era, estaba*) de Barcelona.

(c) Frente al divorcio, por ejemplo, la actitud de la juventud española (*es, está*) una de las más liberales de Europa: tan sólo un 24% de jóvenes de ambos sexos en España opina que el divorcio (*es, está*) mal. En cambio, el 26% de los jóvenes españoles piensa que (*son, están*) mal las relaciones prematrimoniales.

(d) En cuanto a la educación, mientras un número importante de ingleses y holandeses (*es, está*) satisfecho con la educación que recibe, los jóvenes españoles (*son, están*) descontentos con la educación actual. Un 27% de ellos piensa que ésta (*es, está*) muy pobre y sólo un 2% cree que la educación española (*es, está*) excelente.

(e) (*Es, está*) posible también observar algunas diferencias entre las opiniones de barceloneses y madrileños. La mayor parte de los jóvenes de Barcelona (*es, está*) satisfecho con su ciudad. En cambio, en Madrid, sólo un 68% (*es, está*) contento con la ciudad en que vive.

El resultado general de la encuesta nos permite observar que la juventud española (*es, está*) cambiando y que en realidad (*es, está*) menos tradicional de lo que se creía.

2. Estudie esta tabla y el texto que sigue.

MUJER	Finlandia	Francia	Grecia	Italia	Holanda	España	Suecia	Reino Unido
En tiempos de paro, las mujeres tienen que perder su empleo antes que los hombres	24	62	56	53	51	42	19	67
Hombres y mujeres deberían ser pagados lo mismo por el mismo trabajo	90	93	81	87	95	95	97	87
Si ambos trabajan, el trabajo de la casa debería repartirse	93	86	90	83	96	92	97	84
Los hombres deberían ser capaces de hacer el trabajo de la casa	87	85	59	76	87	90	88	80
Las mujeres deberían continuar haciendo el lavado	14	20	61	41	12	29	—	25
¿Es el lavado un trabajo de la mujer?	7	47	75	50	45	35	—	46
¿Debe cocinar aún la mujer?	13	26	72	37	30	37	—	44

El mayor porcentaje de jóvenes que piensan que hombres y mujeres deberían ser pagados lo mismo por el mismo trabajo, lo dan en Europa suecos, españoles y holandeses.

En comparación con los franceses, griegos, italianos, holandeses y británicos, son menos los españoles jóvenes que piensan que el lavado es un trabajo femenino.

Escriba un pasaje similar comparando los resultados en la tabla que sigue. Use como modelo el texto anterior.

MUJER	Finlandia	Francia	Grecia	Italia	Holanda	España	Suecia	Reino Unido
El sitio de la mujer es el hogar	17	37	35	30	26	22	11	26
Si el marido obtiene el dinero, la esposa debería estar en casa	36	—	66	66	56	35	35	74

3. Estudie esta tabla y el texto que sigue.

ASPECTOS MAS IMPORTANTES AL SELECCIONAR UN TRABAJO	Finlandia	Francia	Grecia	Italia	Holanda	España	Suecia	Reino Unido
Que sea interesante y agradable	60	55	44	54	75	46	35	58
Seguridad a largo plazo	33	29	15	48	27	34	30	35
Dinero	42	31	41	25	25	34	36	45
Oportunidad de promoción	35	13	40	19	34	27	17	32
Oportunidad de viajar	4	31	13	19	9	24	17	14
Que sea estimulante	7	12	9	26	23	7	19	27
Buen aprendizaje	7	18	21	32	19	33	21	26
Oportunidad de hacer amigos	17	31	29	21	23	23	25	29
Una vida tranquila	9	31	29	24	5	19	24	3
No demasiado trabajo	5	11	14	6	1	9	15	6
Ayudar a otra gente	11	19	19	19	24	33	21	16

Para la juventud-española el aspecto más importante al seleccionar un trabajo es que éste sea interesante y agradable, mientras que el menos importante es que sea estimulante. La seguridad en el trabajo es tan importante como el dinero, mientras que la oportunidad de viajar tiene menos importancia que la oportunidad de promoción.

Escriba un pasaje similar comparando los mismos aspectos en la juventud italiana. Use como modelo el texto anterior.

4. Complete cada frase con un artículo definido: *el, la, los, las, lo.*

(a) En _____ aspecto social la juventud es tolerante.
(b) En _____ religioso la juventud es ahora menos practicante.
(c) En _____ que se refiere a educación existe un descontento general.
(d) Uno de _____ problemas básicos es la falta de trabajo.
(e) En _____ laboral _____ importante es que _____ trabajo sea interesante.
(f) _____ sistema educacional es deficiente.
(g) _____ que llama la atención es el número de jóvenes que piensan que _____ más apropiado es que _____ esposos compartan _____ tareas del hogar.
(h) _____ escuchar _____ radio, _____ ir a discotecas y _____ ver televisión son _____ actividades que más agradan a _____ chicos y chicas españoles.

Temas de Actualización

Cómo es ser ministra y mujer

Después de casi un año como ministra de Cultura, Soledad Becerril—la primera mujer que ocupó un puesto en un gabinete de un Gobierno español de la posguerra—ha llegado a la conclusión de que es necesario un organismo de la Administración que se ocupe de los temas de la mujer, y entre otras cosas para que sea más común el título de señora ministra.

Pregunta: ¿Está aumentando o disminuyendo el nivel de participación de la mujer en la vida pública de este país?
Respuesta: Yo tengo la impresión de que en estas elecciones de 1982 se presentan menos mujeres con
5 posibilidad de ser elegidas que en ocasiones anteriores. Pero también hay que constatar que la participación de la mujer en los gobiernos locales es muy superior a la que tiene en las Cortes, el Gobierno de la Nación o en los Gobiernos de las comunidades autónomas. Creo que es
10 más fácil para la mujer atender los asuntos de un Ayuntamiento que está más próximo a su hogar.
P: ¿Es realmente tan difícil combinar el ser político con ser mujer?
R: Bueno, decir que no, estaría muy bien para la imagen
15 popular, pero la realidad es otra. La vida del Parlamento exige que estés siempre en situación de disponible y no es fácil hacer compatible ese trabajo con las exigencias de una familia.
P: ¿Cómo puede ayudar el Gobierno a que las mujeres
20 solucionen estos problemas?
R: Este es un tema en el que hay diversidad de opiniones: muchas mujeres piensan que sería una discriminación. Pero yo estoy convencida de que es preciso crear ese organismo con categoría de Secretaría de Estado para
25 tratar esos temas que discriminan a la mujer.
P: ¿Por ejemplo?
R: Por ejemplo en lo relativo a los beneficios de la Seguridad Social. Y también, si es menester citar otro caso, remediar la situación de desamparo y falta de
30 protección que padecen las mujeres que han sido abandonadas por sus maridos, o que están separadas pero no han resuelto sus problemas legales. Tampoco hay que olvidar las iniciativas particulares que en este caso serían las asociaciones de amas de casa, de la mujer,
35 en las que yo confío mucho.
P: ¿Qué puede aportar una mujer al mundo de la política?
R: Bueno, no es que la mujer sea más inteligente o menos inteligente . . . es diferente, pues.
P: ¿Qué pueden hacer las mujeres para que estén más
40 presentes en los altos niveles de alta decisión política?
R: Hay que tener resistencia, aceptar un compromiso y cumplirlo, porque muchas veces el fracaso de una mujer se interpreta como el fracaso de las mujeres en general.
P: ¿Usted ve así su contribución al tema?
45 R: Efectivamente. Pero lo más importante en este respecto creo que es ir abriendo puertas a la participación de la mujer en la vida pública. Y yo por lo menos he abierto una.

(*Cambio* 16 núm. 567 11-10-82)

Redacción

Escriba un texto de 200–50 palabras expresando su opinión sobre la participación de la mujer en la vida pública en su propio país o en el campo del trabajo en general. Refiérase a posibles avances, dificultades, situaciones de discriminación y otros aspectos relacionados con el tema. Utilice algunas de las siguientes palabras y frases si lo considera necesario.

el ama de casa	la igualdad
los derechos	la mujer
la desigualdad	las obligaciones
la discriminación	el papel tradicional
discriminar	la participación
la familia	participar
el hombre	la sociedad

Spain and the Modern World

Ofensiva diplomática sobre Africa

Suárez contacta con la oposición para crear misiones diplomáticas conjuntas

ESPAÑA-MEXICO

Sobre la cumbre eurocomunista

EL REY, EN ROMA

Fidel Castro, invitado por el rey Juan Carlos a visitar España oficialmente

Sahara saharaui

ESPAÑA-ISRAEL

Amor imposible

Los Reyes de España salieron ayer de Teherán hacia China

Un año frente a Europa

Don Juan Carlos celebró conversaciones con el Sha, el jefe del Gobierno y el

descubrimos América.

Ceuta: la obsesión por el gran vecino del Sur

A PARTIR DE 1977

INTENSIFICACION DEL COMERCIO HISPANO-ARGENTINO

ESPAÑA-MERCADO COMUN

Tampoco apoyan los socialistas franceses el ingreso de España en la CEE

JUAN CARLOS EN ARABIA

LA O.T.A.N.

FELIPE GONZALEZ

En este mes, segundo encuentro hispano-británico sobre Gibraltar

Hay petroleo

El abrazo de Europa

El PSOE en las hermanas Patrias

94

Spain and Europe

The Pyrenees form more than a geographical barrier with the rest of Europe. They might almost be compared with the English Channel in creating a psychological barrier, except that in the case of Spain any feelings of proud isolation were reinforced by being the odd man out for forty years. The Spanish Civil War aroused passions even more than the Vietnam protests of recent times. Many saw it as an armed rehearsal, or as a showdown between the forces of Left and Right; and of course foreign volunteers fought and died in Spain—on both sides. Republican exiles hoped that the allied victory in 1945 would lead to the overthrow of the Nationalists, and this might even have proved less traumatic than the years of economic blockade, and the fact that Spain was excluded from the Marshall Plan and other projects for the rebuilding of Europe. It is significant that in 1945 Spain and Italy reached a low point of $300 per capita income. By 1953, however, Italy's was $800, twice that of Spain. General Franco's policy of *autarquía*, economic self-sufficiency, could hardly be expected to keep up with the economic, industrial and social developments of post-war Europe. And Spain was an international outcast. She succeeded in entering the UN in 1955 (only a year or so before Germany), mainly as a result of the Latin American block vote and US Cold War strategic plans in the Mediterranean area. But there was to be no entry to the Council of Europe, NATO, the EEC—just exclusion from nearly every European Agency and International Agreement. Even when it was clear that General Franco was dying, European opinion was firmly against any reconciliation with Spain: partly because of acts like the 1975 executions, partly because some veterans of the International Brigade had become leading figures in public life and hence able to rally public opinion.

It was hardly surprising, therefore, that many Spaniards felt that entry into European organisations would finally set the seal of approval on the country's transition towards democracy—a view echoed by outsiders, who believed that recognition would encourage and strengthen such a process. Even from a negative viewpoint, it was argued that if Spain was dominated economically by multinationals, it might just as well be closer to the international community politically as well.

How does the country compare with its neighbours? It is the ninth industrial power in the world; an agrarian country, yet one whose food bill is amongst the highest in Europe; one in three of its active population works, compared with the average one in two elsewhere. With a high level of unemployment, a surprising number of people have more than one job—*pluriempleo*. Taxation (despite fiscal reforms) is low, but social services fluctuate in standard and availability in different parts of the country; holidays are fairly long, but so is the working day, although the *semana inglesa* (five-day week) is becoming more common. Although electrodomestic goods are being bought in increasingly large numbers, the total per head of population is still low by European standards. Although a million and a half new cars were registered in 1976 alone (and despite some impressive traffic jams) Spain has considerably fewer vehicles per inhabitant than the EEC countries. All this must, of course, be read with factors in mind such as location, occupation, social status and income. But they explain to a certain extent the thesis that Spain is still a developing country, and indicate that if there are highly prosperous regions, there are also others where poverty and even deprivation are still to be found.

These extracts from the survey cover population, the average Spaniard, and conditions of employment. They are followed by an interpreting session, which is based on material given in the text.

Lectura

Terminada la segunda guerra mundial, España, que había mantenido relaciones con la Alemania hitleriana, se encontró frente a un bloqueo internacional que tendría graves consecuencias políticas y que retardaría considerablemente su desarrollo económico. Una de las primeras medidas de la comunidad internacional fue la no inclusión de España en el seno de la Organización de las Naciones Unidas y la recomendación de que ningún país mantuviese relaciones diplomáticas con el gobierno español. De acuerdo con esta política, España fue excluida del Plan Marshall y de otros proyectos para la recuperación europea. Este aislamiento duraría hasta comenzada la década del 50. Entonces, la intensificación de la 'guerra fría' y la conveniencia para las potencias occidentales de incorporar de alguna manera a España a su sistema defensivo, hizo mejorar la posición española dentro de la comunidad internacional y que en 1955 España pasara a ser miembro de la ONU. Luego, la ayuda económica, proveniente principalmente de los Estados Unidos, sumada a los créditos internacionales, al rápido desarrollo del turismo, así como a las remesas de los trabajadores españoles emigrados a Europa, permitieron al gobierno español iniciar un plan de estabilización económica, con grandes incentivos para la inversión privada extranjera.

Políticamente, España está hoy quizás más cerca de Europa de lo que nunca antes lo estuviera. Económicamente y militarmente, sin embargo, el acercamiento a sus vecinos del norte está siendo sin duda mucho más largo y dificultoso.

Comprensión

España y el mundo

España con sus casi 36 millones de habitantes, ocupa el quinto lugar de Europa occidental en cuanto a población total, después de la República Federal Alemana, Inglaterra, Francia e Italia. De esta cantidad, un 48,5 por 100
5 son hombres y un 51,5 mujeres, lo que supone una población femenina superior en 800.000 personas a la masculina. Un porcentaje muy semejante al del resto de los países europeos, aunque éstos sean ligeramente inferiores. La mitad de los españoles están solteros. Otro 44
10 por 100 están casados, sólo un 6 por 100 están viudos y una cantidad insignificante figuran como separados legalmente. En las últimas décadas, el número de casados ha ido en aumento (en 1940 sólo estaba casado el 35 por 100 de la población) debido a la reducción de la
15 tasa de natalidad y a un fenómeno curioso: los españoles se casan cada vez más jóvenes, sobre todo las mujeres.

EL ESPAÑOL DE HOY

¿Cómo es el español de hoy? Un poco mas viejo —por los escasos nacimientos y la prolongación de la vida
20 media—, a pesar de que la cuarta parte de la población tiene menos de quince años. Aunque su estatura ha crecido apreciablemente —2 centímetros en la última década—, sigue siendo más bajo que la media europea —2,2 centímetros— y también más gordo, con cinco
25 kilos de excedente. Come bastante menos pan y patatas que en los años 60, pero más carne —un total de 200 gramos diarios de media— con claro predominio del cerdo y del pollo. Aunque el español es uno de los europeos que más parte de su presupuesto dedica a la
30 alimentación, no por ello está mejor alimentado, ni siquiera come más. Es un problema de exceso de grasas con escaso poder vitamínico.

Hay 13 millones de españoles en edad activa, mientras

que en otros países europeos trabaja uno de cada dos
35 habitantes. La mujer española, al fin, se ha incorporado
al proceso productivo en contra de la tradición secular y
de muchos maridos. Pero es cierto también que en todos
los países las mujeres y los jóvenes son las grandes
víctimas del paro. Como contraste, España, con una de
40 las poblaciones activas más bajas de Occidente, tiene el
mayor índice de pluriempleo. Sobre todo entre los altos
directivos y técnicos superiores —9 de cada 100— y
entre los miembros de las Fuerzas Armadas. Y sin contar
el pluriempleo, el tiempo de ocio de los españoles está
45 peor repartido que el de los europeos. Aunque tiene más
tiempo de vacaciones y más 'puentes' su jornada laboral
es más apretada que las de sus vecinos europeos para
igual profesión.

PAIS DE CONTRASTES

50 Hay que resaltar que los trabajadores españoles son
los peor pagados de Occidente (a excepción de Portugal),
con un índice comparativo situado tres veces por debajo
de los trabajadores norteamericanos, que son los mejor
retribuidos. Esta situación no cambia excesivamente si la
55 comparación se efectúa en base a la capacidad adqui-
sitiva. Los españoles están aquí mejor situados, a igual
nivel que los británicos, y muy cerca de los franceses,
además del hecho de que las horas que necesitan trabajar para pagarse el vestuario y el transporte es menor que
60 en la mayor parte de los países occidentales.

Estos son los españoles y éste es el país. Un país de
contrastes, con una desigualdad en el reparto de la renta
muy superior a la de los países occidentales, con una
estructura productiva anticuada y poco competitiva,
65 basada en el 'minifundio empresarial' —el 99,9 por 100
del millón de empresas tienen menos de 500 trabajadores— y un Estado-patrón que en sus casi 100 empresas
da empleo a 350.000 trabajadores. Un país que, a pesar
de tres millones de españoles que no saben leer ni
70 escribir, se ha convertido en el noveno del mundo por su
potencialidad industrial, pero en el que los servicios
están creciendo a un ritmo desproporcionado y en el que
los españoles, con su trabajo, crean una riqueza de
bienes y servicios próxima a los 6 billones de pesetas cada
75 año. Su productividad es, sin embargo, una de las más
bajas de Occidente.

(*Cambio 16*, núm. 316, 1–1–78)

(1) Analice los datos dados para la población de España.

(2) ¿Cómo es el español de hoy físicamente? ¿Cómo es su
régimen alimenticio?
(3) Describa el contexto del empleo en España.
(4) ¿En qué sentido es correcto decir que España es un país de
contrastes?

Interpretación

*A friend of yours wants to check some material for an essay
with a Spanish student, and has asked you to interpret for
him.*

Pregunta: What's the Spanish population now, do you
know?
Respuesta: Bueno, yo diría casi 39 millones de habi-
tantes. Si no me equivoco, ocupa el quinto lugar de
Europa occidental.
P: Would you say that people are healthier now than
before?
R: Indudablemente. La gente joven es más alta que
antes . . . bueno, mi hermano menor es mucho más alto
que yo.
P: How large is the working population?
R: Creo que hay unos 13 millones, o sea, poco más de la
tercera parte de la población total.
P: So that's lower than in the rest of Europe, isn't it? Do
as many women work?
R: La mujer española, al fin, sí trabaja, aunque eso es en
contra de la tradición, y de muchos maridos, ¿eh? Bueno,
todo está cambiando tanto hoy en día . . . .
P: But is there much unemployment?
R: Sí, siempre hay bastante. Entre mujeres, y jóvenes
sobre todo. Pero al mismo tiempo sí hay bastante
pluriempleo también.
P: Sorry, what's *pluriempleo*?
R: Bueno, cuando la gente tiene varios trabajos, si una
persona trabaja de día, y trabaja, por ejemplo, como
barman de noche. Eso se llama pluriempleo.
P: So can people live fairly well in Spain nowadays?
R: Sin lugar a duda. En cuanto a la capacidad adquisi-
tiva, el español está bastante bien situado, menos que el
francés, eso sí, pero a igual nivel que los ingleses,
digamos.
P: So does this mean that Spain can be considered as an
advanced industrial nation, like any other western state?
R: Claro, hombre. Por la potencialidad industrial es el
noveno país del mundo.

1. Preposiciones

(a) Estudie el uso de preposiciones en las siguientes frases del texto:

*La mitad **de** los españoles . . . .*

*Ocupa el quinto lugar **después de** Alemania Federal . . . .*

*Debido **a** la reducción **de** la tasa **de** natalidad . . . .*

*El español **de** hoy . . . .*

*Un poco más viejo—**por** los escasos nacimientos . . . .*

*La cuarta parte **de** la población tiene menos **de** 15 años . . . .*

*Trabaja uno **de** cada dos habitantes . . . .*

*Y **sin** contar el pluriempleo . . . .*

*Muy **cerca de** los franceses . . . .*

*Además **del** hecho **de** que las horas . . . .*

*Los servicios están creciendo **a** un ritmo desproporcionado . . . .*

(b) Las siguientes expresiones del texto llevan también preposición. Estudie su significado.

en cuanto a, a pesar de, por ello, al fin, en contra de, a excepción de, por debajo de, en base a.

He aquí algunas expresiones de uso común que emplean preposición:

a causa de	*de acuerdo*	*en caso de*
a eso de	*de esta manera*	*en cuanto*
a menudo	*de nuevo*	*en lugar de*
a veces	*de memoria*	*en medio de*
a pie	*de pie*	*en ninguna parte*
a través de	*de prisa*	*en seguida*
a la larga	*de vez en cuando*	*en vez de*

2. Usos de POCO, OTRO y CADA

(a) *Poco* puede indicar número y es variable en género y número con respecto al nombre.

***Pocos españoles** están satisfechos con la educación.*

*Hay **pocas empresas** con más de 500 trabajadores.*

*Hay **poco trabajo.***

*Hay **poca producción.***

Poco puede indicar magnitud o cantidad y es invariable en género y número.

*Las empresas producen **poco.***

*La industria es **poco** competitiva.*

*El español de hoy es un **poco** más viejo.*

(b) *Otro* concuerda en género y número con el nombre al que acompaña.

otro país, otros países, otra ciudad, otras ciudades

Otro puede reemplazar al nombre.
Otros jóvenes *opinan de manera diferente.*
Otros *opinan de manera diferente.*

Se va a realizar ***otra encuesta.***
Se va a realizar ***otra.***

(c) *Cada* es invariable y solamente precede a nombres en singular. He aquí algunos de sus usos:

Los españoles se casan ***cada vez más*** *jóvenes.*
En otros países trabaja ***uno de cada dos*** *habitantes.*
Los españoles crean una riqueza próxima a los 6 billones de pesetas ***cada año.***
Nuestro vendedor viaja a España ***cada seis meses.***

3. Vocabulario Especializado

(a) Estudie el significado de las siguientes palabras y frases relacionadas con *el trabajo*:

en edad activa, el proceso productivo, el paro, la población activa, el pluriempleo, la jornada laboral, la profesión, los trabajadores, mal pagado, bien retribuido, la renta, la empresa, el empleo.

(b) En el texto encontramos algunos adjetivos usados para describir las características físicas de una persona:

joven, viejo, bajo, gordo. Agregue otros adjetivos a la lista.

(c) Los siguientes adjetivos del texto describen el estado civil de una persona: *soltero, casado, viudo, separado.*

Práctica

1. Inserte en los siguientes párrafos una de estas preposiciones: *a, de, en, con, por.*

(*a*) Las mujeres trabajadoras se encuentran _____ una discriminación laboral, _____ causa _____ su sexo, respecto _____ los trabajadores masculinos que realizan igual función. Esta situación se hace más grave cuanto mayor es el grado _____ especialización. Las empresas 'desconfían' _____ la inteligencia _____ las mujeres españolas. _____ las categorías menos especializadas estas diferencias se suavizan, pero no _____ ello las mujeres dejan _____ sufrir la discriminación sexual _____ sus salarios, ganando _____ término medio el 87,8 _____ ciento _____ los salarios _____ los varones.

(*b*) A pesar _____ la 'fiebre del coche', _____ España hay la mitad _____ vehículos _____ habitante que _____ los países _____ la CEE. Puede decirse que una _____ cada tres familias tiene coche.

(c) También tenemos menos teléfonos que _____ Europa, aunque la relación _____ aparatos _____ cada 1000 habitantes sea solamente inferior _____ 72 _____ la media comunitaria. En 1976, había _____ España 8.616.000 teléfonos y se estaban instalando nuevos _____ razón de medio millón anual.

2. Inserte en cada frase una de estas preposiciones: *a*, *de* o *en*.

(a) _____ través de la encuesta se conocerá mejor a la juventud.

(b) ¿Está Vd. _____ acuerdo con el resultado?

(c) Vendrán mañana _____ eso de las seis de la tarde.

(d) Esta frase tendré que aprenderla _____ memoria.

(e) No encuentro mi libro de español _____ ninguna parte.

(f) _____ lugar de visitar Madrid visitaremos Barcelona.

(g) Póngase en contacto conmigo _____ cuanto pueda.

(h) Creo que haré este trabajo _____ nuevo.

3. Complete estas frases con la forma correcta de la palabra *poco*.

(a) La juventud española está muy _____ satisfecha con la educación que recibe.

(b) Sólo unos _____ están descontentos con la ciudad en que viven.

(c) Consumen _____ alimentos con poder vitamínico.

(d) La capacidad de producción es _____ .

(e) Los españoles de hoy son un _____ más altos.

(f) La industria es _____ productiva.

(g) Los obreros ganan _____ .

(h) La juventud española de hoy es _____ tradicional.

4. Explique el significado de las frases siguientes.

otro

(a) El *otro día* visité a mis amigos en Andalucía.

(b) Preferiría ir *otro día*.

(c) ¡Hasta *otro día*!

(d) Lo ha repetido *una y otra vez*.

(e) Se miraban *el uno al otro*.

(f) Espero obtener un aumento de sueldo. *De otra manera*, buscaré *otro empleo*.

cada

(a) Viene a visitarnos *cada dos meses*.

(b) La juventud es *cada vez más liberal*.

(c) Los servicios crecen *cada día más*.

(d) *Cada cierto tiempo* viaja al norte de España.

(e) *Cada cual* hace lo que quiere.

(f) 9 *de cada* 100 directivos y técnicos están pluriempleados.

5. Indique el adjetivo de sentido contrario.

(a) soltero (c) bajo (e) joven (g) débil
(b) delgado (d) rubio (f) guapo (h) simpático

6. Identifique en cada grupo la palabra que no se relaciona con el resto.

(a) la empresa, la firma, la campaña, la industria, la fábrica.

(b) el sueldo, la renta, el salario, la capital, el pago.

(c) el jefe, el paro, el patrono, el empresario, el gerente.

(d) la huelga, el oficio, la ocupación, el empleo, el trabajo.

The Council of Europe

The Council of Europe was set up in Strasbourg after the Second World War to achieve greater unity between its members, to facilitate their economic and social progress, and to uphold the principles of parliamentary democracy. Its Committee of Ministers is made up of the Foreign Secretaries of member states, and usually meets twice a year. Its ordinary committees cover a wide range of topics, including such things as science and technology, health, education and culture, population and crime. The existence of committees for problems like refugees, as well as the findings of the European Commission on Human Rights, and other bodies, go some way to explaining why Spain was firmly excluded.

The door was never fully closed, however; links were maintained at committee level with non-member countries. Portugal's entry in 1976 was a direct consequence of the end of the Salazar régime and the independence of the colonies in Africa. The fact that indirect comments were made about future EEC entry was indicative of the potential significance for Spain of joining the Council of Europe. It would be an important first step in becoming accepted once more, and the Council's emphasis on Parliamentary forms of government would indicate general approval of changes within Spain itself.

On a practical level, too, Spanish presence in Strasbourg would make life easier for the country and its people abroad, because the Council has been responsible for a whole range of treaties to harmonise national laws, to pool resources, and put citizens of member countries on an equal footing. Treaties cover such items as recognising educational qualifications, exchanging TV programmes, looking after au pairs, medical matters, extradition and terrorism. It is also a medium for co-operation with UN agencies and a whole range of European intergovernmental organisations.

Spain became the Council's twentieth member in 1977. The Assembly gave its unanimous approval on 12 October (*Columbus Day*, a fitting date and one celebrated throughout the Spanish-speaking world); and Spain took its place on 24 November.

The first passage traces the progress of Spain's application for membership, and the second outlines the history of the Council of Europe, its function and composition. (Liechtenstein, by the way, became the twenty-first member in November 1978.)

Lectura

España se incorporó al Consejo de Europa por acuerdo unánime de los miembros de la Asamblea Parlamentaria de este organismo, que aprobaban de esta manera el proceso democratizador español.

Los requisitos para ingresar en el Consejo de Europa son: trabajar por la unidad europea, mejorar las condiciones de vida y desarrollar los valores humanos, defender los principios de la democracia parlamentaria y dar primacía a los derechos humanos. Con la incorporación de Liechtenstein, Portugal y España, son ya 21 los países miembros.

Comprensión

España en Estrasburgo

Europa está adquiriendo vigor por la acción mutua de dos núcleos: el de Bruselas que camina hacia la creación de una potencialidad industrial, agraria, comercial, monetaria y también política; y el de Estrasburgo, que
5 **fomenta principalmente el contenido humanístico e ideológico, apoyándose en la mejor tradición cultural y política del continente y mirando hacia un futuro ambicioso de cooperación y unidad.**

(*Vanguardia*, 5–11–78)

10 El organismo europeo no ocultó sus simpatías hacia la nueva España democrática. Finalmente, el acuerdo favorable se había producido durante la reunión de los ministros de Asuntos Exteriores del Parlamento de los 'diecinueve'. España había pasado a ser el país miembro
15 número veinte del Consejo de Europa. Parlamentarios que se habían reunido año tras año para condenar drástica y rotundamente el régimen de Franco felicitaron ahora al primer país del mundo que había sido capaz de superar, sin traumas, el fascismo. Nadie recordó las
20 condenas que se habían hecho por las constantes violaciones de los derechos humanos. Y aunque cinco objetores de conciencia españoles se habían encadenado a las puertas del palacio del Consejo de Europa, los veteranos parlamentarios quitaban importancia al incidente.
25 'Es lógico —decían— que estas cosas ocurran mientras el derecho a la objeción de conciencia no esté regulado en la Constitución que el Parlamento español prepara.'

ACTITUD FAVORABLE

El interés por España se había despertado en el seno del
30 Consejo de Europa a partir de diciembre de 1976, a raíz del referéndum por el que se aprobó la Ley de Reforma Política. Ya en el abril de 1977 el Parlamento de los 'diecinueve' había mostrado una actitud de principios favorable a la evolución política española. El Consejo de
35 Europa en su conjunto había tomado conciencia de que las palabras y promesas del Rey Juan Carlos y de su jefe de gobierno Adolfo Suárez, a fin de cuentas, no se habían quedado en meras declaraciones de principios.

A partir de entonces las cosas habían rodado favora-
40 blemente y a finales de septiembre del mismo año, la Comisión permanente del Consejo de Europa acordó invitar formalmente a un grupo heterogéneo de parlamentarios españoles a fin de que presenciaran una de sus sesiones. Recibieron una acogida pocas veces vista, y se
45 hizo pública una resolución totalmente favorable a España. Se mostró la esperanza de que España contara cuanto antes con una constitución democrática, que se aplicara sin restricciones, para lograr la consolidación de la democracia en España, con el objeto de que en el
50 futuro se pudiera llegar a un tipo de relaciones más estrechas entre España y Europa.

(*Cambio 16* núm. 306, 17–10–77)

(1) ¿Cuáles son los dos centros más importantes en Europa?
(2) ¿Cuántos miembros tiene el Consejo de Europa, con la adhesión de España?

(3) ¿A qué aspecto del pasado en España no se hizo mención?

(4) Analice el progreso de la petición de España para ingresar en el Consejo.

(5) ¿Quiénes fueron invitados a una de las sesiones del Consejo?

(6) ¿Con qué resultados?

Selección múltiple

Escoja la respuesta correcta:

(1) A favourable agreement was reached during:
  (a) a meeting of Ministers in Parliament on the 19th.
  (b) a discussion on foreign affairs in Parliament.
  (c) a meeting of Foreign Ministers in the European Parliament.

(2) Parliamentarians who had met year after year to:
  (a) denounce the Franco régime
  (b) comment on Franco's army
  (c) assess the performance of Franco's Spain

  now congratulated the first country capable of:

  (a) producing a superior form of Fascism.
  (b) overcoming Fascism.
  (c) being superior about Fascism.

(3) The Council of Europe had become interested in Spain in December 1976 because of:
  (a) a referendum to approve the Political Reform Law.
  (b) the desire to root out Franco's police laws.
  (c) the Council's plan to hold a referendum on reform policies.

(4) The hope was expressed that:
  (a) Spain would count as a constitutional democracy.
  (b) Spain would have a democratic constitution.
  (c) Spain would apply to join the democracies without restrictions.

Redacción

Explique en qué consiste el Consejo de Europa: su historia, su misión, e indique cuáles países lo integran.

¿Qué es el Consejo?

El Consejo de Europa, la más vieja institución comunitaria del continente, se fundó en Londres en mayo de 1949. La sede actual está en el Palacio de Europa, en Estrasburgo (Francia). Su misión es, fundamentalmente, servir de foro para el debate de las cuestiones internacionales de más palpitante actualidad, salvo los temas de defensa en general, competencia de la OTAN. La celebridad la debe, sin embargo, a la acalorada y apasionante defensa que ha hecho constantemente de los Derechos del Hombre y a la condena de los países donde éstos habían sido violados.

El estatuto de constitución fue firmado, en principio, por Bélgica, Dinamarca, Francia, Holanda, Italia, Irlanda, Luxemburgo, Noruega, Suecia y el Reino Unido. Le presentaron su adhesión en distintas fechas Grecia, Turquía, Islandia, Alemania Federal, Austria, Chipre, Malta, Suiza y Portugal.

(Cambio 16 núm. 306, 17–10–77)

1. **El Pretérito Pluscuamperfecto de Indicativo**

(a) El *pretérito pluscuamperfecto* se forma con el imperfecto del verbo *haber* (*había, habías, había, habíamos, habíais, habían*) más un participio pasado.

(b) El pluscuamperfecto se usa para referirse a una acción ocurrida en el pasado y concluida en un momento preciso del pasado.

*El acuerdo favorable se **había producido** durante la reunión de los ministros.*

*Nadie recordó las condenas que se **habían hecho** por las constantes violaciones de los derechos humanos.*

2. **Expresión de Causa y Efecto**

Observe estas frases del texto donde se señalan relaciones de *causa y efecto.*

*El interés por España se había despertado **a raíz del** referéndum por el que se aprobó la Ley de Reforma Política.*

*Europa está adquiriendo vigor **por** la acción mutua de dos núcleos: el de Bruselas y el de Estrasburgo.*

Otras palabras y expresiones comunes utilizadas con el mismo fin son: *por que, puesto que, ya que, como, en vista de que, a causa de (que), por cuanto.*

3. **Expresión de Propósito o Intención**

Las siguientes frases del texto expresan un propósito o una intención:

*Los parlamentarios se habían reunido **para** condenar drástica y rotundamente el régimen de Franco.*

*La Comisión acordó invitar a un grupo de parlamentarios **a fin de que** presenciaran una de sus sesiones.*

He aquí otras palabras y frases de uso similar: *con el objeto de (que), para que, con el propósito de (que), con vistas a.*

El uso de *que* en las frases anteriores requiere la presencia de un verbo en subjuntivo:

*La Comisión invitará a los parlamentarios **a fin de que** ellos **presencien** una de sus sesiones.*

*La Comisión invitó a los parlamentarios **a fin de que** ellos **presenciaran** una de sus sesiones.*

El uso de preposición requiere la presencia de un infinitivo:

*Los parlamentarios visitarán el Consejo de Europa **a fin de presenciar** una de sus sesiones.*

Observe que en el grupo de frases que lleva subjuntivo, el sujeto de la frase principal y el sujeto de la frase subordinada son diferentes.

4. Gentilicios

Estudie el nombre español de los países que se mencionan en el texto y observe las diferentes maneras de formar gentilicios:

De nacionalidad		De región	
España	español	Europa	europeo
Francia	francés	Africa	africano
Italia	italiano	Asia	asiático
Alemania	alemán	América	americano
Austria	austríaco	Sudamérica	sudamericano
Suecia	sueco	Antillas	antillano

De ciudad		De regiones españolas	
Madrid	madrileño	Aragón	aragonés
Barcelona	barcelonés	León	leonés
Bilbao	bilbaíno	Navarra	navarro
París	parisino	Galicia	gallego
Londres	londinense	Cataluña	catalán
Nueva York	neoyorquino	Asturias	asturiano

Práctica

1. Transforme estas frases al pluscuamperfecto usando la palabra *ya* y la expresión de tiempo entre paréntesis.

Ejemplo: La reunión comenzó a las 10:30. (11:00)
A las 11:00 la reunión ya había comenzado.

(a) El acuerdo *se produjo* en 1977. (*1978*)
(b) El ministro *llegó* a las 4:00. (*4:15*)
(c) El incidente *ocurrió* el martes. (*miércoles*)
(d) La Ley *se aprobó* en 1976. (*1977*)
(e) La resolución *se hizo pública* en abril. (*junio*)
(f) La Comisión *se reunió* el día 23. (*24*)
(g) La sesión *terminó* a las 11:00. (*mediodía*)
(h) El Consejo *se fundó* en 1949. (*1951*)

2. Una los siguientes pares de frases con la palabra *cuando* y establezca la debida concordancia entre los verbos.

Ejemplo: La sesión terminó. El diputado llegó.
La sesión había terminado cuando el diputado llegó.

(a) Los parlamentarios *se retiraron*.
Yo entré en la sala.
(b) El juez *condenó* a los objetores de conciencia.
El periodista se presentó en el tribunal.
(c) El presidente *murió*.
El médico entró en la habitación.
(d) El secretario *leyó* el acta.
Los asistentes acordaron suspender la reunión.
(e) La huelga *se solucionó*.
El primer ministro decidió intervenir.
(f) La policía *detuvo* a los terroristas.
La otra bomba explotó.
(g) El avión *aterrizó* en Barajas.
El comité de bienvenida llegó al aeropuerto.
(h) *Firmamos* el acuerdo.
Nos dimos cuenta del error.

3. Una estos pares de frases con la palabra o expresión entre paréntesis. Haga los cambios que sean necesarios.

Ejemplo: (por que)

> *Violaron los derechos humanos. Los condenaron.*
> *Los condenaron por que violaron los derechos humanos.*

(a) *(debido a que)*

Se aprobó la Ley de Reforma Política.
El Consejo se interesó en España.

(b) *(por cuanto)*

El Consejo defiende los derechos humanos.
El Consejo es respetado.

(c) *(ya que)*

La Comisión recibió muy bien *a los parlamentarios.*
Los parlamentarios están muy optimistas.

(d) *(puesto que)*

Los obreros obtuvieron un aumento en sus salarios.
Los obreros volverán a trabajar.

(e) *(en vista de que)*

Falta personal.
Contratarán nuevos empleados.

(f) *(a causa de que)*

La producción es insuficiente.
La industria ha perdido mucho dinero.

(g) *(por que)*

La firma me enviará a España.
Deberé aprender español.

(h) *(ya que)*

El resultado de la reunión fue positivo.
Estamos muy satisfechos.

4. Complete estas frases con la palabra o expresión correcta que indique propósito o intención.

(a) Visitó al jefe de gobierno _____ pedirle su opinión.

(por tanto; con el propósito de; por eso; según)

(b) Pedí la palabra al presidente _____ manifestar mi oposición.

(en cuanto; a causa de; a raíz de; con el fin de)

(c) Habían llamado a los partidos _____ indicaran su posición.

(con el fin de; para que; para; con el propósito de)

(d) Realizaron una manifestación _____ protestar contra el gobierno.

(no obstante; a pesar de; a propósito; a fin de)

(e) Viajamos a Estrasburgo _____ asistir a la reunión.

(con el objeto de; por; ya que; como)

(f) Habían cerrado las puertas _____ no entraran los manifestantes.

(de manera; así; con vistas a que; para)

(g) Habían fijado una política de salarios _____ no aumentara la inflación.

(a fin de que; por que; por más que; de modo)

(h) Habíamos escrito al Consejo _____ darle a conocer nuestra intención.

(para que; debido a; con el propósito de; mientras)

5. Indique el adjetivo gentilicio correspondiente a: Irlanda, Inglaterra, Estados Unidos, Portugal, Bélgica, Noruega, Rusia, Japón, China, México, Argentina, Venezuela, Egipto, Israel, Canadá, Gran Bretaña.

6. Indique el nombre geográfico correspondiente a: marroquí, turco, chipriota, griego, islandés, peruano, brasileño, ecuatoriano, extremeño, manchego, castellano, valenciano, vasco, andaluz, malagueño, cordobés.

Spain and the EEC

Even when Spain first applied for EEC entry in 1962, the matter acquired strong political overtones, for apart from the long-running problem of over-representation in the Mediterranean, there was the perennial question of the régime in Spain. Eventually in 1970 a preferential trade agreement was reached, but economic difficulties were indicated by the six-year phasing-in period laid down by the EEC. In addition, EEC policy was moving away from bilateral agreements towards a common policy for particular areas, such as the one approved in outline in October 1972; this was related to most of the Mediterranean basin, and intended to replace treaties like that of 1970. Political considerations were none the less apparent. Trade negotiations were suspended for three months late in 1975 over the Human Rights issue; and even after Spain had formally applied for entry in July 1977, appointed a special Cabinet Minister and begun training staff, an EEC Commission report on the implications of enlargement stressed the importance of political factors, but this time as a means of enhancing the new democracy in Spain. On a more negative note the French Communist Party in the 1979 European elections tried to make capital out of criticising

Spanish entry in an attempt to influence the agricultural vote in Southern France. This was ironic in that PCE (in common with most parties) supported EEC entry, despite the possible dangers.

Areas which caused concern included twilight industries such as shipbuilding and steel; outdated modes of agriculture; and the impact of competition on an economy which had been sheltered for too long behind tariff barriers. In addition commercial practice such as proper auditing, proper protection for copyright and patents had to be introduced and VAT imposed. (These considerations lay behind the PSOE programme of *reconversión industrial*.) Such topics appeared in the Commission's reponse to Spain's application in November 1978, and predicted that a ten-year transition period might be necessary for full integration. In practice this transitional period was brought down to seven years for most industrial and agricultural products (and ten for contentious items such as the humble sardine). Six years was allowed for regularising government monopolies on tobacco and petrol. Freedom of movement (important for the half million Spaniards already resident in the EEC) was delayed for a seven to

ten year period too. The addition of the peseta to the European Monetary System was deferred, and twenty taxes dismantled in favour of VAT levied at 6, 12 and 33%. Sixty out of 518 seats were given to Spain in the European Parliament. Spain signed the accession treaty on 12 June 1985 to come into effect on 1 January 1986, after some hard bargaining, especially by countries who felt threatened by Spanish membership. Perhaps Spain's entry was inevitable, as 48% of her exports went to the EEC, and 32% of imports came from it. But as a peripheral area it does present problems—nine regions have been designated as less favoured areas for extra grants. But it does provide a way of balancing North and South in Europe and from a Spanish perspective entry was important for long-term development within a European framework.

For additional material see page 167.

The first piece here outlines the pros and cons of joining the EEC, followed by a report in *El País* about alleged delaying tactics over Spanish entry. Finally there is a piece on what effect isolation in Europe had on the development of post-war Spain.

Lectura

El nuevo proceso político español ha abierto en definitiva el camino para la integración de España en la Comunidad Económica Europea. Aunque las relaciones con el Mercado Común han existido a través de un acuerdo comercial preferente, la incorporación de España a la Europa comunitaria presentaba obstáculos difíciles de superar. En 1962, el gobierno español solicitó formalmente la asociación a la Comunidad susceptible de llegar en su día a la plena integración. Pero los representantes de la 'Europa de los Nueve' consideraban inútil toda tentativa de integración de España sin la previa adecuación política: 'Los estados miembros afirman su voluntad de fundar el desarrollo de su Comunidad sobre la democracia, la libertad de las opiniones, la libre circulación de las personas y de las ideas y la participación de los pueblos a través de sus representantes elegidos.' Esta declaración, aunque no dirigida expresamente a España, puntualizaba muy claramente la base del problema.

Un mes después de las elecciones de junio de 1977, España presentaba una petición para negociar su plena integración en el Mercado Común. Sólo media hora tardó el consejo de ministros de la CEE en darse por enterado de la solicitud. Esta decisión puede ser interpretada como un sí político de la Europa comunitaria al actual régimen español. Ahora bien, la desaparición de los obstáculos políticos para el ingreso de España en el Mercado Común no significa que se hayan eliminado las dificultades económicas para su integración como miembro de pleno derecho.

Comprensión

Quienes ganan con la CEE	Quienes pierden en la CEE
■ Productores de vino, aceite de oliva, frutas, legumbres y agrios (por mayor renta agraria y subida de precios).	■ Provincias agrícolas norteñas (por rendimientos inferiores a la media nacional y los exigidos por la CEE).
■ Armadores que faenan en aguas de la CEE (por libre acceso a las zonas de pesca).	■ Armadores que faenan en aguas de terceros países (porque España tendrá que renunciar a los acuerdos de pesca contraídos con esos países).
■ Industria conservera (por mayor acceso al mercado comunitario).	■ Consumidores (por subida general de precios de alimentos).
■ Industria catalana (por integración, como polo industrial, con el mercado del 'midi' francés).	■ Empresas textiles menos rentables (por supresión directa de acuerdo a planes de reconversión).
■ Empresas textiles rentables (por eliminación de las ineficientes y ampliación del mercado nacional).	■ CAMPSA (por eliminación monopolio de importación y distribución de petróleo).
■ Bancos extranjeros (por liberalización efectiva del mercado financiero español).	■ Comercio de Canarias, Ceuta y Melilla (por unificación régimen aduanero español).
■ Trabajadores españoles emigrados (por equiparación con los ciudadanos de la CEE).	■ Trabajadores parados (por imposibilidad de emigrar a Europa durante casi todo el período de transición).

Correlación de datos

(a) *Establezca un paralelo entre las consecuencias enumeradas en la lista A, y los grupos afectados en la lista B:*

A	B
(1) liberalización efectiva del mercado financiero español	Industria conservera.
(2) subida general de precios alimenticios	Productores de vino, aceite de oliva, frutas, legumbres y agrios.
(3) mayor renta agraria	Consumidores.
(4) mayor acceso al mercado comunitario	Bancos extranjeros.

(b) *¿Quiénes sentirán estas consecuencias de la adhesión de España a la CEE?*

(1) Integración con el polo industrial del *midi* francés   _____

(2) Supresión de mecanismos de protección   _____

(3) Restricción de movimientos   _____

(4) Ampliación del mercado nacional   _____

(c) *Haga un análisis de las posibles consecuencias del ingreso en la CEE para los grupos siguientes:*

(1) la flota pesquera española

(2) trabajadores españoles

(3) las diversas regiones de España

(4) CAMPSA (*Compañía Arrendataria del Monopolio de Petróleos SA.*)

Al margen de Europa

Qué lástima que el general Franco no se hubiera retirado en 1946 como querían el general Aranda y tantos otros españoles que lo hiciera. Si se hubiera retirado, habríamos evitado el cerco de la ONU y el bloqueo econó-
5 mico de los años 40. Este país no hubiera tenido que ser durante treinta años la leprosería de Europa o el cabaret barato de los europeos en vacaciones. Hubiéramos tomado parte en la construcción de la Europa comunitaria, hubiéramos vendido nuestras naranjas sin tener
10 que ser clandestinos ni aguantarnos los cierres de frontera; hubiéramos podido seguir pescando en el mar del Norte, no hubieran estado en peligro nuestros mercados de frutas en Inglaterra, en Dinamarca o en Irlanda. No hubieran sido excluidos nuestros zapatos ni nuestros
15 productos siderúrgicos, y sobre todo no habríamos sido durante tantos años los parias de Europa.

(*Cambio 16* núm. 262, 19–12–76)

¿Qué hubiera pasado si Franco se hubiera retirado en 1946?

lo que sí	lo que no
(1) evitar el cerco de la ONU	(1) ser la leprosería de Europa
(2) _____	(2) _____
(3) _____	(3) _____
(4) _____	(4) _____
(5) _____	(5) _____

Temas de Actualización

La CEE inicia un estudio sobre los costes de la adhesión española

El presidente francés obtuvo ayer del Consejo de Ministros un respaldo mayoritario a su tesis de que la ampliación de la CEE sería imposible hasta que la Comunidad hubiese efectuado sus reformas internas.
5 Los jefes de los *diez* acordaron que la Comunidad Europea realizase un inventario de los problemas que pudieran surgir como consecuencia de la ampliación, su coste y eventuales fórmulas de financiación y que llevase a cabo su tarea en el más breve plazo posible. Pero no se
10 aclaró si sería posible empezar a discutir los problemas claves del proceso de la integración española—agricultura, pesca y movimiento de trabajadores entre ellos—antes de haber realizado el inventario y de que los diez se hubieran puesto de acuerdo sobre cómo financiar los
15 problemas que surgieran de la ampliación.

Por más que hayan pretendido maquillarlo, esta decisión supone un éxito rotundo para los intereses franceses que quieren posponer el ingreso de España.

Para los observadores españoles, resultó muy sospe-
20 choso que la CEE se preocupase ahora de evaluar lo que implica para sus miembros la adhesión de España tras tantos años de negociaciones y que plantease los aparentes problemas internos del Mercado Común, supuestamente para estorbar el pronto ingreso de España.

(*El País* 30–6–82)

(1) *¿Qué acordaron los jefes de los países comunitarios?*

(2) *Cite algunos problemas de la integración española en la CEE.*

(3) *¿Qué sorprendió a los observadores españoles?*

1. El Pretérito Imperfecto de Subjuntivo

(a) El *imperfecto del subjuntivo* tiene dos terminaciones con idéntica función: *-ra* y *-se* (habla*r*: habla*ra*, habla*se*; volve*r*: volvie*ra*, volvie*se*; sali*r*: salie*ra*, salie*se*). El imperfecto del subjuntivo se forma con la tercera persona plural del pretérito más las terminaciones correspondientes. Por ejemplo:

Pretérito	Imperfecto de Subjuntivo
fueron	fuera, fueras, fuera, fuéramos, fuerais, fueran; *o* fuese, fueses, fuese, fuésemos, fueseis, fuesen.

(b) El imperfecto del subjuntivo se usa para referirse a una acción pasada, presente o futura.

*Fue una lástima que el Gral. Franco no se **retirase** en 1946.*

*Si ahora **aumentaran** los salarios posiblemente subirían los precios.*

*Sería conveniente que el próximo año **fabricásemos** más vehículos.*

(c) Muchos de los usos del imperfecto del subjuntivo son similares a los del presente del subjuntivo, pero la concordancia de tiempos es diferente:

***Es** una lástima que Vd. no se **retire**.*

***Fue** una lástima que Vd. no se **retirase**.*

(d) El imperfecto del subjuntivo admite comúnmente las siguientes combinaciones con indicativo:

Con pretérito: ***Fue** una lástima que se **retirase**.*

Con imperfecto: ***Era** importante que se **retirase**.*

Con condicional: ***Sería** importante que se **retirase**.*

Con pluscuamperfecto: *Le **habían pedido** que se **retirara**.*

Con condicional compuesto: *Le **habrían pedido** que se **retirara**.*

2. El Pretérito Pluscuamperfecto de Subjuntivo

(a) El pluscuamperfecto del subjuntivo se forma con el imperfecto del subjuntivo de *haber* (*hubiera, hubieras, hubiera, hubiéramos, hubierais, hubieran; o hubiese, hubieses, hubiese, hubiésemos, hubieseis, hubiesen*), más un participio pasado.

*Así **hubiéramos evitado** el cerco de la ONU.*

*No **hubieran sido** excluidos nuestros zapatos ni productos siderúrgicos.*

(b) El pluscuamperfecto del subjuntivo se usa en frases introducidas por un *si* condicional:

Si se hubiera retirado *habríamos evitado el cerco de la ONU.*

(c) *Hubiera+ participio* puede utilizarse en lugar del condicional compuesto. Compare estas dos frases:

Hubiéramos tomado *parte en la construcción de la Europa comunitaria.*

Habríamos tomado *parte en la construcción de la Europa comunitaria.*

3. Vocabulario Especializado

En el texto encontramos una serie de palabras y frases relacionadas con *la industria, el comercio, la agricultura* y *la ganadería.* Estudie su significación:

La industria

la empresa o industria textil, siderúrgica, conservera, petroquímica, automovilística, petrolera, tabacalera, los armadores, los astilleros, los hornos eléctricos.

El comercio

los precios, la subida (de precios), los bancos, el mercado, el monopolio, la importación, los importadores, la exportación, los exportadores, la distribución, el régimen aduanero.

La agricultura y la ganadería

los productores, los jornaleros agrícolas, los cultivos, la renta agraria, el trigo, el maíz, la remolacha, el tabaco, el aceite de oliva, las frutas, las legumbres, los agrios, la carne de cerdo, los pollos, los huevos.

Práctica

1. Responda a estas preguntas usando el infinitivo entre paréntesis en la forma del imperfecto del subjuntivo.

Ejemplo: ¿Qué le recomendaron a la industria? (producir más)
Le recomendaron que produjese más.

(a) ¿Qué le pidieron a Vd.? (*retirarse*)
(b) ¿Qué te aconsejaron? (*buscar otra ocupación*)
(c) ¿Qué os dijeron? (*emigrar a Europa*)
(d) ¿Qué le propusieron al gobierno? (*intervenir*)
(e) ¿Qué le ordenaron a Vd.? (*ir de inmediato*)
(f) ¿Qué les recomendaron a los trabajadores? (*volver al trabajo*)
(g) ¿Qué les sugirieron a los exportadores? (*no subir los precios*)
(h) ¿Qué te dijo el jefe? (*ser más responsable*)

2. Transforme estas frases al imperfecto del subjuntivo estableciendo la debida concordancia.

Ejemplo: Si aumentan los precios aumentará la inflación.
Si aumentaran los precios aumentaría la inflación.

(a) Si hay vacantes solicitaré un trabajo.
(b) Si es necesario emigraré.
(c) Si la situación mejora volveremos a España.
(d) Si podemos viajaremos a Alemania.
(e) Si es posible eliminaremos los monopolios.
(f) Si tenemos tiempo haremos el trabajo.
(g) Si aprendes español podrás trabajar en España.
(h) Si contratáis más distribuidores aumentaréis vuestras ventas.

3. Transforme cada una de estas frases con infinitivo en una construcción con presente o imperfecto del subjuntivo, según corresponda.

Ejemplo: Probablemente habrá una buena producción.
Es probable que haya una buena producción.

(a) Necesitamos estudiar más español. *Es necesario . . . .*
(b) Te conviene quedarte en España. *Es conveniente . . . .*
(c) Nos será imposible obtener el capital. *Será imposible . . . .*
(d) Nos recomendaron contratar más personal. *Nos recomendaron . . . .*
(e) Les aconsejaron pagar más a los jornaleros. *Les aconsejaron . . . .*
(f) Nos será difícil devolver el dinero. *Será difícil . . . .*
(g) Les recomendaron mejorar los cultivos. *Les recomendaron . . . .*
(h) Sería mejor para el gobierno abrir más importaciones. *Sería mejor . . . .*

4. Construya oraciones condicionales en pluscuamperfecto del subjuntivo en base a las frases siguientes.

Ejemplo: La industria cerró. Despidieron a los obreros.
Si la industria no hubiese cerrado no hubieran despedido a los obreros.

(a) El banco *aprobó* el préstamo. *Compramos* la casa.
(b) *Teníamos* problemas económicos. *Redujimos* el personal.
(c) *Estudié* español. *Aprobé* el examen.
(d) *Hubo* una sequía. *Subieron* los productos agrícolas.
(e) *Hizo* mal tiempo. *Se arruinaron* los cultivos.
(f) *Subió* el precio del petróleo. *Subió* la gasolina.
(g) *Aumentaron* las inversiones. *Creció* la producción industrial.
(h) *Se abrieron* nuevos mercados. *Contratamos* a más viajantes.

5. Identifique en cada grupo la palabra que no se relaciona con el resto.

(a) el cerdo, la abeja, la vaca, el caballo, la oveja.
(b) el pollo, el pato, la gallina, el trigo, el pavo.
(c) la naranja, la manzana, el melocotón, la uva, la mosca.
(d) el labrador, el campesino, el cultivador, el laborista, el agricultor.
(e) la tierra, el astillero, el terreno, la granja, el campo.
(f) el precio, el valor, el importador, el coste, el importe.

Redacción

Escriba un texto de 200–50 palabras expresando su opinión sobre el tema 'Una Europa unida'. Utilice algunas de las siguientes palabras y frases si lo considera necesario.

agrícola
la agricultura
acordar
los acuerdos
la Comunidad
   Económica
   Europea (CEE)
el comercio
la competencia
la cooperación (económica/
   política/cultural)

los convenios
el desempleo
el desarrollo industrial
la industria
la libertad de movimiento
el Mercado Común Europeo
los precios
la unidad

Spain and NATO

The United States have long been interested in Spain's strategic position, with coastlines on two seas, covering the entrance to the Mediterranean, and with the 'unsinkable aircraft carriers' in the form of the Balearic and Canary Islands. It was factors such as these which first drew Franco out of international isolation, with the US–Spanish Defence Treaty of 1953, providing America with air bases at Torrejón, Morón and Zaragoza, plus support facilities and a submarine base at Rota, near Cádiz, in return for military aid and tacit diplomatic support.

The 1970 Agreement of Friendship and Cooperation gives some indication of the extent of American commitment. $120 m of credits were made available for the purchase of aircraft, plus $63 m for military equipment, via the Import–Export Bank, and warships were offered on loan to the Spanish Navy (which was planning a modernisation programme for 1972). Education, agriculture, the environment and space were among listed areas of cooperation (the latter in the form of tracking stations for the Apollo space missions).

None the less there have always been misgivings about the American military presence, strengthened by such things as the loss of four 20-megaton nuclear bombs over Palomares in 1966. However, it is clear that the Americans consider their position in Spain to be vital.

When thirteen countries withdrew their ambassadors in protest over the executions in 1975, the US merely expressed regret at the 'cycle of violence', probably to avoid jeopardising the current set of defence talks, finalised in January 1976. (This neutral view was repeated in 1981, when the attempted coup was referred to dismissively as an internal matter.) American aircraft were offered as part of the FACA modernisation programme (the F-18 was the final choice). Non-military areas of cooperation were also agreed, plus a mutual defence clause, stipulating a zone of common interest in the event of hostilities against Spain, America or a general attack on the West.

This was clearly intended to be a preface to entry into NATO; the Spanish Press in November 1976 was even giving late 1977 as the likeliest date. Admittedly countries like Holland, Denmark, Norway and Britain had always been adamantly opposed to Spanish entry during Franco's lifetime, but this attitude was not to change overnight. The Spaniards wanted to use entry as a trump card for EEC discussions, and as a possible solution to the Gibraltar question. Militarily they would be sixth or seventh in size within the Alliance. Spanish strategists pointed to the country's strategic location and possible rôle in preventing any attacks on Europe from North Africa; but it was perhaps a little unkind to suggest it would be a good place for a retreating army to hide in!

Spanish attitudes towards entering into foreign defence treaties became more lukewarm. Even the bilateral treaty with the US was frozen in September 1981, just three months before Calvo Sotelo frogmarched Spain into NATO. The American link became a key feature of the debate arising from Felipe González's declaration before coming to power that he would hold a referendum. Talks to reduce the size of the American military presence began in December 1985, just two months after the date of the referendum was fixed. Amidst urging from the Right to abstain and from many quarters to vote no, the Spaniards voted on 12 March 1986. To most people's surprise Felipe got the result he wanted: 53.8% yes, versus 39.4% no, and 40% abstentions—claimed by Fraga as a response to his own campaign. The preamble to the actual question made it clear that Spain would not be part of the integrated command structure of NATO, that nuclear weapons would not be allowed into Spain and that the US military presence would be reduced. Arguments for and against can be found on pages 167–8.

The passage looks at the possible benefits and drawbacks of Spanish entry, and is followed by a précis exercise. There is also a short piece on new concepts in strategic thinking.

Lectura

Tras el conflicto de Corea, el consiguiente enfrentamiento entre el bloque comunista y Occidente, manifiesto a través de la tensión entre Rusia y los Estados Unidos, llevó a este último país al establecimiento de un sistema de defensa regional. La posición estratégica de España impulsó al gobierno americano a modificar sus relaciones con el gobierno español. En 1953 se firmó el acuerdo mutuo de defensa EE.UU–España, que permitió a los Estados Unidos establecer tres bases aéreas y una aeronaval en territorio español. España, a cambio, recibiría ayuda económica y militar, con la salvaguardia de que respetaría las inversiones americanas.

En 1963 y 1970 se renovaron dichos acuerdos y se crearon comités permanentes consultivos entre España y la Organización del Tratado del Atlántico Norte (OTAN). Así España se mantendría informada sobre las decisiones del bloque defensivo occidental que le conciernen.

España no ha solicitado todavía formalmente su integración en la OTAN. Por una parte, por razones de orden económico. Por otra, debido a inferencias de índole política, interna (la actitud de socialistas y comunistas hacia la OTAN) e internacional (las relaciones con los países que forman el Pacto de Varsovia). Pero también hay quienes apuntan hacia los beneficios que tal integración reportaría tanto para España misma como para la defensa occidental.

Comprensión

España – OTAN: ventajas y desventajas

¿Qué podría esperar España de su ingreso en la OTAN?
Ingresar en la Alianza nos permitiría, a grandes rasgos, tener acceso a la doctrina, información y decisiones sobre la defensa de Europa. Se facilitaría la moderniza-
5 ción de nuestras fuerzas armadas, lo que a su vez se traduciría en un mayor estímulo para éstas. Ganarían nuestra industria y tecnología. Sería más fácil encontrar una fórmula realista y pronta para arrancar la espina de Gibraltar.

10 **¿Y cuáles son las desventajas?** La pérdida de libertad de acción, subsiguiente a cualquier alianza. Habría que supeditar la propia estrategia a la de la OTAN. El aumento de riesgos 'en casa' por la creación de nuevos objetivos militares. La contribución a los gastos comunes

15 de la organización. Y el impacto diplomático que nuestra decisión causaría en el Pacto de Varsovia.

¿Qué podría ofrecer hoy España a la OTAN? El valor estratégico de España proviene de su geografía. Su situación en el extremo SO de la península europea, su
20 acusada característica de fortaleza bien protegida por barreras naturales contra cualquier invasor. Sus puertos y aeropuertos, que dominan el Mediterráneo occidental y una amplia zona del Atlántico este, precisamente allí donde se hallan los puntos focales de las vías marítimas
25 que se dirigen al canal de la Mancha y mar del Norte. Baleares y Canarias prolongan el carácter de porta-aviones anclado que tiene la Península Ibérica hacia el Mediterráneo central y más al sur del trópico de Cáncer, respectivamente.

30 El hecho de que España podría convertirse en una amplia fortaleza significa que tendría un alto valor estratégico en el contexto de una futura guerra europea. Pondría de relieve la importancia militar de la península ibérica; los aliados sabrían que el despliegue defensivo
35 sobre la Europa central tendría mayor profundidad; y los altos oficiales del Estado Mayor dirían que la integración de las fuerzas españoles daría más apoyo al inseguro flanco meridional; y habría el espacio adecuado para la parada y respuesta a una posible penetración soviética,
40 siempre peligrosa, a través del Norte de Africa. Además, España podría contribuir unos 300.000 soldados en armas y 600.000 como reserva en el ejército territorial, lo que le haría ocupar un sexto o séptimo puesto dentro de la organización. Pero hay más que una capacidad
45 potencial. España tiene unas fuerzas militares que podrían hoy en un corto período de tiempo —de dos a cinco años— contribuir sustancialmente a la defensa común.

Podemos concluir diciendo que una solución acertada
50 no es sencilla; al contrario, es compleja, muy digna de meditación. Sí parece seguro, a primera vista, que España daría más que recibiría, a menos que el congreso tuviera lugar bajo condicionamientos apropiados. Uno de ellos sería el ingreso en el Mercado Común, si otras
55 razones propias no se oponen.

(*Blanco y Negro* núm. 3390, 23–3–77)

(1) ¿Qué podría lograr España con su ingreso en la OTAN?
(2) ¿Cuáles serían los factores negativos de su ingreso?
(3) ¿Qué podría aportar España a la Alianza?
(4) Estratégicamente, ¿qué ofrece España?
(5) ¿Cómo es el poderío militar de España?
(6) Haga una comparación con los demás países miembros.

Técnica: *flexibilidad estilística; reproducción del estilo y el contenido del original; brevedad; exactitud; mantenimiento del sentido del texto original.*

(a) Compare el original con estos dos resúmenes. Indique cuál es más exacto y por qué.

(1) ¿Qué podría esperar España de su ingreso en la OTAN?
(defensa de Europa —modernización militar, industrial y tecnológica— Gibraltar)

(i) Ingresar en la Alianza nos permitiría tener acceso a información sobre la defensa de Europa. Se facilitaría la modernización de nuestras fuerzas armadas. Ganarían nuestra industria y tecnología. Sería más fácil encontrar una fórmula para resolver lo de Gibraltar. *(39 palabras)*

(ii) El ingreso de España en la Alianza proveería información sobre la defensa de Europa, en beneficio de sus fuerzas armadas, industria y tecnología, y podría ofrecer una solución para la cuestión de Gibraltar.

(33 palabras)

(2) ¿Cuáles son las desventajas?
(libertad de acción—estrategia—riesgos—gastos—Pacto de Varsovia)

(i) Las desventajas son la pérdida de libertad de acción en una alianza, la pérdida de su estrategia, el aumento de riesgos a causa de los nuevos objetivos militares, la contribución a los gastos y el impacto diplomático sobre el Pacto de Varsovia. *(42 palabras)*

(ii) Las desventajas serían la necesidad de supeditar la libertad de acción y la estrategia a la OTAN, los gastos, y los riesgos subsiguientes a los nuevos objetivos militares y la reacción del Pacto de Varsovia. *(35 palabras)*

(b) Ahora, haga un resumen de unas 60 palabras, basado en las líneas 17–29 en la pág. 114.

¿Qué podría ofrecer España hoy a la OTAN?
(geografía—puertos y aeropuertos—puntos focales—islas)

1. El Condicional Simple

(a) El condicional se forma agregando las terminaciones *-ía, ías, -ía, -íamos, -íais, -ían* al infinitivo (**ir:** *iría, irías, iría, iríamos, iríais, irían*).

(b) Algunos verbos forman el condicional en forma irregular. Entre ellos, los más comunes son:

caber:	**cabría**	poder:	**podría**
saber:	**sabría**	venir:	**vendría**
haber:	**habría**	poner:	**pondría**
hacer:	**haría**	tener:	**tendría**
decir:	**diría**	salir:	**saldría**

(c) El condicional se emplea para referirse a acciones futuras o presentes, posibles o probables y a hechos irreales.

*¿Qué **podría** esperar España de su ingreso en la OTAN?*

*Ingresar en la Alianza nos **permitiría** tener acceso a la doctrina, información . . . .*

*España tiene unas fuerzas militares que **podrían** hoy contribuir sustancialmente a la defensa común.*

(d) En ciertos contextos el condicional puede expresar:
Sugerencia o consejo.

***Sería conveniente** que España ingresara en la OTAN.*

***Deberían analizar** cuidadosamente la situación.*

(e) Cortesía

*¿**Podría Vd.** ayudarme a hacer esta traducción?*

(f) Deseos imposibles de realizar

***Yo le ayudaría** pero me es imposible.*

(g) Aspiraciones personales

***Nos gustaría** viajar a las Islas Canarias.*

(h) El condicional se emplea también en frases subordinadas, con el verbo de la oración principal en pasado.

*La Alianza manifestó **que consideraría el ingreso de España.***
*Dijeron **que lo estudiarían.***
*Me prometiste **que lo harías.***

2. Formación de Palabras

Los prefijos *des-*, *in-* e *i-* indican el significado contrario de la palabra a la cual preceden.

(a) *des-*

ventaja:	**desventaja**	*acierto:*	**desacierto**
acuerdo:	**desacuerdo**	*agradable:*	**desagradable**

(b) *in-*

seguro:	**inseguro**	*propio:*	**impropio**
adecuado:	**inadecuado**	*personal:*	**impersonal**

(c) *i-*

legal:	**ilegal**	*real:*	**irreal**
lógico:	**ilógico**	*racional:*	**irracional**

3. Vocabulario Especializado

Observe en el texto el uso de palabras y expresiones que indican posición geográfica.

*Su situación en el extremo **SO (suroeste)** de la península . . . .*

*Dominan el Mediterráneo **occidental** y una amplia zona del Atlántico **este**.*

*La integración de las fuerzas españolas daría más apoyo al inseguro flanco **meridional**.*

Estudie las posibilidades de combinación de las palabras *norte, sur, este* y *oeste*.

(a) noreste o nordeste; noroeste.   **(b)** sureste o sudeste; suroeste.

Temas de Actualización

El enemigo ya no está dentro

Según dirían los militares, el despliegue operativo de las unidades del Ejército español ya no está de acuerdo con la nueva concepción de defensa de nuestro territorio.

Durante la época franquista el 'enemigo' estaba
5 dentro y el Ejército preparado para sofocar cualquier rebelión popular que podría haberse producido. Por poner un caso, la División Acorazada Brunete tenía—y todavía tiene—sus tanques dispuestos para controlar Madrid, de donde lógicamente no podrían defender a
10 España en caso de un ataque extranjero.

Hoy en día se supone que la sombrilla norteamericana-OTAN se extendería al Estrecho de Gibraltar y entonces una teoría es que el Ejército español sólo tendría como escenario solitario el Norte de Africa, a
15 causa de nuestra presencia en Ceuta y Melilla.

(Cambio 16 núm. 509, 31–8–81)

Explique los cambios en la estrategia militar española.

Práctica

1. Ponga los infinitivos entre paréntesis en la forma correcta del condicional.

¿Qué (*poder*) esperar España de su ingreso en la OTAN? Ingresar en la OTAN le (*permitir*) integrarse más al resto de Europa, le (*facilitar*) la modernización de sus fuerzas armadas, lo que a su vez (*traducirse*) en un mayor estímulo para éstas. La industria y la tecnología también (*ganar*) y (*ser*) más fácil encontrar una solución al problema de Gibraltar. Sin embargo, su ingreso (*significar*) la pérdida de libertad de acción puesto que (*haber*) que supeditar la propia estrategia a la de la OTAN. Por otra parte, debido a la creación de nuevos objetivos (*aumentar*) los riesgos 'en casa'. España naturalmente (*tener*) que contribuir también a los gastos comunes de la organización. Por último, su ingreso no (*dejar*) de causar un impacto diplomático en el Pacto de Varsovia.

2. Transforme las oraciones siguientes al pasado estableciendo la debida concordancia con el verbo de la oración subordinada.

Ejemplo: Dice que vendrá – Dijo que vendría.

(*a*) Dicen que lo harán.
(*b*) Me pregunto si él lo sabrá.
(*c*) Te prometo que se lo diré.
(*d*) Dice que saldrá.
(*e*) Me aseguran que volverán.
(*f*) Le juro que no lo olvidaré.
(*g*) Dicen que decidirán muy pronto.
(*h*) Les aseguro que vendré.

3. Usando un prefijo, indique la forma opuesta correspondiente a cada una de las palabras siguientes y explique su significación.

(*a*) Fiel (*infiel*)
(*b*) Lícito _____
(*c*) Equilibrado _____
(*d*) Empleo _____
(*e*) Cauto _____
(*f*) Prudente _____
(*g*) Igual _____
(*h*) Legible _____
(*i*) Legítimo _____
(*j*) Tranquilo _____
(*k*) Parcial _____
(*l*) Eficaz _____
(*m*) Paciente _____
(*n*) Conocer _____
(*ñ*) Realizable _____
(*o*) Envolver _____

4. Establezca relaciones de significado entre cada palabra de la columna A con su equivalente en la columna B.

A	B
norte	oriental
sur	septentrional
este	occidental
oeste	meridional

5. Complete las oraciones que siguen con la palabra o expresión correcta que indique situación geográfica.

(*a*) Barcelona se encuentra en el _____ de España.
(*b*) Portugal está situado al _____ de la Península Ibérica.
(*c*) En el _____ de España hay una región que se llama Extremadura.
(*d*) Las Islas Canarias están situadas frente a la costa de Africa _____.
(*e*) En el extremo _____ de la Península Ibérica se halla Gibraltar.
(*f*) Galicia es una región que se encuentra en el _____ de España, al _____ de Portugal.
(*g*) Cádiz es la ciudad más _____ de España.
(*h*) Huelva se halla en el _____ de España, muy cerca de la frontera con Portugal.

Spain and Latin America

Politically Spain has not always maintained strong links with her former possessions in the Americas, and economic contacts have been less apparent than one might think. Family ties, however, have always been strong, because of migration. In the 1870s for example, it is estimated that a third of the population of the Canaries migrated to Latin America. Even today there are half a million Spaniards in Venezuela alone. Far fewer Latin Americans have gone to the *Madre Patria*, but the movement of people has been two-way, partly as a result of things like the Dual Nationality Agreement, signed by Spain and Peru in 1959, or political troubles. Chile is perhaps the best known case, but there is an equal number of Cuban exiles (about 2000), even more Argentinians, and a community from just about every Spanish-speaking country.

It is a curious fact that, despite the similarity of outlook between the Franco régime and many Latin American governments, it was Juan Carlos as head of a democratically elected government who made the first visits of a Spanish Head of State to the New World. These visits were largely political and economic in aim, but provided ample opportunity for reinforcing old links. Santo Domingo, one of Spain's original colonial possessions, was the first to receive a Spanish king, although it was perhaps unfortunate that the main reason for being chosen was its proximity to the United States, where Juan Carlos was due to attend the 1976 Bicentennial celebrations. But visits were to follow to most of Latin America, with economic agreements in their wake. Diplomatically support was expressed for Panama, over the Canal question; for Guatemala, over the colony of Belize (thereby going against the UN view of the claim); and for Argentina over the Falkland Islands. In return, rather predictable statements were made supporting Spain's claim to Gibraltar. The visit to Argentina was in the face of severe criticism at home, because it indicated sympathy for a government which is said to have been responsible for 10 000 *desaparecidos* in the three years up to 1979. The major diplomatic visit though was to Mexico, for it was one of the few Latin American states to have taken Republican refugees officially in 1939; it had never recognised General Franco, and had in fact allowed the Republican government-in-exile to operate from Mexico City. Spanish politicians have also visited Latin America. Felipe González did a tour in August 1977, and Adolfo Suárez went to Cuba a year later. Spain is Cuba's largest trading partner outside COMECON, despite disagreement over items like compensation for property nationalised in 1959.

Not even gestures like returning the ashes of the poet Garcilaso de la Vega (half-Inca, half-Conquistador by birth) to the old Inca capital of Cuzco could conceal a growing irritation at the number of Latin American expatriates in Spain. In October 1978 it was announced that they were no longer to be exempt from normal residence and work permit regulations. For new arrivals, once the new 90-day tourist visa expired, permission to remain would be needed from the Spanish Consulate in the individual's country of origin. (Admittedly the Constitution does now provide for political exiles, but not terrorists, and refers to the right of refuge.)

The first passage is taken from a speech by Fidel Castro (who is half-Spanish himself), looking forward to closer ties with Spain, on the occasion of the Suárez visit.

The second passage here looks at the impact of the new regulations on Latin Americans already in Spain and reflects the concern which, to their credit, many Spaniards have expressed over the treatment of people from countries which have on past occasions provided refuge and indeed a future for many at different times in Spain's history.

The Temas section deals with the theme of Latin unity and the observance of Columbus Day (October 12th) to celebrate the common heritage of the Hispanic peoples.

Lectura

La política exterior española en relación a Hispanoamérica viene acentuando, en los últimos años, el aspecto económico más que las tradicionales evocaciones de un pasado común. El interés de España por abrir nuevos mercados en Iberoamérica tuvo ya manifestaciones concretas durante la época franquista, en el establecimiento de convenios de cooperación económica tales como la constitución de empresas conjuntas con capitales españoles e iberoamericanos. Se intensificó el comercio entre las dos zonas y se elaboraron algunos programas para el desarrollo de específicas zonas deprimidas de Iberoamérica, en cooperación estrecha entre el gobierno español y el correspondiente gobierno hispanoamericano. La actitud mostrada hasta hoy por el nuevo régimen español en este campo hace pensar que los contactos comerciales entre España e Iberoamérica posiblemente se intensificarán.

Los beneficios de este acercamiento económico, sin embargo, no han tenido repercusión alguna en la situación de los miles de latinoamericanos residentes en España, muchos de ellos exiliados políticos. Por el contrario, una nueva reglamentación les obliga a obtener permisos de residencia y de trabajo. Las dificultades de obtener el uno o el otro hacen que un número creciente de ellos viva en condiciones precarias, con escasas posibilidades de legalizar su situación.

Comprensión

Hacer la América

Declaraciones de Fidel Castro: 'Tenemos esperanza de ver una España neutral'

En el curso de una breve conferencia de prensa Fidel Castro destacó los siguientes temas, en respuesta a preguntas de los informadores españoles.

'Tenemos la firme esperanza de ver a España en la
5 comunidad neutral. Nos interesa un Estado europeo como España, que está creciendo tecnológica e industrialmente y que sea amigo del Tercer Mundo. Hay esperanzas, por ser el país que tiene más campo en América Latina, Africa, países socialistas y mundo in-
10 dustrializado. Los bloques militares se están convirtiendo en algo anacrónico.'

'La transición en España se está llevando de manera brillante y progresista, aunque al principio se temía por el futuro de España. Nosotros no tenemos relaciones con
15 ningún movimiento canario. Eso lo declaro categórica-mente. En esto de Canarias ha habido incomprensiones entre España y ciertos países africanos. Es cuestión de tiempo y creo que los problemas se resolverán. Tenemos que trabajar todos en este sentido. Aquí en Cuba hay
20 muchos descendientes canarios y yo tengo la esperanza de que esto no se convierta en un problema. Mi próximo viaje a España, pendiente aún de las fechas definidas, tiene para mí un doble significado. Tiene, en primer lugar, un significado sentimental. Mi padre era gallego y
25 siempre recordamos la tierra como todos los gallegos y, en segundo lugar, tiene desde luego una connotación política que expresa el excelente momento de las relaciones de Cuba con España.'

(El País, 12–9–78)

(1) ¿Cuáles son las perspectivas futuras para España, según Fidel Castro?

(2) ¿Qué dice con respecto a las Islas Canarias?

(3) ¿Qué significado especial tiene su futura visita a España?

Traducción consecutiva

Traduzca consecutivamente a su propio idioma:

'Tenemos la firme esperanza/ de ver a España/ en la comunidad neutral./ Nos interesa un Estado europeo/ como España,/ que está creciendo tecnológica e industrialmente/ y que sea amigo del Tercer Mundo./ Hay esperanzas,/ por ser el país que tiene más campo en América Latina, Africa,/ países socialistas y mundo industrializado./ Los bloques militares/ se están convirtiendo/ en algo anacrónico.'

Triste madre patria: exiliados en España

Durante años, todos contemplamos unas celebraciones ostentosas de la Fiesta de la Hispanidad, además de todo un ritual permanente destinado a glorificar el papel notable de España en el concierto de sus naciones 'ahijadas'. No obstante, la Madre Patria fue sólo un concepto eficaz para los dictadores latinoamericanos derribados del poder. Muchos de ellos se refugiaron aquí, y no sólo gozaron de la amistad de las autoridades, sino que contaron incluso con policías españoles y guardaespaldas pagados generosamente por el Gobierno español. La tradicional hospitalidad española se sobrepasaba en sus deberes en estos casos.

Pero vinieron otros tiempos. España comenzó la transición a la democracia, mientras en América Latina los regímenes dictatoriales y torturadores de los derechos humanos se extendían como la lepra. Y a nuestro país comenzaron a llegar multitudes silenciosas de exiliados argentinos, uruguayos, chilenos . . . . Ayer legiones de españoles republicanos huían a América Latina y eran acogidos amistosamente; hoy, los tristes rumbos del exilio giran en dirección opuesta.

Hasta ahora, la única normativa legal sobre los refugiados políticos consiste en un Ley de . . . ¡1855! Ni los dictadores en desgracia ni los cubanos exiliados necesitaron otra cosa. Y en cuanto a la posibilidad de que emigrados y exiliados trabajaran en nuestro país, una Ley del 69 daba facilidades a los iberoamericanos. Pero en España no hay refugiados oficialmente. El Ministerio del Interior no ha dado nunca, que se sepa, un certificado de refugiado; la única alusión legal a los exiliados políticos consistía en un Decreto de 1968, según el cual se autorizaba la concesión y renovación de permisos de trabajo 'a los refugiados políticos, siempre que acrediten su condición de tales mediante certificación expedida por el Ministerio de la Gobernación.'

LA LEY EN CONTRA

Para los entre cincuenta y cien mil exiliados latinoamericanos que permanecen en España, con especial relevancia de las colonias argentina y uruguaya, la situación es precaria. Tuvieron que entrar como 'turistas', lo que impide legalmente que puedan trabajar. A los tres meses tienen que pedir el permiso de residencia y para concederlo se exige que tengan trabajo. Pero para tener trabajo es preciso contar con un permiso de trabajo. Y para que concedan éste hay que tener el permiso de permanencia o residencia concedido, además de demostrar que no hay paro en España en el sector donde va a trabajar (lo que va contra la Ley del 69). La conclusión evidente es que nunca tienen su situación en regla.

La mayoría de los latinoamericanos no son rechazados por la sociedad española. Por lo tanto, hay una gran dualidad; por un lado, es bastante más hospitalaria con ellos que la del resto de Europa, y por otro la superestructura jurídico-gubernamental crea el máximo de problemas. Esta sería la razón por la que muchos, a pesar de todo, prefieren estar en España, aparte del beneficio para los hijos que aquí no encuentran dificultad para su integración en colegios y escuelas.

(*Cuadernos* núm. 260, 22–4–78 y núm. 272, 15–7–78)

¿Verdadero o falso?

(a) Indique si las declaraciones que siguen corresponden o no a ló que dice el texto:

(1) La Madre Patria fue sólo un concepto eficaz para los turistas latinoamericanos. _____

(2) Comenzaron a llegar multitudes silenciosas de exiliados argentinos, uruguayos, chilenos. _____

(3) La única normativa legal sobre los refugiados políticos consiste en una ley de 1955. _____

(4) Una ley del 69 daba facilidades a los iberoamericanos. _____

(b) Indique si estas declaraciones implican lo mismo que el texto:

(1) La única referencia a los exiliados políticos aparece en un decreto de 1968. _____

(2) La situación es positiva para los exiliados latinoamericanos que quieren quedarse en España. _____

(3) Si entran como turistas, legalmente tienen el derecho de buscar trabajo. _____

(4) Para obtener el permiso de residencia hay que tener trabajo. _____

(5) Los exiliados tardan mucho en resolver su situación. _____

(6) Casi todos los latinoamericanos son aceptados por los españoles. _____

(7) La gente en España es más abierta que el gobierno en cuanto a los exiliados, pero las leyes crean problemas. _____

(8) Para los niños latinoamericanos es preferible quedarse en España. _____

Lenguaje y uso

1. Usos de POR y PARA

POR se usa principalmente:

(a) En la voz pasiva

*La mayoría de los latinoamericanos no son rechazados **por** la sociedad española.*

(b) En expresiones de tiempo

*Irán a España **por** quince días.*
*Partirán **por** la noche.*

(c) Con medios de transporte

*Viajaremos **por** avión.*

(d) Para referirse a un lugar e indicar movimiento dentro de un lugar

*Pase **por** aquí, por favor.*
*Pasamos **por** Madrid.*
*Anduvieron **por** el río.*

(e) Para indicar causa o motivación

*Esta sería la razón **por** la que muchos prefieren España.*
*Lucharán **por** la situación de los exiliados.*

(f) Con un infinitivo para referirse a una acción incompleta

*Les queda mucho trabajo **por** hacer.*

Expresiones comunes con la preposición **POR**:

por eso, por fin, por escrito, por Dios, por todas partes, por lo tanto, por lo menos, por supuesto, por lo visto, por lo general, por regla general.

PARA se usa principalmente:

(a) Para indicar propósito o utilidad

Para tener trabajo es preciso contar con un permiso de trabajo.
¿Para qué sirve esto?

(b) Para indicar dirección

Partieron para Cuba.

(c) Para indicar fecha límite.

Necesitamos el permiso para mañana.

(d) Con un nombre o pronombre personal para expresar una opinión

Su próximo viaje a España tiene para Castro un doble significado.
Mi próximo viaje a España tiene para mí un doble significado.

(e) En expresiones de contraste

Para ser extranjero habla bastante bien español.

(f) Con palabras como *demasiado, bastante, muy*

Esta visita es muy (demasiado, bastante) importante para él.

2. Uso de Verbo + Preposición Específica

(a) Algunos verbos y frases verbales van normalmente acompañados de una preposición específica. En el texto encontramos los casos siguientes: *convertirse en, temer por, tener la esperanza de, gozar de, contar con, consistir en.*

Yo tengo la esperanza de que esto no se convierta en un problema.
Al principio se temía por el futuro de España.
No sólo gozaron de la amistad de las autoridades, sino que contaron incluso con policías españoles y guardaespaldas.
La única alusión legal a los exiliados políticos consistía en un Decreto de 1968.

(b) Algunos verbos aceptan preposiciones diferentes, pero su significado puede ser también diferente. Por ejemplo:

Contar con una persona.
Contar (decir) algo a una persona.

3. Cohesión en el Texto

Entre los muchos elementos que dan cohesión y unidad al presente texto, encontramos los siguientes:

(a) *En primer lugar, en segundo lugar.* Su función es enumerar u ordenar las ideas o acciones en un párrafo. Observe su uso en el texto.

Otras expresiones con similar función son: *primeramente, primero, segundo, tercero, uno, dos, tres, para empezar, luego, finalmente, por último, para concluir.*

(b) *Por un lado, por otro (lado).* Su función es presentar diferentes aspectos o alternativas con respecto a una idea que precede. Estudie su utilización en el texto.

Otras expresiones con similar función son: *por una parte, por otra (parte).*

Práctica

1. Complete estas frases con la preposición *por* o *para*.

(*a*) Siento un gran afecto _____ España _____ ser descendiente de gallegos.

(*b*) _____ Castro las relaciones con España son importantes.

(*c*) Los exiliados partirán _____ Madrid mañana _____ la mañana.

(*d*) En el aeropuerto serán recibidos _____ un grupo de políticos españoles.

(*e*) _____ obtener trabajo tendrás que ser residente.

(*f*) Nuestro permiso de trabajo estará listo _____ el diez de abril.

(*g*) Permanecieron en España _____ mucho tiempo.

(*h*) Desde la capital se dirigieron _____ tren hacia Valencia.

2. Explique la diferencia de significado entre estos pares de frases.

(*a*) El guardaespaldas fue contratado *por* las autoridades.
El guardaespaldas fue contratado *para* las autoridades.

(*b*) Lo hago *para* ti.
Lo hago *por* ti.

(*c*) Viajaremos *para* Salamanca.
Viajaremos *por* Salamanca.

(*d*) *Por* ser italiano habla mal español.
Para ser italiano habla mal español.

(*e*) Estará listo *para* mañana.
Estará listo *por* la mañana.

(*f*) Salió gente *por* todas partes.
Salió gente *para* todas partes.

3. Complete estas frases con la preposición que corresponde a cada verbo.

(*a*) En Europa se temía _____ el futuro de España.

(*b*) España se está convirtiendo _____ una gran nación industrial.

(*c*) Como hispanoamericanos antes gozaban _____ algunas garantías.

(*d*) Tenemos muchas ganas _____ visitar Cuba.

(*e*) Aquel político sueña _____ ser presidente.

(*f*) Las elecciones acaban _____ terminar.

(*g*) No piensan más que _____ volver a su país.

(*h*) Trataremos _____ obtener el permiso de residencia.

4. Indique qué preposiciones corresponden a estos verbos y haga una frase con cada uno de ellos.

insistir, acercarse, ser aficionado, acordarse, darse cuenta, estar acostumbrado, ser capaz, asistir, pertenecer, renunciar.

5. Establezca relaciones de significado entre cada palabra o frase de la columna A con una de la columna B.

A	B
(a) Esa es la razón	. . . por fin
(b) Naturalmente	. . . por lo visto
(c) Como mínimo	. . . por regla general
(d) Después de mediodía	. . . por todas partes
(e) En todo lugar	. . . por lo menos
(f) Normalmente	. . . por supuesto
(g) Aparentemente	. . . por eso
(h) Finalmente	. . . por la tarde

6. Complete cada espacio en blanco con frases como *en primer lugar, primero, primeramente, para empezar, por una parte, por un lado*, y otras expresiones de tipo similar.

(a) Las razones que me llevan a visitar España son: _____, mi interés por estrechar los lazos entre las dos naciones; _____, el deseo de presenciar el proceso político español y _____, me mueve un interés personal, que es el visitar la tierra donde nació mi padre.

(b) Para los hispanoamericanos, el vivir en España tiene _____, la ventaja del idioma; _____, la facilidad de incorporación para sus hijos al sistema educacional y _____, la posibilidad de integrarse a la sociedad española en general.

(c) Los exiliados latinoamericanos en España se enfrentan a una contradicción: _____, son aceptados por la sociedad española, mientras que _____, la reglamentación existente no les permite poner en regla su situación.

Temas de Actualización

La hispanidad del exilio

El 12 de octubre ha tenido muchos nombres en el calendario oficial para festejar nuestras raíces: Raza, Hispanidad, Cooperación. Si el idioma es una patria, hay una patria común entre quienes tienen el español como
5 lengua materna. La cultura de este extenso idioma supone una cierta comunidad en un concepto más amplio del mundo, de nuestra estancia en él, y de una especial relación con otras comunidades, por una parte en las enormes extensiones americanas, y por otra en las
10 viejas huellas de Filipinas, en los sefarditas del Levante o Israel, en Guinea y zonas de Marruecos.

España no tiene por qué presentarse como soberbia cabeza de esta comunidad como lo intentó en otros tiempos no muy lejanos, ya que las culturas mundiales
15 viven por sí solas, y hasta las grandes comunidades hispanohablantes de Estados Unidos producen su propia Prensa, su teatro, sus ediciones. Además, muy recientemente hemos recibido una nueva cultura humanística que procede de los países latinos, favorecida
20 por circunstancias especiales, como por ejemplo el hecho infortunado y triste de las inmensas comunidades españolas exiliadas al final de la guerra civil y las que ahora nos vienen para escapar a la tiranía en tantos países hermanos, luego para producir una especie de
25 *melting pot* intelectual en la Madre Patria.

En este respecto el Instituto de Cooperación Iberoamericana es una gran idea que no debe de hundirse en el marasmo de la burocracia diplomática y la cooperación misma necesita mayores atenciones presupues-
30 tarias y políticas. Si esta meditación en el día de hoy sirve para algo, bienvenida sea la fiesta de la Hispanidad.

(*El País* 12–10–82)

Redacción

Escriba un texto de 200–50 palabras sobre un aspecto de América Latina que le interese. He aquí algunas sugerencias:

● *La Conquista* ● *Los Aztecas* ● *Los Incas* ● *Los Mayas* ● *Variedad de paisajes y gentes* ● *Latinoamérica, parte del Tercer Mundo* ● *La agitación política en Latinoamérica* ● *Las relaciones entre su país y Latinoamérica (o algún país en especial)* ● *Temas culturales (por ej. la literatura)*

Spain and Africa

Links with North Africa have been evident since the days of the Reconquista in the 15th century. Cities like Oran and Tangiers were once Spanish; the only enclaves remaining today however are Ceuta, Melilla (and the Chafarinas Islands and Peñón de Alhucemas, which are too small to be usually mentioned), all claimed by Morocco, part of which was once a Spanish protectorate. Although her commitment in the region had been running down since the 1950s, Spain still controlled the Spanish Sahara and its phosphate riches in 1975. The whole area had been a territory under Spanish administration since 1884, and frequently in a state of turmoil. Before the First World War, it was seen as a training ground for young officers, including a Captain Franco Bahamonde, who was once left for dead after a skirmish. The North African connection was vital in the Civil War, for it was from here that Franco launched his invasion of the Peninsula, and the Spanish Foreign Legion (set up in 1920) and the dreaded *moros* provided him with a disciplined fighting force.

Spain's position in the Sahara came under increasing pressure as a result of the United Nation's policy on decolonisation. Arguments of the kind used by Portugal and France that the colonies were extensions of the metropolis were never accepted.

In May 1975 King Hassan II of Morocco began to increase diplomatic pressure. Guerrilla warfare broke out involving the Saharauis (the local inhabitants, mainly nomads, less than 100 000 in number), the 10 000 Spanish troops stationed in cities like the Legion base of El Aaiún and, increasingly, the other contenders in the region, Morocco, Mauritania and the Frente Polisario, an independence group supported by Algeria.

As General Franco's condition deteriorated so pressure grew, until early November 1975, when Hassan announced the Marcha Verde, a peaceful invasion of the Spanish Sahara by a planned total of 350 000 unarmed civilians. The Spaniards looked on uneasily from behind the mined 'dissuasion line' seven miles inside the territory. The UN Security Council was against the march, anxious to reduce tension. So on 14 November a Tripartite Agreement was hurriedly signed in Madrid by Spain, Morocco and Mauritania, leaving control provisionally in the hands of the *Yemaá*, the Assembly of the Spanish Sahara, and dividing the area into Mauritanian and Moroccan zones of occupation. The plan was severely criticised by Algeria and Polisario, for apart from anything else the details were not actually published. None the less Spanish troops began to withdraw, a process completed ahead of schedule in January 1976.

The Sahara remained in a state of chaos for several years. Militarily Polisario had the initiative, carrying out high speed operations in light vehicles, and it even raided the Mauritanian capital of Nouakchott. The native population was moved into refugee camps on the Algerian border, for its own safety. The República Arabe Saharaui Democrática was declared in February 1976, in the face of opposition from Morocco, Mauritania and a dozen members of the Organisation of African Unity. Fighting continued, with allegations that France was using Jaguar aircraft to support Mauritanian ground forces and that Spain was supplying arms to both sides.

Spain was concerned for the Bu Craa mines, (producing over two million tons of phosphate a year), in which she had kept a 35% share, and some Spanish nationals were still employed there. Nevertheless the Spanish government must have felt greatly relieved to have disengaged so smoothly from the war in the Western Sahara which drew Morocco and the Polisario into progressively more sophisticated forms of warfare, with the setting up of miles of defensive lines by the one and the deployment of tanks and guided missiles by the other. (Mauritania withdrew from the conflict in August 1979.)

More of a concern to Spain were the Canary Islands, less than 50 miles from the African coast. The OAU had declared that they should be decolonised in 1968 and again, though less vociferously, ten years later. King Hassan had made threats at various times against the islands, and there were also a number of breakaway movements for a while, of which the MPAIAC (Movimiento Para la Autonomía e Independencia del Archipiélago Canario) led by Antonio Cubillo, became the most important. He had a measure of support from the OAU and broadcast the Voz de Canarias Libre regularly from his office in Algiers. He was seriously wounded in an attempt on his life in April 1978, and this event, combined with a diplomatic initiative by the Spanish government in the region and the introduction of the Autonomías, defused the situation internally.

Externally the territorial claims died down, although there have been incidents revolving around fishing rights; in addition the virtual recognition of Polisario in return for the release of captured Spanish fishermen did little to improve relations between Rabat and Madrid.

The main points of contact between Spain and Africa are still Equatorial Guinea (the only African country to have Spanish as the official language), Ceuta and Melilla. With regard to the latter, the Socialist government showed that it would take the same hard line as its predecessors by despatching a task force at the first mention of new claims in February 1983. Both topics are touched on in this Unit, as are the background to the Marcha Verde and the conflicting views of Polisario and the Moroccan government.

Temas de Actualización

Escuche este extracto de un discurso pronunciado por el Presidente de Guinea Ecuatorial durante unas negociacones con España. Luego relate lo que dice sobre la situación de su país con respecto al mundo hispanohablante, así: 'Dijo el presidente que . . .'

Guinea: país hispano-africano

Estas negociaciones son para mí una nueva fase. Nuestra intención es pedir a España más ayuda, ya que España es el país que más debe potenciar el desarrollo de Guinea.

Existen múltiples relaciones y vínculos entre nuestros
5 respectivos países y por ser hispánico mi país, nuestro pueblo tiene fe en España y espera que aquellas promesas que ha tenido se convertirán en realidad algún día. En este momento todo este continente tiene necesidades. Ahora bien, las nuestras están a la vista de todos:
10 necesidades educacionales, escolares, sanitarias y de alimentación. El pueblo necesita productos para mantenerse, porque si no hay comida, no hay salud: si no hay salud, no hay tranquilidad, y nos hemos dado cuenta que los problemas que necesitan más urgente solución
15 son éstos.

Guinea Ecuatorial es el único país africano oficialmente de habla española. Por ese motivo tenemos esperanzas de integrarnos más en la comunidad de naciones iberoamericanas, de solidarizarnos con nuestros
20 hermanos de aquellos países de más allá del mar. Y en cambio la nuestra es una situación que se puede aprovechar para constituir un gran puente para esos países hacia África. Sin embargo la nuestra tiene que ser una política realista. España ha tenido algún conten
25 cioso en África, a propósito de la Marcha Verde por ejemplo, o las reclamaciones sobre Ceuta y Melilla. Generalmente preferimos integrarnos a la opinión africana, salvo en aquellos casos que podrían lesionar los intereses de mi país, y de los países que nos conocen muy
30 bien, que son países hermanos, por supuesto.

(*Cambio 16* núm. 522, 30–11–81)

Lectura

El tono de las nuevas relaciones entre España y el continente africano ha quedado de manifiesto en las palabras pronunciadas por el Rey Juan Carlos en su primera visita a algunos países del Africa occidental:

'España aplaude el ideal de la unidad africana, así como el empeño de reconciliación y cooperación regional que habéis iniciado; se solidariza con la lucha de vuestro continente por erradicar el racismo y la discriminación que persiste en el Cono Sur, y le parece justo que las naciones que han alcanzado su independencia mantengan su destino en sus propias manos. Los españoles tenemos la intención de mantener una estricta neutralidad ante los conflictos interafricanos, sin intervencionismo ni alineación en los mismos. Pero desde nuestra condición europea, deseamos ayudar con nuestra presencia en aquellas cuestiones de interés común, como el diálogo euro-africano y las relaciones Norte–Sur.'

Para los observadores diplomáticos, la visita de los Reyes de España tiene la doble intención de establecer las bases para un mayor intercambio económico con los países africanos y de afianzar la posición de España no sólo en las Islas Canarias sino también en el Norte de Africa, al contar con eventuales aliados en la búsqueda de una solución pacífica a la constante interrogante sobre la españolidad de Ceuta y Melilla.

Comprensión

La Marcha Verde

En 1975 la llamada Marcha Verde dejó aisladas a nuestras islas Canarias, sin el apoyo de una zona española en el continente africano. Al mismo tiempo, abrió un problema permanente para los españoles de
5 presentes y futuras generaciones.

En 1958 se decretó que el Sahara pasaba a ser una provincia de España; esto fue típico del sistema utilizado por Portugal para evitar la censura de las Naciones Unidas, en aquellos tiempos de intensa descolonización.
10 Desde 1966 el Gobierno español se mostró partidario de la autodeterminación, pero sin fijar fecha aproximada. Desarrolló entonces su política, muy repetida en aquella época, tanto en asuntos exteriores como asuntos interiores, y que consistía en dejar pasar y no resolver
15 nada. Pero la presión de la ONU iba en aumento año tras

año con fuerza creciente; sólo las colonias portuguesas y españolas quedaban prácticamente por descolonizar. Y así la Asamblea General aprobó once resoluciones sobre la descolonización del Sahara, mientras que Madrid
20 practicaba su política de la desorientación. El jefe del Estado argumentaba que él, como africanista, conocía bien el problema y que no había que darle consejos. La iniciativa sobre el desierto estuvo siempre en manos del Rey Hassán II de Marruecos a quien, por razones de
25 política interior, la expansión sobre el Sahara le permitía cubrir importantes y distintos objetivos.

SE INICIA LA MARCHA

Aprovechando el precario estado de salud del general Franco, el 'gran protector' de la nación árabe, y con-
30 tando con la mala imagen de España ante el mundo, el 17 de octubre de 1975 se anunció, a través de una rueda

de Prensa, que 350.000 marroquíes realizarían una marcha pacífica sobre el Sahara. Tres días después del anuncio de la Marcha Verde, España solicitó la reunión
35 urgente del Consejo de Seguridad de las Naciones Unidas, que aprobó una resolución pidiendo al secretario general el establecimiento de consultas entre las partes interesadas. Aquellos días fueron muy tensos y sólo la lenta agonía del general Franco distrajo la atención de
40 unos momentos realmente prebélicos. Tanto fue así que el presidente del Consejo de Seguridad, dándose cuenta de la gravedad de la situación, y con el respaldo del resto del Consejo, envió a Hassán II un llamamiento pidiendo el cese inmediato de los preparativos para la marcha.

45 Pero sin éxito. El 6 de noviembre de aquel 1975 se inició la caminata por el desierto. Pero sí tuvo el efecto deseado. El 14 de noviembre del mismo año se firmó el Acuerdo Tripartito de Madrid, entre España, Marruecos y Mauritania, que prometía la terminación de la presencia
50 española en el territorio dentro de un plazo de 3 meses.

(ABC, 5-11-78)

(1) Resuma brevemente la política española con respecto al Sahara entre 1958 y 1966.
(2) ¿Cuál fue la reacción de la ONU?
(3) ¿A qué se debió el anuncio de la Marcha Verde en octubre de 1975?
(4) ¿Qué efectos tuvo?

Interpretación

(a) Esta es una entrevista con un representante del Frente Polisario:

Pregunta: How do you see relations between your organisation and Spain at the moment?

Respuesta: España entregó el territorio saharaui a Marruecos y a Mauritania. Para nosotros, fue una traición el Acuerdo Tripartito de Madrid. Sin embargo, es notable el apoyo de los pueblos de España ahora, como consecuencia de las nuevas fuerzas democráticas.

P: Do you think that Polisario can actually win the war?

R: No cabe duda que sí. El ejército marroquí ha perdido la iniciativa, y los 15.000 soldados mauritanos francamente no son eficaces en absoluto.

P: Do you have the initiative diplomatically?

R: Diplomáticamente, nuestra causa atrae mucha simpatía en Africa, en Europa Occidental, y más recientemente en el mundo árabe. A fin de cuentas, nuestra causa es justa, la nuestra es una lucha clara y justa.

P: How do you view your links with Spain in future?

R: A mi modo de ver, España representa un puente con Occidente, así como nosotros somos un puente con el continente africano y el mundo árabe. Ofrecemos a España la posibilidad de jugar un papel importante e histórico en estas zonas.

(*Cambio 16* núm. 301, 18–9–77)

(b) Esta es una entrevista con un parlamentario marroquí:

Pregunta: Why do you think your visit to Madrid is important?

Respuesta: Nuestro viaje a España tiene mucha importancia por los vínculos que existen entre nuestros países: lazos culturales, históricos y comerciales . . . . Somos vecinos y formamos parte de la misma esfera de influencia.

P: Do you think Spain has an important role to play in the Maghreb?

R: Es obvio que España puede jugar un destacado papel en el mundo árabe, con el que mantiene relaciones privilegiadas.

P: What is your view of the Sahara problem?

R: El problema del Sáhara nos preocupa enormemente. Es un problema geopolítico, de equilibrio en la región, y un problema de relaciones entre Marruecos y Argelia, además de Libia.

P: What is your view on Spanish policy in this area?

R: Para nosotros, el Tratado de Madrid puso fin definitivamente a la colonización española. Ahora lo que queremos es que España adopte una postura de neutralidad responsable.

P: Do you believe there are any points of conflict with Spain?

R: Creo que usted se refiere a Ceuta y Melilla, ¿verdad? Bueno, la nueva ley de Extranjería nos interesa mucho, porque afecta no sólo a los marroquíes que trabajan en Ceuta y Melilla, sino también en la Península, colaborando en el desarrollo de España . . . .

(*Tiempo* 9-12-85)

Lenguaje y uso

1. Los Adjetivos y Pronombres Demostrativos

(a) Estudie el siguiente cuadro de adjetivos demostrativos y luego observe su uso en el texto.

este	ese	aquel
esta	esa	aquella
estos	esos	aquellos
estas	esas	aquellas

*En **estos** momentos yo no excluyo nada.*

*Ofrecemos a España la posibilidad de jugar un papel importante en **estas** zonas.*

***Esas** armas son impropias de una guerrilla.*

*En **aquellos** tiempos de intensa descolonización.*

*En **aquella** época.*

*El 6 de noviembre de **aquel** 1975.*

(b) Estas mismas palabras pueden tener función de pronombre, en cuyo caso deberán llevar acento. Por ejemplo:

*Bueno, **esas armas** son impropias de una guerrilla.*

*Bueno, **ésas** son impropias de una guerrilla.*

(c) *Esto, eso y aquello*, son pronombres demostrativos neutros.

***Esto** fue típico del sistema utilizado por Portugal.*

2. Los Adjetivos y Pronombres Posesivos

(a) Estudie el siguiente cuadro de adjetivos posesivos y luego observe su uso en el texto.

mi	tu	su	nuestro(a)	vuestro(a)	su
mis	tus	sus	nuestros(as)	vuestros(as)	sus

*A **mi** modo de ver.*

*Madrid practicaba **su** política de desorientación.*

*Dejó aisladas a **nuestras** islas Canarias.*

***Nuestra** causa atrae mucha simpatía en Africa.*

(b) Los pronombres posesivos tienen formas diferentes de los adjetivos, excepto en la primera y segunda persona plural (*nuestro, vuestro*).

mío(a)	tuyo(a)	suyo(a)	nuestro(a)	vuestro(a)	suyo(a)
míos(as)	tuyos(as)	suyos(as)	nuestros(as)	vuestros(as)	suyos(as)

***La nuestra** es una lucha clara y justa.*

***La suya** es una lucha clara y justa.*

3. Palabras de Posible Confusión

Estudie los diferentes usos de los siguientes pares de palabras:

(a) SABER y CONOCER

Hay una ambigüedad que hace difícil saber exactamente cuál es la política de España.

El jefe del Estado conocía bien el problema.

(b) PEDIR y PREGUNTAR

El presidente del Consejo le pidió al Rey el cese inmediato de los preparativos.

Durante la entrevista se le preguntó al representante de Polisario qué pensaba sobre las relaciones con España.

(c) REALIZAR y DARSE CUENTA

Se anunció que 350.000 marroquíes realizarían una marcha pacífica sobre el Sahara.

El presidente del Consejo de Seguridad se dio cuenta de la gravedad de la situación.

(d) JUGAR y TOCAR

Ofrecemos a España la posibilidad de jugar un papel importante e histórico en estas zonas.

En su marcha por el desierto algunos grupos tocaban instrumentos típicos marroquíes.

(e) PUEBLO, GENTE y PERSONAS

Deben tener en cuenta los evidentes lazos históricos que los unen al pueblo marroquí.

350.000 personas participaron en la marcha sobre el Sahara.

Participó más gente de lo que se esperaba.

4. Género del Nombre: Casos Especiales

(a) Algunas palabras cambian su significado al pasar de la forma masculina a la femenina. Por ejemplo: *el político, la política; el plazo, la plaza; el orden, la orden,* etc.

En la sesión participaron políticos de los tres países.
Madrid practicaba su política de la desorientación.

El Acuerdo prometía la terminación de la presencia española dentro de un plazo de tres meses.
Miles de personas se reunieron en una plaza de Rabat.

La marcha se realizó en completo orden.
El 6 de noviembre se dio la orden para la marcha.

(b) La mayoría de los nombres terminados en *-a* son femeninos. He aquí algunas excepciones, la mayoría de ellas terminadas en *-ma*: *el problema, el sistema, el programa, el tema, el diploma, el drama, el clima, el panorama, el telegrama, el dilema, el idioma, el poema, el mapa, el esquema.*

Práctica

1. Complete estas frases con el adjetivo o pronombre demostrativo que corresponda.

Este, esta, esto, estos, estas

(a) _____ sistema fue utilizado también por Portugal.

(b) ¿Qué significa _____?

(c) El presidente del Consejo dio _____ orden al darse cuenta de la gravedad de _____ situación.

(d) _____ es un problema de difícil solución.

(e) El Acuerdo fue adoptado por _____ tres países: Marruecos, Mauritania y España. _____ último debía retirarse del Sahara en un plazo de tres meses.

Ese, esa, eso, esos, esas

(a) _____ armas son impropias de una guerrilla.

(b) El 14 de noviembre de _____ año se firmó el Acuerdo.

(c) No sabemos a qué se debe _____.

(d) El jefe del Estado había propuesto _____ programa al Rey.

(e) El Consejo de Seguridad discutió _____ tema en sesión especial.

Aquel, aquella, aquello, aquellos, aquellas

(a) _____ días fueron muy tensos.

(b) El 6 de noviembre de _____ 1975 se inició la caminata.

(c) Quisiera que hablásemos sobre _____ que discutíamos ayer.

(d) En _____ tiempo vivía en Marruecos.

(e) Los periódicos se refirieron a la actuación de _____ policía en la detención de _____ terroristas.

2. Complete estas frases con el adjetivo o pronombre posesivo que corresponda.

Mi, mis, mío, mía, míos, mías

(a) El español es _____ fuerte.

(b) _____ idioma materno es el inglés.

(c) Aquel estudiante argelino es amigo _____.

(d) _____ interés es continuar con _____ estudios una vez que termine _____ carrera.

Su, sus, suyo, suya, suyos, suyas

(a) _____ política consistía en dejar pasar y no resolver nada.

(b) El principal interés _____ era solucionar el conflicto.

(c) _____ actitud es, para todos nosotros, incomprensible.

(d) Este pasaporte no es el mío. Es el _____.

Nuestro, nuestra, nuestros, nuestras

(a) _____ orden no fue obedecida por los manifestantes.

(b) La solución está en _____ manos.

(c) _____ dilema es cómo evitar que la situación empeore.

(d) _____ Fuerzas Armadas responderán a cualquier agresión contra _____ soberanía.

3. Seleccione la palabra correcta.

(a) Le (*preguntaron, pidieron*) que interviniese.

(b) Nos (*dimos cuenta, realizamos*) de lo peligroso de la situación.

(c) Nuestro país podría (*tocar, jugar*) un papel importante en el continente africano.

(d) ¿(*Conoce, sabe*) Vd. cuándo es la reunión?

(e) Me (*preguntó, pidió*) qué pensaba yo sobre el problema.

(f) Miles de (*gente, personas*) tomaron parte en la marcha.

(g) (*Sabemos, conocemos*) que están bien armados.

(h) Le (*pregunté, pedí*) que me diese su opinión.

4. Explique la diferencia entre estos pares de palabras.

(*a*) el capital – la capital

(*b*) el partido – la partida

(*c*) el técnico – la técnica

(*d*) el modo – la moda

(*e*) el frente – la frente

(*f*) el policía – la policía

(*g*) el cura – la cura

(*h*) el corte – la corte, las Cortes

(*i*) el político – la política

(*j*) el derecho – la derecha

Temas de Actualización

Estudie las declaraciones de diferentes personas sobre las ciudades de Ceuta y Melilla. Luego prepare razones en pro y en contra de la presencia española para presentar en forma de debate.

Ceuta y Melilla

La acción exterior de la política española ha incluido durante este mes Europa y Africa. Una noticia de este último continente, concretamente en Marruecos, fue tema informativo de primera página.

5 El día 10 de febrero la Unión de Parlamentarios Arabes, reunida en Rabat, aprobaba—a instancia de Marruecos—una propuesta en la que se pedía que España negociara inmediatamente con Marruecos la soberanía de Ceuta, Melilla, las Islas Chafarinas y
10 algunos peñones mediterráneos. La noticia produjo reacciones inmediatas y la Oposición cerró filas con el Gobierno.

'En el tema de Ceuta y Melilla la oposición deja de ser oposición para alinearse con la defensa firmísima de
15 aquellas dos ciudades, detrás del Gobierno español, por muy socialista que sea.'

(*Portavoz de Alianza Popular*)

El portaaviones *Dédalo* y sus buques de escolta se dirigieron a Ceuta, cuyo alcalde quitaba importancia a la propuesta de la Unión de Parlamentarios Arabes.

'Es una repetición más de una circunstancia que se
5 repite periódicamente cada vez que en nuestro vecino país las cosas no van bien como el Monarca quisiera. Nosotros lo vemos con una lejanía enorme de manera que en Ceuta hay una tranquilidad total y absoluta, puesto que estamos todos convencidos de que, bueno, de
10 que eso no tiene mayor importancia.

(*Declaración del alcalde de Ceuta*)

'Sin duda alguna. Pero no . . . Prefiero no plantearlo en términos de confrontación bélica. Simplemente le digo que el tema no me altera los nervios. Ceuta y Melilla son ciudades españolas, nunca se ha cuestionado esto desde
5 el punto de vista internacional, nunca por una vía seria, quiero decir, desde el punto de vista ni siquiera del Derecho Internacional. Pero mantengamos la calma y comprendamos que otros puedan decir otra cosa. Me parece fundamental decir esto: no se preocupen, man-
10 tengan la serenidad todos los ciudadanos españoles, que no pasa nada.'

(*Palabras de D. Felipe González*)

(*Transcripciones de Radio Nacional de España febrero 1983*)

Traducción

Traduzca al inglés o a su propio idioma el párrafo que comienza '*En 1975 la llamada Marcha Verde* . . . hasta . . . *le permitía cubrir importantes y distintos objetivos*' (p. 128)

Resumen

Escriba un resumen en español de 150–200 palabras sobre el contenido del texto *Spain and Africa* (p. 126)

Economic Difficulties

Unemployment

Unemployment has always been a serious problem in Spain, with peripheral areas such as Galicia, Extremadura and Andalusia the hardest hit. Systems of land tenure, seasonal employment, and crops requiring a small skilled labour force are all contributory factors in rural areas, whilst industry has been prone to fluctuating demand and the effects of inflation.

According to a survey taken in 1978, unemployment was the greatest single worry for Spaniards in the coming year. This fear was quite clearly justifiable. Unemployment stood at 8% at the time, and was to double in percentage terms by early 1983. The 410 000 recent school leavers in the 1978 count of the Instituto Nacional de Estadística grew to over half-a-million—and in that respect Spain was not alone among European countries.

Unemployment is not confined to the unskilled. It is also rising among young professionals: this is the result partly of overproduction from universities (particularly certain faculties), as well as insufficient careers guidance, and the reluctance of employers to take on staff before they have done their military service, or to consider applicants unless they already have some experience or further qualification.

Various solutions were put forward by the government: special plans involving youth employment programmes, skill training and the *empleo comunitario*, government-funded and organised by the local authority. But the latter was to draw complaints that few jobs were given to women, that some of the jobs were of doubtful value to the community, and in certain cases were even allegedly carried out for private individuals. In some villages and towns, jobs could only be found for a few days at a time, with people forced to work alternate weeks to give everyone a chance.

The 1982 PSOE election manifesto made employment a priority; the goal was to create 800 000 new jobs over four years, with training schemes to match. (Some of the measures proposed were similar to those listed here in the Comprehension passage.) Job creation would be stimulated by a *Fondo de Acción Coyuntural* in each year's budget, and the Autonomies would have funds for short-term work projects. Although the main thrust of the PSOE policy would come from the Public Sector and the creation of a more favourable economic climate, support to private enterprise was also designed to help in the form of containing costs, making financial packages available and encouraging saving for investment.

The Constitution (article 35) recognises everyone's right to work, to choose a career, to be paid a living wage, and for women to have equal employment opportunities. These ideals are not likely to become a practical reality for many Spaniards while the unemployment rate remains so high.

This passage dates from 1977; it outlines the general problems of unemployment for the young, and looks at some of the proposals put forward in the early days of the transition.

The chart breaks down the work situation for the 15–24 age group not long before the 1982 elections.

Lectura

Entre los aspectos que caracterizan la situación laboral en España en lo que toca a la juventud, cabe mencionar el hecho de que el joven español que no cursa estudios superiores se incorpora más tempranamente al trabajo que en otros países europeos. En la actualidad, más de millón y medio de chicos y casi un millón de chicas entre las edades de 14 y 15 años forman parte de la masa trabajadora española. Por lo que se refiere a la falta de trabajo, ésta afecta principalmente a la juventud y en proporción mayor que en otros países.

En lo que respecta al sector femenino, de cada cuatro trabajadores sólo uno de ellos es mujer, la mayor parte de las cuales está empleada en los servicios. Proporcionalmente, el paro es más alto entre las mujeres que entre los hombres. La mujer trabajadora se enfrenta además con una discriminación laboral a causa de su sexo, respecto a los hombres que realizan igual función. La discriminación es más grave en los puestos de trabajo más especializados en que la mujer gana por término medio el 73,2 por 100 de lo que gana un hombre. Esta situación también se da en las categorías menos especializadas, aunque aquí la diferencia de salario entre mujeres y varones es menor.

Comprensión

No hay trabajo para los jóvenes

Aunque el Gobierno lo ignore, ésta es la realidad: hoy en día somos el país europeo con mayor índice de paro entre los jóvenes. Según la última encuesta de la población activa española, elaborada el último trimestre de 1975 y
5 recientemente publicada por el Instituto Nacional de Estadística, el número total de jóvenes menores de 25 años sin trabajo era de 330.487. Para esa misma fecha, según el INE, los activos en paro eran 623.340, resulta que del total de parados el 53 por ciento son menores de
10 25 años, porcentaje superior al de cualquier país europeo.

Dentro del sector de jóvenes, el grupo más afectado es el comprendido entre los dieciséis a veinte años y por sexo el porcentaje de mujeres en paro es superior al de los
15 hombres. Otro dato muy importante: los titulados medios y superiores representan actualmente un volumen cada vez mayor entre los parados. La causa principal de este paro de jóvenes, que en los últimos cuatro años se ha triplicado en algunos países, es que la
20 crisis económica afecta a los jóvenes tanto o más que a otros sectores marginados como las mujeres o los emigrantes. En una situación de crisis como la actual pesa demasiado en la mente del empresario la obligación del servicio militar de sus trabajadores, y por otra parte el
25 sector más joven de la población activa es 'carne de cañón' para los trabajos eventuales.

MEDIDAS

Por el momento, las acciones europeas se han encaminado a ampliar los estudios de formación profesional y
30 subvencionar a los jóvenes para que se orienten hacia estos estudios profesionales. En otros países se han establecido ayudas financieras estatales a los empresarios para que en el futuro contraten aprendices y se hagan cargo de su capacitación.
35 Los sindicatos europeos han participado también muy activamente en la denuncia de esta situación y han facilitado algunas propuestas para aliviar el problema. La CGT francesa ha propuesto dos medidas para

conseguir la división de los trabajos existentes y facilitar
40 la entrada de los jóvenes: la reducción de las jornadas
semanales a cuarenta horas y la posibilidad de jubilación
a los sesenta años. Por su parte, la Confederación Europea de Sindicatos ha propuesto que se prolongue la
escolaridad obligatoria hasta los dieciséis años y el esta-
45 blecimiento de un sistema eficaz de información sobre
empleos y profesiones para reducir los desfases entre
oferta y demanda de empleo, cuando salgan los alumnos
en busca de trabajo.

Desgraciadamente, lo realizado hasta ahora es muy
50 poco. La frustración e insatisfacción de estos cientos de
miles sin trabajo no pueden justificarse con una excepcional crisis política y económica. Sobre todo cuando
esta sociedad consumista lanza 'slogans' como el de
'¡Qué grande es ser joven!'

(*Blanco y Negro*, 22–1–77)

(1) ¿Qué cifras se dan en relación al paro en España?
(2) ¿Cómo se llama la entidad que las preparó? ¿Cuándo?
(3) Indique los grupos más afectados dentro del sector de jóvenes y el porqué.
(4) ¿Cuáles son las medidas tomadas por otros estados europeos?
(5) ¿Qué medidas han propuesto los sindicatos en Francia?
(6) ¿Qué propone la Confederación Europea de Sindicatos respecto al desempleo?
(7) ¿A qué conclusiones llega el texto?

Lo que dice la Constitución

Artículo 35
1 Todos los españoles tienen el deber de trabajar y el derecho al trabajo, a la libre elección de profesión u oficio, a la promoción a través del trabajo y a una remuneración suficiente para satisfacer sus necesidades y las de su familia, sin que en ningún caso pueda hacerse discriminación por razón de sexo.

¿Qué derechos establece el artículo 35 de la nueva Constitución?

Dictado – Traducción

El resumen siguiente está basado en el texto. Escuche la lectura del resumen en forma completa. Luego escúchelo leído por frases, y traduzca consecutivamente a su propio idioma.

España es el país europeo/ con mayor índice de paro/ entre los jóvenes./ La crisis económica/ afecta también a mujeres/ y a los emigrantes./ Los sindicatos han propuesto medidas/ como la reducción de las jornadas semanales a 40 horas,/ la posibilidad de jubilación a los 60 años/ y la prolongación de la escolaridad obligatoria/ hasta los 16 años./ Desgraciadamente,/ lo realizado hasta ahora es muy poco./

Así se dividen los seis millones y más de jóvenes que tienen entre 15 y 24 años. Estudie las cifras y comente.

¿Qué hacen los jóvenes?	%	%
Trabajando		31
Comercio y hostelería	*22.5*	
Servicios	*25.5*	
Industria	*29.8*	
Construcción	*9.4*	
Agricultura y Pesca	*12.8*	
Estudiando		37.3
BUP (*Bachillerato Unificado Polivalente*)	*37.7*	
COU (*Curso de Orientación Universitaria*) . . .	*9.7*	
Formación Profesional	*24.3*	
Universidad	*28.3*	
Parados		14.5
Buscando su primer empleo *55*		
Desanimados		17.2

Lenguaje y uso

1. Preposiciones

Estudie el uso de preposiciones en las siguientes frases del texto:

__Entre__ los dieciséis a veinte años.

__Dentro del__ sector de jóvenes.

El 53 __por__ ciento son menores __de__ veinticinco años.

Porcentaje superior __al de__ cualquier país europeo.

__Por__ sexo el porcentaje __de__ mujeres __en__ paro es superior.

__Para__ que se orienten __hacia__ estos estudios profesionales.

La posibilidad __de__ jubilación __a__ los sesenta años.

Ha propuesto que se prolongue la escolaridad obligatoria __hasta__ los dieciséis años.

Lo realizado __hasta__ ahora es muy poco.

2. Acabar de + Infinitivo

Acabar de + *infinitivo* se usa para referirse a un pasado inmediato en relación con el momento en que se habla o con respecto a otra acción.

La CGT francesa __acaba de proponer__ dos medidas para conseguir la división de los trabajos existentes.

Cuando nosotros llegamos la sesión del sindicato __acababa de terminar__.

(Nota: Acabar con = poner fin a)

3. Formación de Palabras

(a) El sufijo -*al* se emplea para formar adjetivos. Por ejemplo:

Estado	*nación*	*provincia*	*semana*
estatal	*nacional*	*provincial*	*semanal*

(b) El sufijo -*dad* se usa en la formación de nombres abstractos, la mayor parte de los cuales son femeninos. Por ejemplo:

escolar	*posible*	*igual*	*real*
la escolaridad	*la posibilidad*	*la igualdad*	*la realidad*

4. Frases Exclamativas

En la construcción de *frases exclamativas* se utiliza frecuentemente la palabra *Qué* + un adjetivo o un nombre. En el texto encontramos el siguiente ejemplo:

¡Qué grande es ser joven!

He aquí otras frases exclamativas de uso común:

¡Qué problema!   *¡Qué barbaridad!*
¡Qué raro!   *¡Qué asco!*
¡Qué difícil!

Práctica

1. Complete los espacios en blanco con la preposición correspondiente.

(a) Como en otros países, el problema del paro en España afecta principalmente _____ la juventud. Más de la mitad _____ los parados en España tiene menos _____ veinticinco años. _____ la edad de dieciséis y veinte años, la situación es peor, especialmente _____ las mujeres.

(b) A fin de resolver en parte el problema, se ha propuesto la prolongación _____ la edad escolar _____ los dieciséis años; la reducción _____ las horas de trabajo _____ un máximo de cuarenta horas _____ semana; la jubilación _____ los sesenta años. Se ha propuesto, además, que se establezca un sistema _____ información sobre empleos _____ el fin de reducir la actual diferencia _____ la oferta y la demanda de empleo. Será también necesario que el gobierno ayude _____ los empresarios _____ el objeto de que éstos creen nuevos puestos de trabajo _____ la juventud.

2. Vuelva a escribir estas frases usando la frase *acabar de + infinitivo*.

Ejemplo: La CGT ha propuesto dos medidas.
La CGT acaba de proponer dos medidas.

(a) Se *ha hecho* una encuesta de la población activa.
(b) Las autoridades *han dispuesto* que se ayude a los empresarios.
(c) El Instituto de Estadística *ha escrito* un informe sobre el paro.
(d) *Hemos puesto* un anuncio en el periódico para encontrar trabajo.
(e) *Se ha abierto* una oficina de información sobre empleos.
(f) El conflicto entre los obreros *se ha resuelto*.
(g) *He visto* un anuncio en el periódico de hoy.
(h) *Nos hemos inscrito* en la oficina de empleos.

3. Use las palabras entre paréntesis para formar adjetivos terminados en *-al* y complete con ellos los espacios en blanco.

(a) El problema del paro es un problema (*mundial*)
(b) Los empresarios quieren más ayuda _____ (*Estado*)
(c) La crisis ha sido estudiada a nivel _____ (*sindicato*)
(d) La falta de trabajo afecta también a la clase _____ (*profesión*)
(e) Se han ampliado los puestos de trabajo en el sector _____ (*empresario*)
(f) La orden del gobierno ha sido calificada de _____ (*dictador*)
(g) La acción _____ es esencial. (*gobierno*)
(h) México tiene un régimen _____ (*presidente*)

4. Indique el adjetivo terminado en *-al* correspondiente a estas expresiones de tiempo.

(a) Cada semana (*semanal*)
(b) Cada quince días.
(c) Una vez al mes.
(d) Cada bimestre (dos meses).
(e) Cada trimestre (tres meses).
(f) Cada semestre.
(g) Una vez al año.
(h) Cada cinco años.

5. Indique el nombre abstracto terminado en *-dad* correspondiente a estas palabras.

posible (*posibilidad*), escolar, probable, hábil, débil, incompatible, superior, femenino, nacional, activo, fácil, difícil, creativo, culpable.

6. Construya frases exclamativas.

Ejemplo: La situación es muy difícil
¡Qué difícil es la situación!

(a) El problema es muy grave.
(b) Es difícil conseguir empleo.
(c) Los salarios son muy bajos.
(d) La fábrica es muy grande.
(e) Mi trabajo es muy aburrido.
(f) Tú eres muy optimista.
(g) Vds. son muy rápidos.
(h) Vosotros sois muy trabajadores.

Redacción

Escriba un texto de 200–50 palabras analizando la situación laboral entre la juventud en su país. Use algunas de estas palabras y frases si es necesario:

buscar trabajo	el índice de paro/desempleo
el desempleo	el obrero
la empresa	la población activa
la empresa privada	el puesto de trabajo
el empresario	el sindicato
la falta de oportunidades	solicitar un trabajo
la falta de trabajo	el trabajador
la fuerza laboral	el trabajo
el gobierno	

Traducción

(a) Traduzca al español el primero y el segundo párrafo del texto *Youth Unemployment*.
(b) Traduzca al inglés el segundo párrafo de la sección *Lectura*.

Ampliación

Complete el siguiente texto con la palabra correcta

Casi la mitad de los jóvenes catalanes está en paro.

Los datos obtenidos de las oficinas _____ empleo de Catalunya señalan que el paro juvenil es muy superior al _____ los adultos: los menores _____ 20 años llegan a
5 alcanzar niveles superiores al 50 _____ ciento y _____ los mayores de 25 años esta tasa desciende espectacularmente hasta el 12 _____ ciento.

Distribución _____ sectores
El sector industrial ocupa un lugar destacado del paro
10 juvenil aunque _____ notable diferencia con respecto _____ los adultos. Mientras el índice _____ desempleo alcanza _____ los primeros el 42,6 _____ ciento, para los menores _____ 25 años la tasa desciende al 16,5
15 _____ ciento. Un 12,3 _____ ciento de los jóvenes parados _____ Catalunya procede del sector servicios y el incremento producido se debe mayoritariamente al desempleo femenino. _____ cualquier caso, el grupo principal lo forma el llamado "no clasificable", que
20 incluye el 63,8 _____ ciento de los jóvenes parados y en caso de los menores de 20 años supone 85,1 _____ ciento del total de la juventud sin empleo. El sector _____ la construcción cuenta _____ 15,800 parados y
25 finalmente la agricultura es el menos afectado _____ 400 jóvenes sin trabajo _____ toda Catalunya.

(*El Correo Catalán* 19-8-83)

Migration

Something like three million Spaniards live abroad; of these just over one million are in Europe, and half of them have jobs. They are highly valuable to the Spanish economy in sending home foreign exchange: $600m were sent in 1978, and that was 22% up on the previous year. But foreign workers are vulnerable to changes in the host country's economic circumstances, so that although 100 000 Spaniards a year applied to go abroad in the 1960s, the picture in the 1970s was different. Apart from those who came back for political reasons, there were those who returned because of the recession and changing economic situation—76 000 from Germany, 25 000 from Switzerland and 58 000 from France. This also means that Spain has a far larger potential labour force than might at first appear, and the job market would be severely strained if everyone were to come back at once! However, it looked as if the flow had turned by the last quarter of 1978, when hardly any Spaniards returned from Germany, for instance.

The Constitution (Article 42) does acknowledge the number of people who go abroad to work, to the effect that the State should keep a check on the social and economic rights of Spaniards in other countries, and formulate policies to help bring them home. It was rather unfortunate that this concern did not extend to voting rights for the émigré population. In 1977 only 15% of the 100 000 eligible voters living in Switzerland managed to register in time, four weeks before the elections. This pattern was reflected elsewhere in Europe (except in the Benelux countries where the proportion was 30%). And *El País* alleged in February 1979 that 80% of those eligible to vote abroad had been excluded as a result of administrative problems. In fact the Ley Electoral (Article 57) originally referred to people away from home on the day of the elections and did not refer specifically to migrants. But doubtless there are many practical difficulties in keeping track of a sector of the population which may well be highly mobile.

There are, of course, large numbers of foreigners in Spain. 80 000 (mainly British and German) live just on the Costa Blanca, and they even produce their own weekly papers like the *Costa Blanca News* and *Hier in Spanien*. About 64 000 foreigners are working legally—Portugal, Germany, Britain and France providing the largest contingents. They work in skilled as well as unskilled occupations, and appear in most sectors of the economy, although commerce, tourism and service industries predominate. The largest single group is self-employed, but personnel with particular skills make up a large group, as do untrained workers. The total number of foreign workers has little impact on the size of the unemployment figures, and it has been shrewdly pointed out that Spain is in no position to get tough about foreigners within its borders, because of possible reprisals abroad. Nevertheless, work permit and residence regulations have been tightened up as part of the general move towards easing unemployment, as the second passage below indicates.

A category of migrant workers often overlooked is the *andaluz* or *extremeño* who goes to the Basque country or Catalonia in search of work.

The first passage deals with this matter, and points to the problems faced by people who, through no fault of their own, are uprooted in the search for work.

Lectura

La falta de trabajo y de oportunidades continúa siendo hoy la causa principal de la emigración en regiones tales como Andalucía, Canarias, Extremadura y Galicia. El éxodo español hacia Hispanoamérica alcanzó su punto máximo en la segunda mitad del siglo XIX y continuó sin interrupción hasta principios de la década del 60. Países como Argentina, Cuba y Uruguay vieron llegar a un gran número de inmigrantes, especialmente provenientes de Galicia.

El auge económico logrado por Europa en los años 50 y 60 desvió la corriente migratoria hacia esos países. Alemania, Suiza, Francia incorporaron en sus industrias y servicios a cientos de miles de trabajadores españoles. Esta situación continuará hasta los primeros años de la década del 70. La crisis económica y el paro creciente en los países europeos obligan a restringir la entrada de inmigrantes. Europa deja de ser el paraíso para los emigrantes españoles y un buen número de ellos no tiene más alternativa que volver a sus lugares de origen.

Otro aspecto de la emigración ha sido el desplazamiento de población en el interior de la Península. Ciudades como Madrid, Bilbao y sobre todo Barcelona cuentan con una proporción bastante grande de andaluces, murcianos, extremeños, gallegos, canarios, etc. Uno de los problemas más evidentes de los inmigrantes que llegan a Cataluña es el desconocimiento de la lengua y en cierta medida su situación es similar a la de los trabajadores españoles en el extranjero: dificultad de integración y escasas oportunidades de promoción y mejoramiento en lo laboral y en lo personal.

Comprensión

Problemas de los inmigrantes

'Cuando un inmigrante llega a Cataluña se encuentra con serios problemas,' razona Gonzalo Crespo, presidente del Centro Andaluz, 'empezando con el idioma y terminando con la busca de un empleo'. Comenta 5 además, 'Hay empresas que a la hora de contratar a un señor le exigen que hable catalán, y esto es imposible para hombres, muchos de ellos analfabetos, que acaban de llegar de Andalucía.'

'Esto nos preocupa mucho, —opina Francisco 10 González, granadino que lleva varios años viviendo en Barcelona; agrega— venir a Cataluña para muchos de nosotros es como irnos al extranjero. No entendemos la lengua, y la gente es muy cerrada, aunque con el tiempo la opinión que el inmigrante tiene de los catalanes sí 15 cambia.'

Según un informe realizado por el profesor Ruiz Ogara, catedrático de la Universidad Autónoma, del total de alcohólicos y toxicómanos ingresados en los sanatorios psiquiátricos, un 75 por 100 son inmigrantes y del 20 total de psicóticos un 72 también lo son. En mi opinión —explica Ruiz Ogara,— el inmigrante tiene dos problemas a que enfrentarse. Explica, 'Uno es el desarraigo con su lugar de origen, debe cambiar de vivienda, de localidad, de trabajo, de costumbres etc., y el segundo es 25 la adaptación al lugar a donde llega.' A su parecer, el inmigrante debe crear de nuevo una vivienda, acostumbrarse a la vida, carácter e idioma de su nueva ciudad y, en muchas ocasiones, debe cambiar de trabajo acostumbrado.

³⁰   AMBICIONES Y DELINCUENCIA

    'El hecho de que una vez instalados tienden a recrear su ambiente original significa que esta gente no ha venido por gusto, sino por motivos económicos —piensa el profesor— y es muy difícil que se adapten, ya que ellos ³⁵ mismos son los primeros que prefieren crearse su propio mundo al margen de la sociedad. La mayoría de enfermedades se dan igual en los hombres que en las mujeres; lo que ocurre es que al hombre le preocupa el trabajo; y en cambio —declara Ruiz Ogara— yo creo que a la mujer le ⁴⁰ preocupa lo que dice la vecina de ella, si va a una tienda por ejemplo, y oye a dos señoras hablando en catalán se imagina que la están criticando. Una de las primeras ambiciones del inmigrante es llegar a conseguir un status social digno, y a mi juicio, si no lo consigue, en ⁴⁵ muchas ocasiones se produce una frustración que puede llevar a la delincuencia, sobre todo en los jóvenes que pertenecen a las segundas generaciones.' Y luego afirma, 'Un ejemplo muy curioso de extremismo es el de los hijos de inmigrantes que quieren integrarse de tal forma que ⁵⁰ acaban militando en partidos políticos de un catalanismo radical.'

                    (*Cambio 16* núm. 306, 17–10–77)

(1) ¿Por qué encuentra problemas el inmigrante?
(2) Indique una consecuencia de este desarraigo.
(3) ¿Por qué se preocupan los hombres?
(4) ¿Y las mujeres?
(5) ¿Cómo puede reaccionar la gente joven?

¿Verdadero o falso?

Indique si las declaraciones siguientes son verdaderas o falsas:
(1) Cuando un inmigrante llega a Cataluña se encuentra con muchos amigos. _____
(2) Hay empresas que exigen que sus empleados hablen catalán. _____
(3) La lengua catalana es muy cerrada. _____
(4) Un 75 por 100 de los psicóticos ingresados en los sanatorios son inmigrantes. _____
(5) Los inmigrantes deben comprar de nuevo una vivienda. _____
(6) Hombres y mujeres sufren igual. _____
(7) Una de las primeras ambiciones es llegar a conseguir un coche. _____
(8) Quieren integrarse de tal forma que acaban siendo militares. _____

Trabajadores extranjeros en peligro

    Un fantasma recorre Europa: la xenofobia contra los trabajadores extranjeros. Casi todos los países europeos han tomado medidas restrictivas. Y conforme a este ambiente general, el Consejo de Ministros proyecta la ⁵ creación de una comisión interministerial —Asuntos Exteriores, Trabajo, Industria, Interior, Industria y Comercio—para preparar un estudio sobre la situación de los extranjeros en España.

Gráfica Núm. 1 Dónde trabajan Julio 76–Junio 77	
Comercio, hostelería y reparaciones	20.775
Servicios sociales y culturales	16.027
Construcción	5.100
Transformación metales y mecánica precisión	4.906
Instituciones financieras y de seguros, servicios a empresas y alquileres	4.652
Otras industrias manufactureras	4.370
Energía y agua	2.831
Minería y químicas	2.625
Agricultura	2.081
Transportes y comunicaciones	1.475

    'No hay que alarmarse. No se va a echar a ningún ¹⁰ extranjero,' asevera Fernando Arias Salgado, secretario general de Asuntos Exteriores. 'La constitución de esta Comisión —continúa diciendo su futuro presidente— tiene por objeto conocer la realidad de este problema.' No obstante, la cosa más fácil para un gobierno que está ¹⁵ agobiado por el tema del paro es echar la culpa a los trabajadores extranjeros. Pero si en ningún país tiene sentido económico, político o social la xenofobia, en España menos. Por dos razones básicas. Una, que el número de trabajadores extranjeros —poco más de 60.000 personas— es ridículo en relación con el número de parados, la población activa y la importancia del tema en otros países. Dos, que un país que tiene tres millones de trabajadores repartidos por los cinco continentes carece de argumentos de peso para restringir el derecho al trabajo a este grupo.

Gráfico Núm. 2
De qué trabajan
Julio 76–Junio 77

Por cuenta propia	16.341
Peones	9.258
Oficiales de 1a., 2a. y 3a.	7.534
Peritos ayudantes titulados	6.438
Oficiales administrativos	6.340
Auxiliares administrativos	5.261
Ayudantes no titulados	4.057
Directivos	2.952
Jefes de Administración y taller	2.656
Subalternos	2.457
Ingenieros y titulados	1.146
Aprendices y pinches	402

TRABAJAR POR CUENTA PROPIA

Pero hay más. Si observamos el gráfico adjunto, puede concluirse que un gran porcentaje del total de extranjeros vienen a trabajar por cuenta propia, lo que más que quitar puestos de trabajo puede crearlos. Y de acuerdo a las cifras, notamos que un gran número trabaja de peones y otro porcentaje importante de directivos y técnicos muy cualificados. Es el caso de ingleses, franceses o alemanes, los que vienen a trabajar en empresas multinacionales o como 'técnicos de lujo' de empresas españolas. Opinamos que lo que hace falta es emprender por fin una política de investigación y desarrollo tecnológico que ponga fin a esta colonización.

(*Cambio 16* núm. 301, 12–9–77)

Comprensión

Indique el orden en que aparecen estas ideas en el texto:
(1) Puede concluirse que un gran porcentaje del total de extranjeros viene a trabajar por cuenta propia.
(2) El número de trabajadores es ridículo en comparación con el número de parados.
(3) Casi todos los países han tomado medidas restrictivas.
(4) Lo que hace falta es emprender una política de investigación.
(5) No se va a echar a ningún extranjero.

Discurso

Estos son los criterios ordenados por el PSOE para proteger los intereses de los trabajadores españoles en el extranjero. Utilizando estos puntos como base, pronuncie un discurso, empezando así: 'El PSOE anuncia que protegerá a los trabajadores en el extranjero renegociando los convenios . . .'

–**Renegociación** de los convenios de emigración y Seguridad Social existentes
–**Arreglo** de un acuerdo transitorio con la CEE en favor de los emigrantes
–**Ordenación** del Censo Electoral Permanente para Residentes Ausentes y garantía del ejercicio del voto
–**Puesta** en funcionamiento de las Juntas Consulares elegidas por sufragio universal como medio de participación directa en el quehacer administrativo
–**Garantía** real del acceso a la doble nacionalidad de los emigrantes españoles que lo soliciten
–**Regulación** adecuada del servicio militar de los emigrantes

El objetivo del PSOE es el de crear las condiciones sociales que eviten, en un futuro próximo, que España siga siendo un país exportador de mano de obra barata, permitiendo que todos los trabajadores españoles, tanto manuales como intelectuales y científicos, encuentren la oportunidad y las condiciones más favorables posibles que les permitan vivir y desarrollarse en su propia tierra.

(*Programa Electoral de 1982*)

1. El Lenguaje de Opinión

(a) En el presente texto encontramos los siguientes ejemplos de opiniones expresadas en forma personal y directa:

En mi opinión, el inmigrante tiene dos problemas a que enfrentarse.

Yo creo que a la mujer le preocupa lo que dice la vecina de ella.

Una de sus ambiciones es conseguir un status social digno, y a mi juicio, si no lo consigue, en muchas ocasiones se produce una frustración.

Opinamos que lo que hace falta es emprender una política de investigación.

(b) El autor del texto se refiere a las opiniones de otras personas de la siguiente manera:

'Esto nos ha preocupado mucho,' opina Francisco González.

A su parecer, el inmigrante debe crear de nuevo una vivienda, acostumbrarse a la vida, carácter e idioma.

'Esta gente no ha venido por gusto, sino por motivos económicos,' piensa el profesor.

(c) He aquí otras palabras y frases útiles para expresar una opinión: *Opino que, pienso que, considero que, a mi parecer, me parece que; (el profesor) cree que, considera que, a su parecer, en opinión de, a juicio de, etc.*

2. El Uso del Gerundio

El gerundio se forma agregando la terminación *-ando* a la raíz de los verbos terminados en *-ar* (empezar–empezando) y la terminación *-iendo* a los verbos que terminan en *-er* e *-ir* (volver–volviendo; vivir–viviendo).

En el texto encontramos los siguientes usos del gerundio:

(a) Con valor explicativo

'Cuando un inmigrante llega a Cataluña se encuentra con serios problemas' . . . *'empezando con el idioma y terminando con la busca de un empleo.'*

(b) Con verbos de percepción *(oir, ver, etc.)*

'Si va a una tienda y oye a dos señoras hablando en catalán . . . '

(c) Acabar+ gerundio, para indicar la terminación de un proceso.

'Los hijos de los inmigrantes quieren integrarse de tal forma que acaban militando en partidos políticos de un catalanismo radical.'

(d) Continuar o seguir+ gerundio, para indicar la continuidad de una acción.

'La constitución de esta Comisión—**continúa (sigue) diciendo** su futuro presidente—tiene por objeto . . . .'

(e) Estar+gerundio, para referirse a una acción que ocurre en el momento de que se habla, con valor de duración.

'(Si va a una tienda y oye a dos señoras hablando en catalán) se imagina que la **están criticando**.'

(f) Llevar+gerundio, para referirse a una acción comenzada en el pasado y que continúa en el presente.

Francisco González **lleva** varios años **viviendo** en Barcelona.

Esta última construcción es equivalente a la fórmula: Hace . . . que.

Hace varios años que Francisco González vive en Barcelona.

3. Expresiones Impersonales

(a) Hay que (habrá que, habría que, etc.)

Se usa solamente en la tercera persona singular para expresar obligación.

No **hay que** alarmarse.

(b) Hace falta

Se usa con la tercera persona singular para expresar necesidad.

Lo que **hace falta** es emprender por fin una política de investigación.

4. Vocabulario Especializado

Estudie el significado de las siguientes palabras y expresiones del texto relacionadas con:

(a) El Gobierno

El Consejo de Ministros, la comisión interministerial, el Ministerio, (Ministro) de Asuntos Exteriores, Trabajo, Industria, Interior, Industria y Comercio.

(b) Ocupaciones y Profesiones

El peón, el perito, el ayudante, el oficial, (auxiliar) administrativo, el directivo, el jefe de administración y taller, el subalterno, el aprendiz, el ingeniero, el profesor, el catedrático.

Práctica

1. Usted es entrevistado por un periodista sobre la situación de los inmigrantes en Cataluña. Busque la información en el cuadro siguiente y responda usando frases tales como *a mi parecer, yo creo que, considero, pienso, en mi opinión, etc.*

Ejemplo: *En su opinión, ¿cuáles son los principales problemas de los inmigrantes?*
A mi parecer, los principales problemas son el desconocimiento del idioma y la busca de empleo.

OPINIONES
La principal ambición del inmigrante es conseguir un status social digno.
Es difícil que los inmigrantes se adapten al nuevo ambiente.
Al hombre le preocupa el trabajo. A la mujer lo que dicen las vecinas.
La delincuencia entre los inmigrantes es el producto de su frustración.
El inmigrante viene a Cataluña por motivos económicos.

Ahora, responda a las preguntas.

(a) A su parecer, ¿a qué se debe la venida de los inmigrantes a esta región?

(b) ¿Cuál es, cree Vd., la diferencia de actitud entre el hombre y la mujer inmigrantes?

(c) En su opinión, ¿cuál es la razón de que haya más delincuentes entre los inmigrantes?

(d) ¿Considera Vd. que el inmigrante tiene dificultades de adaptación?

(e) A juicio suyo, ¿cuál es la aspiración máxima del inmigrante?

2. Complete estas preguntas con la palabra correcta: *Qué o Cuál.*

(a) ¿_____ opina Vd. sobre los catalanes?

(b) ¿A _____ se debe, cree Vd. la delincuencia?

(c) ¿_____ es la diferencia entre el inmigrante español y el extranjero?

(d) ¿_____ es su opinión sobre la marginación de los inmigrantes?

(e) ¿_____ es la razón de su marginación?

(f) ¿_____ motiva su militancia en partidos políticos?

(g) ¿_____ piensa Vd. sobre la inmigración?

(h) A su parecer, ¿_____ diferencia existe entre el hombre y la mujer inmigrantes?

3. Vuelva a escribir estas frases usando *llevar+gerundio.*

Ejemplo: *Hace diez años que vive en Barcelona.*
Lleva diez años viviendo en Barcelona.

(a) Hace mucho tiempo que trabajamos en Cataluña.

(b) Hace varios años que estudio catalán.

(c) ¿Cuánto tiempo hace que Vd. espera?

(d) Hace cuatro meses que busca empleo.

(e) ¿Hace mucho tiempo que militas en ese partido?

(f) Hace horas que los ministros discuten el proyecto.

(g) Hace rato que nos observa.

(h) Hace horas que duermen.

4. En las siguientes frases cambie el infinitivo a gerundio *si es necesario*.

(a) Acabó (*perder*) la paciencia.
(b) Habrá que (*examinar*) la situación de los trabajadores.
(c) Ha dejado de (*estudiar*).
(d) Francisco sigue (*trabajar*) en Barcelona.
(e) Acabamos de (*llegar*) de Andalucía.
(f) Llevo tres meses sin (*encontrar*) empleo.
(g) Hace falta (*mejorar*) sus condiciones de vida.
(h) Estoy (*pensar*) en emigrar.

5. Indique la palabra que define a la persona cuya ocupación o actividad se relaciona con:

(a) la ingeniería (*el ingeniero*)
(b) la enseñanza
(c) el periodismo
(d) la tecnología
(e) la abogacía
(f) la medicina
(g) la arquitectura
(h) la economía

6. Explique el significado de estas palabras.

el peón, el perito, el ayudante, el directivo, el subalterno, el aprendiz.

7. Indique la palabra del texto que define a la persona que:

(a) No sabe leer ni escribir.
(b) No tiene trabajo.
(c) Se da a la bebida.
(d) Consume drogas.
(e) Se establece en otro país o región.
(f) No tiene la nacionalidad del país donde está.

Redacción

Escriba un texto de 200–50 palabras expresando su opinión sobre el tema 'La inmigración', ya sea en términos generales o en relación con su propio país. Utilice algunas de las siguientes palabras y frases si lo considera necesario.

acostumbrarse a	inmigrar
la adaptación	la integración
adaptarse	integrarse
buscar trabajo	la llegada
la búsqueda (o busca) de trabajo	llegar a un país
	al margen de la sociedad
el emigrante	el paro
emigrar	las oportunidades de trabajo
el extranjero	los trabajadores
el inmigrante	los prejuicios raciales

Comentario

Comente la situación de los trabajadores emigrantes y las medidas que se están tomando para ayudarles:
A fines de septiembre se reúnen grupos de trabajadores en las estaciones de Barcelona, esperando el tren que les llevará a la vendimia en el Midi francés. Llevan días viajando desde todas partes de España y hay que ser 5 paciente pues es un largo recorrido y hay que cumplir con todos los requisitos. En la frontera hace falta presentarse en las oficinas de inmigración, buscando la concesión de documentos migratorios o las revisiones médicas. Antes era un caos increíble pero ahora hay más 10 organización: los vendimiadores reciben los papeles gratuitos del Instituto de Emigración y sindicalistas de CC.OO o UGT viajan con cada convoy, deseando ayudar a los compañeros que están saliendo de su país en busca de trabajo.

The legalisation of trade unions

Increasing industrial unrest in the early 1970s was based on the demand not only to be able to organise into trade unions, but to organise into independent ones. The 1938 Fuero del Trabajo had established the concept of the *sindicato vertical*, mainly as a measure to enable the government to maintain strict control over its labour force and their activities. There were 28 *sindicatos verticales* in all, covering both management and shop floor. Representation at national level was through the 150 seats allocated in the Cortes, out of a total of 570. Representatives were elected at local and provincial levels as well, but in each case a parallel representative was appointed by the government, who could veto his elected colleague. Workers' councils were obligatory for any enterprise employing more than fifty people; members were elected by shop stewards, each of whom represented 25 employees.

In 1974 there were over 2000 strikes, involving over half a million workers, which was all the more remarkable as strikes were deemed illegal. The number increased in 1975, although other factors, such as steep rises in unemployment, were also responsible. Striking, under earlier legislation, had been considered on a par with sedition; Article 222 of the Penal Code was modified in 1965 to create a distinction between a strike, which was politically motivated, and a labour conflict, which was not. In May 1975 this ruling was updated. Strikes would be permitted, but only after arbitration had failed, and even then 60% approval was required in a secret ballot, and five days' warning had to be given. Work grievances were the only strike motive permitted; worker solidarity, sectorial and political strikes were outlawed; and the armed forces and essential public services were not allowed to withdraw their labour.

It must be admitted that labour legislation was being updated: minimum daily wages were introduced, the basic week was cut from 48 to 44 hours; 21 days was established as the minimum for annual holidays; women were to have equal labour rights; and the starting age for work rose from 14 to 16. But opposition from a wide political spectrum had been growing since the early 60s and was not so easily satisfied. The communist Comisiones Obreras (CC.OO) had been operating clandestinely, parallel to the official unions; Christian Democrats and Liberal Monarchists were among 131 opposition leaders who signed an open letter to General Franco in 1969, calling for free trade unions and an amnesty, amongst other things. But things took time to change, even after the death of the Caudillo. An old *franquista* ploy was used against striking postal and metro workers in Madrid —they were conscripted into the army, and therefore subject to military law, a situation which lasted for six months, up to May 1976.

1976 was the worst year for strikes, despite a bill introduced in November which allowed limited freedom for new unions, if they were not affiliated to any political party. It was attacked by the CC.OO as being 'pseudodemocratic', and did little to satisfy the demands of the united *Coordinación de Organizaciones Sindicales*, who called a one-day national strike on 12 November, which was supported by 500 000 people, according to government sources, and over a million, according to the unions themselves and the Press. New legislation in 1977 was broader in scope, allowing public service workers to strike with 10 days' warning, and although the *sindicatos verticales* were not then actually dismantled, new unions were allowed to register themselves, the CC.OO, UGT, STV (*Solidaridad de Trabajadores Vascos*) and *Solidaridad de Obreros Catalanes* being among the first to do so. Spain ratified two conventions of the International Labour Organisation, concerning union freedoms, the right of association and free collective bargaining. Strangely enough, May Day rallies that year were banned, a decision which provoked clashes with the police.

New elections for representatives took place in January 1979, in which the CC.OO made the strongest showing, followed by the UGT. Over 12% of the vote went to independents who were strongest in small-sized firms.

The first passage is indicative of the claims made by unions in 1977, and the second outlines the main characteristics of the first unions to register legally in May of the same year.

Lectura

El movimiento obrero español ha estado representado por tres corrientes principales: socialistas, comunistas y anarquistas. Las organizaciones sindicales han estado constituidas y estructuradas en su mayor parte por estas tres posiciones. La Unión General de Trabajadores (UGT), de inspiración socialista, y la Confederación Nacional del Trabajo (CNT), de tendencia anarquista, constituyen las dos organizaciones tradicionales del movimiento obrero español. En 1938 contaban con casi dos millones de trabajadores cada una.

El Fuero del Trabajo (1938) y sus ulteriores modificaciones estructuran una organización laboral en torno al concepto de sindicato vertical, es decir, un sindicato por cada rama de la producción que incluye a obreros, técnicos y patronos. La huelga es ilegal.

A pesar de esta legislación y la consiguiente ilegalidad de los sindicatos anteriores a 1938, las dos grandes centrales lograron sobrevivir. A partir de 1960, al margen del verticalismo oficial comienzan a aparecer varios movimientos y organizaciones de tipo sindical, tales como Comisiones Obreras (CC.OO), con considerable participación comunista, y Unión Sindical Obrera (USO). Algunos de estos grupos, amparados por la actual legislación, han pasado a configurar el reciente panorama sindical español.

Comprensión

Reforma y Libertad

Tememos que el Gobierno considere resuelto por ahora el problema sindical con la legalización de las centrales, en una operación dirigida principalmente a la OIT. Debemos señalar que, incluso con las mejoras introducidas, la aprobación de esta Ley sobre el reconocimiento de asociación sindical no implica necesariamente el restablecimiento de la libertad sindical. Para la UGT es evidente que esta ley por sí sola no debe de significar nigún cambio esencial en el panorama sindical del país. Entonces, nuestros esfuerzos han de centrarse en una serie de reivindicaciones como las que siguen a continuación:

1 Liquidación de la Organización Sindical con la consiguiente desaparición de todas las estructuras del verticalismo —enlaces, jurados, juntas sindicales, *Unión de Trabajadores y Técnicos (UTT)*, Consejo de Trabajadores, Congreso Sindical, Ministerio de Relaciones Sindicales etc.— cuyo funcionamiento es incompatible con la libertad de acción sindical.

2 Restitución de los bienes que nos fueron confiscados en 1939.

3 El pleno reconocimiento y garantía efectiva del derecho de huelga.

4 El reconocimiento de las centrales sindicales como únicos interlocutores válidos en los distintos niveles de la negociación colectiva.

Sin embargo, esta serie de exigencias, sin las que la libertad sindical no será realidad, quedan fuera del proyecto mismo de reforma sindical, y tienen que depender del proceso de evolución política que siga el país.

(*Cambio 16* núm. 274, 13–3–77)

(1) *¿Implica esta ley una nueva libertad para los sindicatos?*
(2) *¿Qué opina la UGT?*
(3) *¿Qué se pide con respecto a la Organización Sindical?*
(4) *¿Qué papel jugarían las Centrales Sindicales?*

Correlación de datos

Indique en su propio idioma las peticiones hechas por los sindicatos en 1977 y la respuesta de parte del gobierno.

(a) Peticiones sindicales año 1977

Petición/propuesta sindical	respuesta gubernamental
libertad sindical	*Obtenido con la legalización de las centrales en el mes de abril.*
aumento de pensiones	*Concedido en el Pacto de la Moncloa el 30% de aumento para 1978, con mayores subidas en las pensiones más bajas*
control de la Seguridad Social	*Concedido en el Pacto de la Moncloa.* *Representantes sindicales, de empresarios y de la Administración formarán órganos de control y vigilancia a nivel local, regional y estatal.*
seguro de desempleo para todos los parados	*Sin concretizar la forma en que se llevará a cabo, concedidos 60 000 millones de pesetas en el Pacto. Insuficiente.*
reforma fiscal	*Aprobada por las Cortes una Ley de Reforma Fiscal que satisface la mayoria de los puntos de la oposición.*
regulación de los convenios colectivos y de la huelga	*Pendiente. Sin respuesta.*

Lea este párrafo sobre la Guardia Civil; luego explique el asunto y exponga sus reivindicaciones empezando 'Hay que/tienen que/deben etc . . .'

(b) Un sindicato todavía ilegal

En 1982, dos meses después de la victoria socialista en las urnas, un grupo de guardias civiles se reunía para sentar las bases de un sindicato nuevo. Sin embargo se mantuvo firme el carácter militar de la Benemérita y
5 entonces no había ninguna posibilidad de que se legalizara el sindicato. Se tendrían que esconder y eludir los seis años de prisión que se aplican en casos de asociación ilícita. Han de agruparse clandestinamente bajo las siglas SPGC (Sindicato Profesional de la Guardia
10 Civil). En un Cuerpo que tiene una plantilla de unos sesenta mil efectivos, el SPGC asegura que cuenta con más de diez mil militantes y más de cuarenta mil simpatizantes.

Reivindicaciones del SPGC:

* *Legalización del sindicato*
* *Dependencia exclusiva del Ministerio del Interior*
* *Un civil al frente de la Dirección General*
* *Desmilitarización del Cuerpo*
* *Cese inmediato de la enseñanza militar*
* *Creación de una comisión para investigar delitos de corrupción*

(c) Sindicatos legalizados

Cinco centrales sindicales han presentado ante el Ministerio de Relaciones Laborales sus documentos para la legalización: tres de implantación nacional (Comisiones Obreras, Unión General de Trabajadores y Unión Sindical Obrera) y dos de nacionalidades (Solidaridad de Trabajadores Vascos y Solidaridad de Obreros Catalanes). El panorama sindical queda configurado por una inmensa mayoría de los trabajadores no afiliados, y la existencia de distintas alternativas sindicales, de las cuales las principales son las siguientes:

Comisiones Obreras (CC.OO): *de tendencia comunista, ligada al PCE. Cuenta, según sus fuentes, con 170.000 afiliados, con mayor incidencia en Madrid y Andalucía.*
Confederación Nacional del Trabajo (CNT): *de tendencia anarquista, sin vinculación a partidos políticos. Cuenta con unos 35.000, con implantación fundamental en Cataluña.*
Unión General de Trabajadores (UGT): *sindicato socialista vinculado al PSOE con 150.000 afiliados e implantación en Asturias, País Vasco y Cataluña.*
Unión Sindical Obrera (USO): *tendencia socialista ligada a la FPS. Unos 60.000 afiliados, con implantación en Cataluña, Valencia y Navarra.*

Sindicatos Unitarios: *provenientes de la escisión de CC.OO. Implantación en el sector de la construcción.*
Solidaridad de Trabajadores Vascos (STV): *tendencia cristiana ligada al PNV. De ámbito regional, con 20.000 afiliados.*

Indique la tendencia, número de afiliados y región de apoyo de cada sindicato:

Sindicato	Tendencia	Núm. afiliados	Región de apoyo
1. CC.OO	comunista	170.000	Madrid, Andalucía
2.			
3.			
4.			
5.			
6.			

Lenguaje y uso

1. Verbos de Obligación

(a) Tener que + infinitivo

Tener que indica obligación o necesidad, generalmente de carácter externo.

Tienen que depender *del proceso de evolución política que vive el país.*

(b) Haber de + infinitivo

Indica obligación. Su uso es más frecuente en el lenguaje escrito.

*Nuestros esfuerzos **han de centrarse** en una serie de reinvindicaciones.*

(c) Deber + infinitivo

Indica una obligación de carácter moral.

Debemos señalar *que la aprobación de esta ley no implica el restablecimiento de la libertad sindical.*

Nota: *Deber de*+ infinitivo se usa para indicar probabilidad o suposición.

> *Esta ley por sí sola no **debe de significar** ningún cambio esencial en el panorama sindical del país.*

> *Hay que*+ infinitivo es un verbo de obligación impersonal.
> ***Hay que resolver*** *el problema sindical.*

2. Los Pronombres Relativos

(a) QUE

Es el pronombre relativo más frecuente en el idioma español. Se usa para referirse a personas o cosas y es invariable.

*Restitución de los bienes **que** nos fueron confiscados en 1939.*

(b) CUAL

Se emplea para referirse a personas o cosas, se usa siempre con artículo y es variable con respecto a número: *el cual, la cual, los cuales, las cuales.*

*El panorama sindical queda configurado por la existencia de distintas alternativas sindicales, de **las cuales** las principales son las siguientes. (**Las cuales** sirve de referencia a distintas alternativas.)*

Nota: *Que* y *cual* tienen generalmente la misma función:

> *El sindicato **al que** pertenezco.*
> *El sindicato **al cual** pertenezco.*

(c) QUIEN

Se utiliza para referirse solamente a personas y es variable con respecto a número: *quien, quienes.*

*Estos son los trabajadores de **quienes** hablábamos ayer. (**Quienes** sirve de referencia a los trabajadores.)*

Nota: *Quien* tiene una función similar a *artículo*+ *que* y *artículo*+ *cual*:

> *Estos son los trabajadores de **los que** hablábamos ayer.*
> *Estos son los trabajadores de **los cuales** hablábamos ayer.*

(d) CUYO

Se usa para indicar posesión y es variable en género y número: *cuyo, cuya, cuyos, cuyas.*

*Serán liquidadas todas las estructuras del verticalismo, **cuyo** funcionamiento es incompatible con la libertad de acción sindical. (**Cuyo** funcionamiento se refiere al funcionamiento de las estructuras del verticalismo.)*

3. Vocabulario Especializado

Estudie el significado de las siguientes palabras y frases del texto:

(a) *El sindicato, (la asociación, organización, etc.) sindical, los obreros, los trabajadores, la huelga, el derecho de huelga, la negociación, los convenios colectivos, la legalización, los afiliados, de tendencia (comunista, socialista, etc.)*

(b) *Las pensiones, la seguridad social, el seguro de desempleo, los parados.*

4. Uso de Siglas

En el texto, observe el uso de siglas tales como CNT (*Confederación Nacional del Trabajo*); UGT (*Unión General de Trabajadores*); CC.OO (*Comisiones Obreras*).

Las siguientes son algunas de las siglas de uso general en el idioma español:

a. de C.	*antes de Cristo*
d. de C.	*Después de Cristo*
CEE	*Comunidad Económica Europea*
Cía.	*compañía*
D(n).	*Don*
EE.UU.	*Estados Unidos*
O.E.A	*Organización de Estados Americanos*
O.I.T	*Organización Internacional del Trabajo*
ONU	*Organización de las Naciones Unidas*
OTAN	*Organización del Tratado del Atlántico Norte*
RENFE	*Red Nacional de Ferrocarriles Españoles*
S.A.	*Sociedad Anónima*
Sr.	*señor*
Sra.	*señora*
Srta.	*señorita*
TVE	*Televisión Española*
Vd.	*usted*
U.R.S.S.	*Unión de Repúblicas Socialistas Soviéticas*

Práctica

1. Responda afirmativamente a estas preguntas usando la forma correcta de *tener que*.

Ejemplo: ¿Restituirán sus bienes?
   Sí, tendrán que restituirlos.

(*a*) ¿Garantizarán el derecho de huelga?
(*b*) ¿Legalizó el gobierno las centrales sindicales?
(*c*) ¿Restablecieron la libertad sindical?
(*d*) ¿Se aprobará la ley?
(*e*) ¿Han aumentado las pensiones?
(*f*) ¿Concederán el seguro de desempleo?
(*g*) ¿Solicitará Vd. la seguridad social?
(*h*) ¿Te afiliaste al sindicato?

2. Vuelva a escribir estas frases usando la forma correcta del verbo *deber*.

Ejemplo: Es nuestro deber resolver el problema.
Debemos resolver el problema.

(a) Es mi deber afiliarme a la organización.
(b) Será deber del gobierno dar trabajo a la juventud.
(c) Es nuestro deber velar por nuestros intereses.
(d) El deber de los dirigentes es respetar los convenios.
(e) Tu deber es trabajar.
(f) Será mi deber denunciar esta situación.
(g) Vuestro deber es respetar el acuerdo.
(h) El deber de las Cortes es aprobar la Reforma Fiscal.

3. Vuelva a escribir estas frases usando la forma correcta del relativo *cual*.

Ejemplo: La causa por la que luchamos es justa.
La causa por la cual luchamos es justa.

(a) Este es el colega *de quien* te hablé.
(b) Aquéllos son los estudiantes *a quienes* entrevistamos.
(c) Ignoro las razones *por las que* me han hecho venir.
(d) El candidato *por el que* voté ha sido elegido.
(e) Hicimos varias peticiones, *las que* fueron rechazadas.
(f) El partido *al que* pertenecemos ha aumentado la votación.
(g) Asistiré a una reunión del sindicato *al que* estoy afiliado.
(h) Contrataron a veinte obreros, *quienes* empezarán a trabajar mañana.

4. Una estos pares de frases con la forma correcta de la palabra *cuyo*.

Ejemplo: El empleado fue despedido. Su negligencia causó el accidente.
El empleado, cuya negligencia causó el accidente, fue despedido.

(a) La empresa García y Cía. cerrará sus puertas. Su personal está en huelga.
(b) La industria del calzado espera abrir nuevos mercados. Su productividad ha aumentado.
(c) El Sr. Díaz fue felicitado por la dirección. Su informe ha sido considerado excelente.
(d) Los aprendices comenzarán su entrenamiento mañana. Sus requisitos han sido aprobados.
(e) Los estudiantes partirán pronto a España. Sus exámenes han acabado.
(f) Comisiones Obreras es la mayor central sindical del país. Sus afiliados alcanzan a 170.000.
(g) Unión General de Trabajadores es de tendencia socialista. Su fuerza está en Asturias, País Vasco y Cataluña.
(h) Cinco centrales sindicales han pedido la legalización. Sus documentos están siendo estudiados.

5. Establezca relaciones de significado entre cada palabra o frase de la columna A con una de la columna B.

A	B
(a) miembro de una asociación	. . . ley
(b) trabajador	. . . agrupación
(c) acuerdo	. . . sindicato
(d) legalización	. . . obrero
(e) liquidación	. . . afiliado
(f) organización de trabajadores	. . . convenio
(g) propiedades	. . . término
(h) asociación	. . . bienes

6. Lea las siguientes siglas en español.

UGT, USO, STV, CNT, CC.OO, OIT.

The Moncloa Pact

Although the emphasis most apparent (or just most vociferous) in the immediate post-Franco era was on political change, economic questions began to take on increasing significance. The reorganisation of public affairs also affected the economic system, and serious unemployment, rising inflation and a balance of payments deficit became matters for urgent action. But the measures needed had to be based on consensus—the mood of the times demanded no less, and general agreement was essential for any government measures to work.

In October 1977 representatives from all parliamentary parties met with the Prime Minister at the Moncloa Palace in Madrid, in an attempt to reach basic agreement on solutions for the economic crisis. In the first instance, a series of monetary, financial and economic measures were sought. The basic changes were potentially far-sweeping and went beyond simple economics. Apart from moves such as restricting public spending, establishing pay guidelines and reducing money supply to slow down the rate of inflation, other measures under discussion included reforms of taxation and the financial system, plus drawing up a Public Enterprise Statute to aid smaller firms. In addition, there were broader targets, such as increasing the benefit in the social security system, working out a code to improve labour regulations, improving rural conditions by modernising agriculture, and searching for ways of easing unemployment.

It was unfortunate that there should be so much emphasis in the Moncloa discussions on consultation and participation, for neither the main unions nor the employers' confederation (the CEOE) were invited to take part—as they were quick to point out. A few days later, there was another meeting on the political reforms which were to be included in the Pact. These included reforming the police and the courts, revising laws restricting freedom of expression in the Press or meetings, and reviewing topics such as women's rights, divorce and 'socially dangerous' elements such as drug addicts. A number of items of legislation were produced as a result (although it is uncertain whether changing the colour of the *Grises* uniform to a rather smart plum colour was what was really meant by 'adapting the police to a democratic society'). But in tone at least the Moncloa was a forerunner of various articles of the Constitution, and not just the *Pato de la Moncloa* as it was jokingly called. Economically it was not entirely successful as industrial growth remained low, and unemployment high, although inflation in 1978 was 16·5%—a cutback of 10 points on the previous year. Nonetheless, it was a valuable exercise in cooperation, and in recognising that the obstacles standing between the country and growth were not exclusively economic.

The first passage reflects the reaction of the Press to the Pact; the second is made up of the counter proposals put forward by the unions.

Lectura

La necesidad de elaborar un programa de medidas económicas y políticas que contara con el consenso de la mayoría de las agrupaciones políticas dio lugar en octubre de 1977, a una serie de reuniones entre el Gobierno y los representantes de los partidos políticos parlamentarios. Los acuerdos adoptados en el Palacio de la Moncloa de Madrid iban dirigidos a hacer frente a la crisis económica, manifiesta principalmente en el alto porcentaje de desempleo, en la creciente inflación y en el déficit en la balanza de pagos. En lo político, estaban orientados hacia el reconocimiento de ciertas libertades y derechos individuales y colectivos, así como a la reforma de las instituciones.

El acuerdo final entre el Gobierno y los representantes políticos pasó a llamarse Pacto de la Moncloa.

Comprensión

A cumplir el pacto

La viabilidad del pacto económico de la Moncloa tiene todavía serios condicionantes, pero nadie le puede negar, desde ya, dos resultados positivos: en primer término el haber responsabilizado a toda la clase política española
5 en los problemas económicos, y en segundo lugar el haber transmitido a la opinión pública la gravedad de la situación.

Ni los obreros ni los empresarios pueden oponerse a conceptos tan generalizados como los que utiliza el
10 'Resumen de Trabajo' —exceptuando el capítulo de precios y salarios— en el que la mayoría de las centrales sindicales han participado directa o indirectamente y al que las agrupaciones empresariales pueden prestar su conformidad sin muchas dificultades.

15 Lo verdaderamente difícil ahora será la creación de una conciencia social responsable en cuanto a la aplicación viva, concreta y estricta del pacto económico. Si el pacto responde a los intereses generales del país, cualquier incumplimiento del mismo, ya sea por exceso o por
20 defecto, debe ser sancionado con el mismo rigor, por ejemplo, con el que se piensa sancionar la evasión fiscal. Este género de terrorismo económico no es tan espectacular como el político, pero tiene a la larga consecuencias más profundas, más negativas y más irreversibles.

25 El pacto económico de la Moncloa es un primer paso importante para establecer las bases de una convivencia civilizada 'dentro del marco de una economía de mercado', es decir, en ese sistema de libertad económica sin la cual no puede existir la libertad política. Pero es sólo
30 un primer paso.

En resumen, todo parece estar listo para empezar el buen camino. No hay otro remedio que ponerle buena cara al mal tiempo y pensar que España no es un país lleno de problemas, sino un país lleno de soluciones.

(*Cambio 16* núm. 307, 30–10–77)

(1) *¿Qué consecuencias beneficiosas ha tenido el Pacto?*
(2) *¿Han tenido alguna participación directa trabajadores o patronos en el resumen de Trabajo?*
(3) *¿Cuáles son las perspectivas futuras del Pacto?*
(4) *¿Cuál es la importancia política del Pacto?*

Las contrapropuestas sindicales

Todos los sindicatos consultados por esta revista afirman comprender a la perfección la gravedad de la actual crisis económica y, precisamente por eso, no acaban de entender las pretensiones del Gobierno, al excluirles de las consultas. Las coincidencias en las contrapropuestas que cada central sindical lleva dentro de su cartera para discutir con el Gobierno son bastante numerosas.

Respuestas al Pacto de la Moncloa

CC.OO: Sí, por cuanto responde a las necesidades del momento político, económico y social que vive nuestro país.

CSUT (*Confederación Sindical Unitaria de Trabajadores*): No, denunciamos este pacto impuesto sin consultar a los trabajadores.

UGT: No, no podemos comprometernos con acuerdos o decisiones en cuya adopción no participamos.

USO (*Unión Sindical Obrera*): No, porque no hemos participado en su elaboración ni estado presente en las negociaciones.

Contrapropuestas del Sindicato

CC.OO: (1) Medidas urgentes de inversión pública para mantener el empleo y crear nuevos puestos de trabajo. (2) Mejora de pensiones. (3) Amnistía laboral. (4) Atención a los intereses de la pequeña y mediana empresa y de los campesinos.

CSUT: (1) 25.000 pesetas de salario mínimo. (2) A igual trabajo, igual salario. (3) Mantener el poder adquisitivo de los salarios. (4) Seguro de desempleo para todos los parados. (5) Pensiones dignas. (6) Plan de inversiones que absorba más mano de obra. (7) Reforma fiscal progresiva. (8) Créditos a la pequeña y mediana empresa.

UGT: (1) Control sindical de la tasa de inflación. (2) Participación sindical en el control de precios. (3) Política de creación de puestos de trabajo y absorción del desempleo juvenil. (4) Elevación de pensiones al salario mínimo. (5) Aplicación rigurosa, con control parlamentario, de las medidas fiscales.

USO: (1) Seguro de desempleo para todos los trabajadores. (2) Plan de elevación de pensiones. (3) Finalización de plazos y formas de la reforma fiscal. (4) Estatuto del trabajador en la próxima Constitución. (5) Libertad sindical plena.

(Cambio 16 núm. 308, 6–11–77)

Correlación de datos

(a) Indique la respuesta de cada sindicato al Pacto, y explique su razonamiento:

Sindicato	Respuesta (*positiva o negativa*)	razonamiento
CC.OO		
CSUT		
UGT		
USO		

(b) Identifique los sindicatos que proponen medidas relacionadas con los siguientes asuntos; especifique la contrapropuesta respectiva:

Asunto	Sindicato	Contrapropuesta
(1) Pensiones		
(2) Paro		
(3) Reforma fiscal		
(4) Inflación		
(5) Sindicatos		
(6) Empresa		

1. Construcciones Negativas

(a) Uso de **NI**

Ni se emplea en frases en que hay dos o más negaciones.

__Ni__ los obreros __ni__ los empresarios pueden oponerse.

No, porque no hemos participado en su elaboración __ni__ estado presente en las negociaciones.

(b) Uso de **SINO** en lugar de *Pero*.

Sino se utiliza en frases en que hay dos ideas o conceptos contradictorios, el primero de carácter negativo y el segundo positivo.

España no es un país lleno de problemas, __sino__ un país lleno de soluciones.

La inflación no subió, __sino__ que continuó bajando.

2. Pronombres Indefinidos

(a) NADIE

Es invariable en género y número y se utiliza con sentido negativo para referirse a personas.

__Nadie__ le puede negar dos resultados positivos.

No le puede negar __nadie__ dos resultados positivos.

(b) ALGUIEN

Al igual que *nadie*, es invariable, se emplea solamente en relación a personas, con sentido positivo.

Consultaremos a __alguien__.

¿__Alguien__ se opone?

(c) NADA

Es invariable y se usa con sentido negativo para referirse a cosas.

Denunciamos este pacto impuesto sin consultar para __nada__ a los trabajadores.

Los trabajadores no han dicho __nada__.

(d) ALGO

Tal como *nada*, es invariable, y se utiliza con sentido positivo en relación a cosas.

¿Han acordado __algo__ en la asamblea?

Sí, han acordado __algo__.

(e) NINGUNO

No tiene plural y varía solamente en cuanto a género. Delante de un nombre masculino pierde la *o* final. Se usa con sentido negativo para referirse a personas o cosas.

*No hemos tenido **ninguna** participación.*
*No hemos tomado **ningún** acuerdo.*
***Ningún** trabajador ha asistido a la reunión.*
*No ha asistido **ninguno**.*

(f) ALGUNO

Es variable en género y número. Al igual que *ninguno*, se usa para referirse a personas o cosas y delante de un nombre masculino pierde la *o* final. Tiene sentido positivo.

*La viabilidad del pacto económico tiene **algunos** serios condicionamientos.*
*Esto puede tener a la larga **algunas** consecuencias.*
*¿Tiene Vd. **algún** problema?*
***Algunos** trabajadores han decidido oponerse al pacto.*

3. Formación de Palabras

(a) Algunos verbos emplean el sufijo *-iz* en su formación.

responsabilizar, utilizar, generalizar, civilizar, etc.

(b) Algunos nombres se forman agregando el sufijo *-ción*. Estos nombres son normalmente femeninos.

atención, participación, elevación, finalización, etc.

Práctica

---

1. Transforme estas dos frases en una usando la construcción *ni . . . ni*.

Ejemplo: Los obreros no pueden oponerse. Los empresarios
tampoco.
Ni los obreros ni los empresarios pueden oponerse.

(*a*) No aumentarán los salarios. Las pensiones tampoco.
(*b*) A mí no me han consultado. A él tampoco.
(*c*) Tú no estás de acuerdo. Yo tampoco.

(*d*) No tengo trabajo. Tampoco tengo seguro de desempleo.
(*e*) Ella no sabe qué hacer. Yo tampoco.
(*f*) Aquí no. Allá tampoco.
(*g*) La inflación no se puede controlar. El desempleo tampoco.
(*h*) No participaron los obreros. Los empresarios tampoco.

2. Complete estas frases usando *pero* o *sino*, según corresponda.

(a) El gobierno está de acuerdo _____ los trabajadores no.

(b) La reunión no será hoy _____ mañana.

(c) Subirán los salarios _____ posiblemente aumente la inflación.

(d) El pacto no es la solución definitiva _____ sólo un primer paso.

(e) El resultado no será positivo _____ negativo.

(f) Comprenden la gravedad de la situación _____ no comprenden por qué no les han consultado.

(g) No los han despedido del trabajo _____ que han renunciado.

(h) No le llamé por teléfono _____ que le escribí.

3. Responda a estas preguntas en forma negativa usando un pronombre indefinido.

Ejemplo: ¿Acordaron algo?
  No, no acordaron nada.

(a) ¿Llegaron a algún acuerdo?

(b) ¿Consultaron a alguien?

(c) ¿Tiene Vd. alguna objeción?

(d) ¿Buscas algo?

(e) ¿Habéis tomado alguna medida?

(f) ¿Hay alguien ahí?

(g) ¿Queda algo por hacer?

(h) ¿Tuviste algún problema?

4. Complete estas frases con la forma correcta de estos pronombres indefinidos: *alguien, nadie, algo, nada, alguno, ninguno*.

(a) No conozco a _____ en Madrid.

(b) Es casi seguro que _____ precios subirán.

(c) ¿Sucede _____?

(d) _____ te ha llamado por teléfono esta mañana.

(e) El gobierno no ha logrado encontrar _____ solución.

(f) ¿Crees tú que _____ día se resolverá el problema?

(g) No comprendo absolutamente _____.

(h) _____ de los sindicatos fue consultado.

5. Indique un verbo en *-iz(ar)* derivado de las siguientes palabras e indique su significado.

actual (*actualizar*), moderno, economía, industrial, fiscal, final, hospital, comercial, nacional, militar, garantía, profundo.

6. Indique un sustantivo en *-ción* derivado de las siguientes palabras e indique su significado.

negar (*negación*), generalizar, utilizar, democratizar, liberar, intentar, imponer, evacuar, absorber, colaborar, proponer, devolver.

Miscelánea de Actualización

Interpretación

(Ver pág. 24)

Se supone que Vd ha ido a una recepción en la Embajada Española para celebrar el nombramiento del Rey Juan Carlos como hombre del año. El intérprete no ha llegado, así que Vd. tiene que hablar en su lugar.

Don Juan Carlos de Borbón es uno de los Jefes de Estado más populares del mundo. Ha conseguido, no sin dificultades, la confianza de los españoles; ha apostado firmemente por la democracia y ha demostrado una
5 energía y fuerza para defender sus ideas fuera de lo común. Tanto él como la Reina Sofía han conectado perfectamente con la llamada gente de la calle, han hecho lo oportuno en el momento oportuno. Han recorrido España de punta a punta, han viajado a los
10 cinco continentes explicando cómo es la España actual y han sido anfitriones perfectos de los más lejanos jefes de estado. Y sin embargo viven como unos ciudadanos españoles más, con un hijo en la Escuela General Militar, una hija en la Universidad, estudiando Ciencias Políticas
15 y otra estudiando Magisterio. Un Rey y una Reina que se comportan como una pareja más, que viven en el modesto palacio de la Zarzuela situado en los montes de El Pardo, que disfrutan con sus vacaciones, sean éstas de verano en Marivent en Baleares, o el chalet de Baqueira
20 en los Pirineos para esquiar.
Todo ello sin dejar ni un instante las citas con los gobernantes, los hombres de las fuerzas armadas, de las autonomías, de la cultura, y de la política de todas las tendencias. Todo ello se ha logrado en diez años. Años
25 que fueron tan difíciles en su comienzo que parece ya muy lejano . . .

(Cambio 16 núm.736, 6–1–86)

Reportaje

Lea este análisis de la situación en el País Vasco y luego explique en qué consiste el problema constitucional.

Euskadi: la paz posible

(Ver pág. 35)

El objetivo manifiesto de ETA es la independencia del País Vasco, para lo cual recurre a la frenética impaciencia de las pistolas. En esa ambición, aunque no en sus métodos, coincide con el resto de los grupos *abertzales*, PNV
5 incluido. Sin embargo el independentismo no es compatible dentro del vigente orden político del estado español, ya que se basa en el derecho a la autodeterminación. La raíz del nacionalismo violento radica en el hecho de que éste no figura en la redacción del texto constitucional. La
10 Constitución de 1978, generoso instrumento de concordia y consenso en el resto del Estado, resulta insuficiente para regular el conflicto en Euskadi, único lugar donde no obtuvo el apoyo mayoritario de la población.

Debate

Precondiciones para la paz

Una iniciativa de pacificación requiere la reapertura de un proceso negociador entre ETA y el Gobierno español sobre la base de un alto el fuego, el cese de la represión y la reinserción de los etarras dentro de la sociedad.
5 Además es preciso la normalización del euskera, la erradicación de la persistente práctica de la tortura y la derogación de la actual legislación antiterrorista. ETA por su parte incluiría en la tregua acabar con la extorsión, el secuestro y el chantaje. Finalmente unos y
10 otros deben establecer mutuas garantías.

(Adaptación de Anuario El País 1985)

Tome la parte o de un partidario del gobierno o del separatismo y exponga los requisitos para volver a la paz.

Comentario

Explique la relación que existe entre la Corona y la Constitución según este artículo.

Monarquia y constitución

(Ver pág. 49)

El mismo día en el que alcance la mayoría de edad, el príncipe Felipe de Borbón y Grecia, heredero de la Corona, aparecerá ante las Cortes para prestar el juramento que exige la Constitución. El Príncipe de
5 Asturias asumirá el compromiso de guardar fidelidad al rey y de 'desempeñar fielmente sus funciones, guardar y

hacer guardar la Constitución y las leyes y respetar los derechos de los ciudadanos y de las comunidades autónomas'. La esencia de nuestro sistema de gobierno
10 se resume simbólicamente en esta ceremonia que tiene como actores principales al futuro titular de la Monarquía parlamentaria—'forma política del Estado español'—y a los diputados y senadores de las Cortes Generales, representantes del pueblo, en el que 'reside la
15 soberanía nacional' y 'del que emanan los poderes del Estado'. Diez años después de iniciada la transición desde la dictadura al régimen pluralista, el juramento del Príncipe heredero muestra que las instituciones diseñadas por las Cortes elegidas en 1977 y respaldadas por el
20 pueblo español en 1978 funcionan normalmente. La circunstancia de que el acto tenga lugar con un Gobierno socialista, cuyo partido es oficialmente republicano, no hace sino enfatizar la importancia del acontecimiento. La vigorosa personalidad política de don Juan
25 Carlos, que hizo posible la recuperación de las libertades de los españoles con su valiente respaldo del orden constitucional frente a los militares rebeldes del 23-F permite la plena reconciliación histórica de las fuerzas democráticas con la Corona. Hoy día la Monarquía y la
30 democracia se funden en un proceso de continuidad y de futuro para este país y el compromiso hecho por Felipe de Borbón para guardar la Constitución proyectará hacia el futuro esa continuidad.

(El País 30–1–86)

Comprensión

Lectores de Prensa

(Ver pág. 68)

Avui, el diario que se edita en catalán, salió el día de Sant Jordi de 1976, apenas cinco meses después de la muerte de Franco. Entonces se editaban en Barcelona ocho diarios de información general y dos deportivos. Y
5 aunque se esperaba empezar una nueva y prometedora etapa, a lomos de la democracia, la reconversión y modernización del sector ha supuesto menos cabeceras, nuevos diarios, una tecnología diferente y una sustancial reducción del personal de la prensa diaria. En el
10 momento de máxima expansión del sector tras la muerte del Caudillo—a finales de 1978 y principios de 1979—, se editaban en Barcelona 12 diarios de información general y tres deportivos, que cubrían prácticamente todo el abanico ideológico político.

15 Aunque los dos deportivos siguen todavía, sólo cuatro periódicos de información general sobreviven aún. Al cabo de estos 10 años, el número de lectores permanece prácticamente inalterable, de modo que el crecimiento de los diarios que sobreviven sólo es posible a costa de los
20 que desaparecen, de manera que estos seis diarios actuales se reparten ya entre los casi 580.000 lectores que compran cada día un periódico en Cataluña.

(El País 16–2–86)

(1) ¿Cuándo salio 'Avui' por primera vez?
(2) ¿Cuántos periódicos se publicaban en Barcelona en esa época? ¿De qué tipo?
(3) ¿Cuando fue la mejor época para la prensa?
(4) Explique lo que ha sucedido posteriormente.

Cartas al Director

(Ver pág. 107)

La Prensa nacional trata poco y mal nuestras preocupaciones en Canarias, un pueblo-frontera alejado del territorio continental en 2.000 kilómetros. Canarias es la región española donde más se debatieron las futuras
5 relaciones con la CEE y las consecuencias que pudieran surgir. El debate se extendió durante más de 10 años y el Parlamento canario lo cerró con un documento aprobado por amplísima mayoría ya que reflejaba todos los intereses económicos y sociales que conviven en las islas.
10 También se reconoció, con respecto al comercio futuro, que si no se obtuviese una zona de libre comercio, si no se consiguiese la posibilidad de mandar los productos canarios directamente a la CEE, la alternativa canaria no sería válida. Y sin embargo el protocolo de adhesión a la
15 CEE limita importantes sectores productivos canarios. Si dicen que España está en la periferia de Europa, ¿dónde nos ubican a nosotros?

—**Juan Roca**, Tenerife.

Comente el problema de Canarias según esta carta.

Correlación de datos

(Ver pág. 96)

Indique la relación que existe entre los datos de cada columna:

Nos aproximamos a una estructura de población cada vez más envejecida. La tradicional pirámide de los demógrafos, con una base amplia (los menores de 15 años) y una parte superior reducida (los mayores de 70) se está convirtiendo en un cilindro, con tantos ancianos como niños. El espectacular descenso de la mortalidad a partir de los años 40 y el hecho de que desciende la tasa de natalidad a mitad de los 60 crea una situación inquietante, ya que preocupa la renovación de las generaciones y los cambios necesarios en cuanto a los servicios sociales. Una disminución apreciable de los escolares en las clases primarias, la política de vivienda para los ciudadanos de la tercera edad son factores que hay que tomar en cuenta, así como la cuestión de cómo una población activa reducida pueda mantener económicamente a los futuros pensionistas.

(Vanguardia 29–12–85)

A	B
a partir de los 40	*base de la pirámide*
los menores de 15 años	*factores demográficos futuros*
disminución de los escolares	*descenso de la mortalidad*
mantener a los futuros jubilados	*una población activa futura*

Reportaje

¿Qué es lo que deben evitar las encuestas?

(Ver pág. 86)

Se me ha pedido que explique lo que es, para mí, una encuesta de opinión. Ahora bien, francamente es más fácil decir lo que no es, o mejor dicho lo que no debería ser. Muchos sondeos, hay que decirlo, no sólo no registran la realidad de la opinión del país, sino todo lo contrario, lo que buscan muchas veces es cambiarla. Lo nuestro no es interpelar, lo nuestro no tiene nada que ver con el mundo de la prensa o la política; lo nuestro es el laboratorio, el estudio objetivo y científico. Entonces, lo que no es una encuesta: sencillamente, no es preguntar a 1.000 personas, ni menos en unos cuantos pueblos o ciudades. Tampoco conviene llamar por teléfono a cada diez abonados en un país en el que la posesión de teléfono en los hogares no llega al 65%. Una encuesta no se improvisa malcontratando a unos cuantos estudiantes para que hagan las entrevistas. Nunca se acepta el trabajo de los encuestadores nuevos—sólo sirve para tirar al cesto de los papeles. Además una encuesta no es una suma de cómo se piensa votar, porque hay gente que tiende a ocultar su opinión, mientras que otros engañan

deliberadamente. Una encuesta no es en absoluto una serie de preguntas dirigidas a la primera persona que abre la puerta y, peor todavía, no se hace una pregunta sencilla, pues a preguntas simples obtendremos contestaciones sencillas. A fin de cuentas no es nada fácil hacer una encuesta de opinión pública, ¿no les parece?

(Cambio 16 núm. 760 23–6–86)

Observe las construcciones de tipo negativo. Haga una lista de las expresiones que se usan en el texto para subrayar lo que no se debe hacer.

Traducción

La Europa de los 12 desde una perspectiva ibérica.

(Ver pág. 107)

La entrada de España en la Comunidad, como Estado miembro de pleno derecho constituye un acontecimiento de primera magnitud en la historia general de nuestras relaciones internacionales. A partir de este momento nuestra participación en las instituciones europeas es completa. El verdadero significado de este acontecimiento se comprenderá si recordamos que la CEE es la primera potencia económica del mundo y que aproximadamente la mitad de todo el comercio exterior de España viene dependiendo exclusivamente de los países comunitarios a los cuales estábamos vinculados antes sólo por medio del acuerdo preferencial de 1970.

España ya está presente en el Consejo de Ministros de la Comunidad, que es donde se adoptan las grandes decisiones. En la Comisión Europea, que es la institución motriz de la integración, trabajan ya dos comisarios (de los 17 que hay) españoles y, con ellos, se irán incorporando otros numerosos funcionarios españoles que sin duda aportarán análisis u opiniones diferentes. España, por medio de su embajador, forma parte del Comité de Representantes Permanentes que es el órgano encargado de preparar las decisiones del Consejo de Ministros. Además tenemos representantes en el Comité Economico y Social, el Tribunal de Justicia, el Banco Europeo de Inversiones y en todos los demás comités especializados. Por último no hay que olvidar los 60 diputados españoles que, desde ahora, participan enteramente en los debates de la Asamblea parlamentaria de las Comunidades.

(Anuario El País 1986)

Debate

¿Qué opina usted? Adopte una postura positiva o negativa, utilizando las razones presentadas aquí:

(Ver pág. 113)

OTAN: en pro y en contra.

(a) Nadie parece recordar que entre el Tratado de Roma y el Pacto Atlántico jamás existió la más mínima relación. Entonces ¿por qué se relacionan el ingreso de España en la CEE y la OTAN?

5 (b) Los gobiernos quieren consolidar su poder por medio de los bloques, creando un presunto enemigo exterior. La tensión militar cierra las mentes y crea fronteras entre pueblos.

(c) Esa agresiva defensa le costaría mucho a España: 10 podría determinar su desarrollo industrial, científico e intelectual.

(d) La defensa de Occidente imposibilitaría la convergencia pacífica de las dos Europas. Se impediría el proceso de desarme, la liquidación de los bloques militares, o la 15 reconstrucción de una Europa múltiple.

(e) Votar *No* haría posible pensar en otros proyectos de investigación en todo el continente. Significaría un alto en el proceso de conflicto constante.

(El País 6–2–86)

20 (1) Ser miembro de la OTAN nos daría acceso a la tecnología avanzada y fomentaría el empleo.

(2) Ser miembro de la OTAN evitaría una futura dependencia sobre los Estados Unidos y se podría desmantelar algunas de sus bases en España.

25 (3) Si España desea formar parte de Europa debe cumplir con todas sus responsabilidades, y sería una declaración de solidaridad europea.

(4) Quedar fuera no nos permitiría participar en decisiones claves que podrían afectar a la paz.

30 (5) Votar *No* nos haría coincidir con las fuerzas retrógradas que querrían mantener una España aislada.

(El País 8–3–86)

Resumen de textos

(Ver pág. 119)

Haga un resumen de unas 90 palabras de este texto, que trata el tema de las celebraciones del descubrimiento de las Américas:

En 1992 se celebra el quinientos aniversario del descubrimiento de América. Podría ser un momento oportuno para unos descubrimientos más: para el descubrimiento de lo que es España, la moderna España 5 constitucional, para tantos pueblos hermanos que entran también en una nueva fase democrática tras años de dictadura. Sería el descubrimiento de las raíces culturales que van desde Cervantes hasta García Márquez y del fabuloso patrimonio común que es la riqueza 10 de nuestra lengua. Los medios de comunicación, desde el satélite al vídeo, desde el libro al museo de puertas abiertas tienen que servir para poner en marcha una cooperación en lo cultural, lo económico y lo científico. Se han formado proyectos concretos ya, por ejemplo la 15 Conferencia Iberoamericana de Cooperación Económica; la revista Pensamiento Iberoamericano; la presentación en España de las grandes exposiciones de las culturas precolombinas que tendrán lugar de aquí hasta 1992; la creación de comisiones para la celebración del 20 V centenario; y la designación de Sevilla, lógicamente, como sede de la exposición universal que conmemorará el descubrimiento del nuevo mundo por Colón, en nombre de los Reyes Católicos.

(Anuario El País 1983)

Grammatical Glossary

el acento accent
el adjetivo adjective
  demostrativo demonstrative adjective
    (este, ese, aquel)

posesivo possessive adjective *(mi, tu,*
  su, nuestro, vuestro)
el adverbio adverb
  de modo adverb of manner

  (objetivamente, de manera objetiva)
  de tiempo adverb of time *(ayer, hoy,*
    mañana, actualmente)
el artículo article

definido definite article (*el, la, los, las*)

indefinido indefinite article (*un, una, unos, unas*)

concordar to agree

la concordancia agreement (*un periódico bueno, una revista buena*)

el condicional conditional tense

  compuesto perfect conditional (*habría estado, habría sido, habría ido*)

  simple simple conditional (*estaría, sería, iría*)

derivar de derive from

el estilo style

  directo direct style (*'Yo no estoy de acuerdo'; 'Sí'*)

  indirecto indirect style (*Dice que no está de acuerdo; Dice que sí*)

  periodístico journalistic style

la exclamación exclamation (*¡Qué interesante!; ¡Qué bueno!*)

la expresión expression

  impersonal impersonal expression (*hay que+ inf.; hace falta+ inf.*)

  temporal (de tiempo) expression of time (*hoy en día, pronto*)

la frase phrase, sentence

  adverbial adverbial phrase (*con rapidez, en forma rápida*)

  comparativa comparative phrase (*más grande que, tan interesante como*)

  exclamativa exclamative phrase (*¡Qué excelente idea!*)

  verbal verbal phrase (*'Quiero ir'; 'Tienes que venir'*)

la función usage

  gramatical grammatical usage

el futuro future tense (*estaré, seré, iré*)

el género gender

  femenino feminine (*la casa, la gente, la mujer*)

  masculino masculine (*el día, el libro, el hombre*)

  neutro neuter (*lo bello, lo interesante, lo extraño*)

gentilicio adjective related to nationality, region, etc. (*español, madrileño*)

el gerundio gerund (*estando, siendo, viviendo*)

la gramática grammar

  gramatical grammatical

el infinitivo infinitive (*estar, ser, ir, tener*)

indicativo indicative

el lenguaje language

  legal legal language

el léxico vocabulary, lexicon

la narración narrative

la negación negation

negativo negative

el nombre noun

el número number

la oración sentence

  adversativas contrastive sentences (*Vive en España, pero no habla español*)

  impersonal impersonal sentence (*Se dice, se cree, se piensa*)

  pasiva passive sentence (*Se solucionó el problema*)

  subordinada subordinate sentence (*Espero **que Vd. venga***)

la palabra word

  compuesta compound word (*el guardaespaldas, el porta(a)viones*)

  interrogativa interrogative word (*¿qué?, ¿cuándo?, ¿cómo?*)

el párrafo paragraph

el participio participle

  pasado past participle (*estado, sido, ido*)

la partícula particle

  'se' particle 'se' (*marcharse; se dice; se tomó un acuerdo*)

el pasado past

la persona (del verbo) person (*primera, segunda, tercera, persona*)

plural plural

el prefijo prefix (*i-: lícito–ilícito; des-: igual–desigual*)

la pregunta question

  directa direct question (*¿Cómo se llama Vd.?*)

  indirecta indirect question (*Dígame cómo se llama*)

la preposición preposition (*ante, con, de, para, por*)

el presente present tense

  histórico 'historic present' (*use of present to refer to past time*)

  de indicativo present indicative (*yo hablo, leo, escribo*)

  de subjuntivo present subjunctive (*yo hable, lea, escriba*)

el pretérito preterite, past

  imperfecto imperfect

    de indicativo imperfect indicative (*yo estaba, tenía, vivía*)

    de subjuntivo imperfect subjunctive (*yo hablara o hablase, volviera o volviese, viviera o viviese*)

indefinido simple past (*yo hablé, volví, viví*)

perfecto present perfect (*yo he estado, sido, ido*)

pluscuamperfecto pluperfect

  de indicativo pluperfect indicative (*yo había estado, sido, ido*)

  de subjuntivo pluperfect subjunctive (*yo hubiera o hubiese, estado, sido, ido*)

el pronombre pronoun

  demostrativo demonstrative pronoun (*éste, ésa, aquél*)

  indefinido indefinite pronoun (*nada, nadie, algo, nada*)

  numeral ordinal ordinals (*el primero, el segundo, el tercero*)

  personal personal pronoun (*yo, tú, él, ella, Vd. nosotros*)

  posesivo possessive pronoun (*el mío, el tuyo, el suyo*)

  reflexivo reflexive pronoun (*me, te, se, nos, os, se*)

  relativo relative pronoun (*que, cual, quien, cuyo*)

la raíz (de un verbo) stem (***habl*-ar, *volv*-er, *viv*-ir**)

la redacción writing

  redactar to write

el sentido sense, meaning

'si' condicional if

la significación concept, meaning

el significado meaning

singular singular

el subjuntivo subjunctive

el sufijo suffix(-al: *región-regional*; -ismo: *regionalismo*)

el sujeto subject

el sustantivo noun

la terminación ending

el término term, word

el tiempo tense, time

el verbo verb

  de comunicación verb of communication (*decir, preguntar*)

  de conocimiento verb of knowledge (*saber, ignorar*)

  de obligación verb of obligation (*deber, haber de, tener que*)

  de percepción verb of perception (*ver, oir, escuchar*)

  reflexivo reflexive verb (*marcharse, levantarse, irse*)

el valor (o función) gramatical grammatical usage (or function)

EL ESTADO

El sistema político

estado *(m)* state
  jefe de estado head of state
estadista *(m)* statesman
estatal *(adj)* state

democracia *(f)* democracy
democrático democratic
democratizar to democratize

dictadura *(f)* dictatorship
dictador *(m)* dictator
dictatorial dictatorial

monarquía *(f)* monarchy
monarca *(m)* monarch
monarquismo *(m)* monarchism
monárquico monarchic

  reino *(m)* kingdom
  rey *(m)* king
  reina *(f)* queen
  reyes *(m)* king and queen
  reinado *(m)* reign
  reinar to reign

  majestad *(f)* majesty
  trono *(m)* throne
  corona *(f)* crown
  coronación *(f)* coronation
  coronar to crown

  principado *(m)* principality
  príncipe *(m)* prince
  princesa *(f)* princess

  sucesión *(f)* succession
  sucesor *(m)* successor
  suceder to succeed

  abdicación *(f)* abdication
  abdicar to abdicate

república *(f)* republic
republicano republican
constitución *(f)* constitution
(in)constitucional (un)constitutional
garantías constitucionales constitutional
  guarantees
libertad de asociación freedom of
  association
  de prensa freedom of the press
  de conciencia freedom of worship

Los poderes del estado

poder legislativo *(m)* legislature
legislación *(f)* legislation
ley *(f)* law
(i)legal (il)legal
aprobar una ley to pass a law

código *(m)* code
  código civil civil code
  código penal penal code
fuero *(m)* charter (of laws)
decreto *(m)* decree
decretar to decree

Cortes *(f)* Spanish Parliament
parlamento *(m)* parliament
parlamentario *(m)* member of
  parliament
escaño *(m)* parliamentary seat

senado *(m)* senate
  cámara alta upper house
  senador *(m)* senator
congreso de los diputados *(m)* congress
  cámara baja lower house
  diputado *(m)* MP

poder ejecutivo *(m)* executive
gobierno *(m)* government
  jefe de gobierno *(m)* head of
    government
gobernante *(m)* ruler
gubernamental governmental
gobernar to govern
oposición *(f)* opposition

presidencia *(f)* presidency
presidente *(m)* president
presidencial presidential

gabinete *(m)* cabinet
ministerio *(m)* ministry
ministro minister
  Primer Ministro Prime Minister
  Ministro de Asuntos
    Exteriores Foreign Secretary
  Ministro de Hacienda Chancellor of
    the Exchequer
  Ministro de Gobernación Home
    Secretary

poder judicial *(m)* judiciary
justicia *(f)* justice

juzgado *(m)* court
  juzgado de instrucción investigating
    magistrates' court
  juzgado de primera
    instancia investigating magistrates'
    court

juzgar to judge

tribunal *(m)* tribunal
proceso *(m)* trial
procesar to put on trial

acusación *(f)* charge
acusado *(m)* defendant
acusar to charge
fiscal *(m)* public prosecutor

defensa *(f)* defence
defender to defend

abogado *(m)* lawyer
  abogado defensor defending counsel
testigo *(m)* witness
jurado *(m)* jury

sentencia *(f)* sentence
sentenciar to sentence
condena *(f)* conviction
condenar to convict
pena *(f)* penalty

cárcel *(f)* prison
prisión *(f)* prison
preso *(m)* prisoner
  preso político political prisoner

amnistía *(f)* amnesty
indulto *(m)* pardon
indultar to pardon

LA POLITICA

política *(f)* politics
político *(m)* politician
  partido político political party

La tendencia política

derecha right
  derechista rightist
  extrema, ultra-derecha extreme right

izquierda left
   izquierdista leftist
   extrema, ultra-izquierda extreme left
centro centre
extremismo *(m)* extremism
extremista extremist

La ideología política

capitalismo *(m)* capitalism
marxismo *(m)* marxism
comunismo *(m)* communism
comunista communist
socialismo *(m)* socialism
socialista socialist
nacionalismo *(m)* nationalism
nacionalista nationalist

elecciones *(f)* elections
elector *(m)* elector, voter
electoral electoral
   campaña electoral electoral campaign
elegir to elect

candidato *(m)* candidate
comicios *(m)* elections
sufragio *(m)* suffrage
urna *(f)* ballot box
escrutinio *(m)* counting of votes

votación *(f)* voting
votante *(m)* voter
voto *(m)* vote
votar to vote
emitir un voto to cast a vote

abstención *(f)* abstention
abstenerse to abstain

sistema mayoritario *(m)* majority system
sistema proporcional *(m)* proportional
   representation
mayoría absoluta *(f)* absolute majority

manifestación *(f)* demonstration
manifestante *(m)* demonstrator
manifestarse to demonstrate

La violencia y el delito político

guerrilla *(f)* guerrilla war
guerrillero *(m)* guerrilla (fighter)

terrorismo *(m)* terrorism
terrorista terrorist
   atentado terrorista terrorist attack

delincuencia *(f)* delinquency
delito *(m)* crime, offence
delincuente *(m)* criminal
cometer un delito to commit a crime

crimen *(m)* crime
criminal criminal
cometer un crimen to commit a crime

asesinato *(m)* assassination, murder
asesino *(m)* assassin, murderer
asesinar to assassinate, murder

secuestro *(m)* kidnapping
secuestrador *(m)* kidnapper
secuestrar to kidnap
rehén *(m)* hostage

herida *(f)* injury
herido injured
herir to injure

muerte *(f)* death
muerto dead
cadáver *(m)* dead body
matar to kill
dar muerte to kill
morir to die

golpe de estado *(m)* coup d'état
golpe militar *(m)* military coup
derrocar to overthrow

LA SOCIEDAD

La población

población *(f)* population
   población urbana urban population
   población rural rural population
densidad de población *(f)* density of
   population
explosión demográfica *(f)* population
   explosion
habitante *(m)* inhabitant

natalidad *(f)* birth rate
nacimiento *(m)* birth
nacer to be born

mortalidad *(f)* mortality
   mortalidad infantil infant mortality
muerte *(f)* death
morir to die

migración *(f)* migration

emigración *(f)* emigration
emigrante emigrant
emigrar to emigrate
inmigración *(f)* immigration
inmigrante *(mf)* immigrant
inmigrar to enter the country

Grupos sociales

estructura social *(f)* social structure
clase social *(f)* social class
   clase alta upper class
   clase media middle class
   clase baja lower class
   clase obrera working class
   clase trabajadora working class
proletariado *(m)* proletariat
campesinado *(m)* peasantry

pobre poor
pobreza *(f)* poverty
rico rich
riqueza *(f)* wealth

hombre *(m)* man
mujer *(f)* woman
masculino masculine
femenino feminine
sexo opuesto *(m)* opposite sex

discriminación sexual *(f)* sexual
   discrimination
machismo *(m)* male chauvinism
machista male chauvinist
liberación de la mujer *(f)* women's lib
igualdad de derechos *(f)* equal rights

juventud *(f)* youth
jóvenes *(m)* young people
joven young
juvenil youthful
chico, chica young boy and girl

El estado civil y la familia

soltero single
viudo *(adj)* widowed
separado separated
   separarse to separate
   separación *(f)* separation
divorciado divorced
   divorciarse to get divorced
   divorcio *(m)* divorce
casado married
   casarse to get married
   contraer matrimonio to get married
marido, esposo *(m)* husband

mujer, esposa (f) wife
cónyuges (m) husband and wife

familia (f) family
matrimonio (m) married couple
padres (m) parents
hijos (m) children

hogar (m) home
grupo familiar (m) family group
ingreso familiar (m) family income
presupuesto familiar (m) family budget

vivienda (f) housing
    alquiler (m) rent
    agua (f) water
    electricidad (f) electricity
    calefacción (f) heating
alimentación (f) food
vestuario (m) clothes
educación (f) education
sanidad (f) transport
esparcimiento (m) entertainment

LA PRENSA

prensa (f) press
    libertad de prensa (f) freedom of the
        press
    rueda de prensa (f) press conference

periodismo (m) journalism
periodista (mf) journalist
periódico (m) newspaper
diario (m) newspaper
revista (f) magazine
    de información news
    deportiva sports
    humorística humorous
    infantil comic
    satírica satirical
fotonovela (f) romantic strip stories
    using photographs

director (m) editor
redactor (m) sub-editor
reportero (m) reporter

noticia (f) news
artículo (m) article
editorial (m) leading article
comentario (m) commentary
crónica (f) feature story
entrevista (f) interview
reportaje (m) news report

título (m) title
titular (m) headline
tirada (f) circulation
circulación (f) circulation

censura (f) censorship
censor (m) censor
censurar to censor

puesto, quiosco de periódicos
    (m) newspaper stand

EL TRABAJO

trabajo (m) work
trabajador (m) worker
trabajar to work

ocupación (f) occupation
empleo (m) employment
pluriempleo (m) having more than one
    job
puesto de trabajo (m) job

aprendiz (m) apprentice
obrero (m) worker
operario (m) manual worker
peón (m) unskilled worker
subalterno (m) minor, auxiliary
directivo (m) executive
director (m) manager, executive
empresario (m) manager
gerente (m) manager
perito (m) expert; skilled man
técnico (m) technician
profesional (mf) professional
funcionario (m) official
    funcionario público public official
agricultor (m) farmer
labrador (m) farm labourer
jornalero (m) (day) labourer
empleado (m) employee

jornal (m) day's wage
paga (f) pay
remuneración (f) pay
retribución (f) pay
salario (m) wages
sueldo (m) salary

impuesto (m) tax
pagar impuestos to pay tax

paro (m) unemployment
    parado unemployed
desempleo (m) unemployment

seguro de desempleo (m) unemployment
    benefit
seguridad social (f) social security

jubilación (f) retirement
jubilar to retire
jubilado retired
pensionado retired
pensión (f) pension

EL SINDICALISMO

sindicalismo (m) trade unionism
sindicato (m) trade union
gremio (m) trade union
sindicalista trade unionist
sindical (adj.) trade-union
sindicarse to join a union

huelga (f) strike
    de brazos caídos sit-down strike
    de hambre hunger strike
    de solidaridad sympathy strike
    patronal (o lock-out) lock-out
sentada (f) sit-in

estar en huelga to be on strike
declarar la huelga to go on strike
declararse en huelga to go on strike

huelguista (mf) striker
piquete (m) picket
esquirol (m) blackleg

boicot (m) boycott
boicotear to boycott

negociación colectiva (f) collective
    bargaining
convenio colectivo (m) joint agreement

LA ECONOMIA

economía (f) economy
economista (mf) economist
económico economic

nivel de vida (m) standard of living
desarrollo (m) development
subdesarrollo (m) underdevelopment

ingreso per cápita (m) per capita income
distribución del ingreso (f) income
    distribution

renta (f) income
    renta nacional national income
poder adquisitivo (m) purchasing power
autarquía (f) economic self-sufficiency
consumo (m) consumption
    bienes de consumo (m) consumer
      goods
consumidor (m) consumer
consumir to consume

precio (m) price
    control de precios (m) price control
inflación (f) inflation
coste de la vida (m) cost of living
reajuste de salarios (m) salary
    adjustment

presupuesto (m) budget
gasto público (m) public expenditure
balanza de pagos (f) balance of payments
tasa de crecimiento (f) growth index

reforma fiscal (f) tax reform
evasión fiscal (f) tax evasion

capital (m) capital
inversión (f) investment
inversionista (mf) investor
invertir to invest

crédito (m) credit
divisas (f) foreign exchange
    control de divisas (m) exchange
      control
    fuga de divisas capital flight

monopolio (m) monopoly
monopolizar to monopolise
nacionalización (f) nationalisation
nacionalizar to nationalise

producción (f) production
    medios de producción means of
      production
productividad (f) productivity
producir to produce
actividad productiva (f) productive
    activities

agricultura (f) agriculture
comercio (m) trade

construcción (m) building
ganadería (f) stock farm
industria (f) industry
minería (f) mining
pesca (f) fishing
importación (f) import(s)
importador (m) importer
importar to import
exportación (f) export(s)
exportador (m) exporter
exportar to export

mercado (m) market
    exterior overseas market
    interior, nacional home market
    libre free market
    de valores stock market
    negro black market
    estraperlo (m) under the counter
      dealings (1930s–50s)

LA INDUSTRIA Y EL COMERCIO

industria (f) industry
industrialización (f) industrialisation
industrial industrial
industrializar industrialise

Industria o empresa (f) industry or firm
    automovilística car industry
    conservera canning industry
    de construcción naval ship building
    de la energía power industry
    mecánica mechanical industry
    petroquímica petrochemical industry
    química chemical industry
    siderúrgica iron and steel industry
    textil textile industry
    vinícola wine industry
Tabacalera (f) Spanish state tobacco
    monopoly

fábrica (f) factory
fabricación (f) manufacture

fabricante (m) manufacturer
fabricar to manufacture

compañía (f) company
sociedad anónima (S.A.) (f) limited
    liability company
sociedad por acciones stock company
sociedad en comandita joint-stock
    company

acciones (f) shares
accionista (mf) shareholder
consejo de administración (m) board of
    directors
dirección (f) management
director gerente (m) managing director
gerente (m) manager

mercancías (f) goods
existencias (f) stock

comercio (m) trade
    de exportación export trade
    exterior overseas trade
    de importación import trade
    interior home trade
Cámara de Comercio (f) Chamber of
    Commerce
comerciante (m) trader
comercialización (f) marketing
comercializar to market
comerciar to trade

distribuidor (m) dealer
representante (m) representative
viajante (m) commercial traveller

vender to sell
venta (f) sale
    al por mayor wholesale
    al por menor retail
    al contado cash sale
    a plazos hire purchase

comprar to buy
compra (f) purchase

pérdida (f) loss
ganancia (f) profit
oferta (f) supply
demanda (f) demand

A

abarcar to include
abogacía (f) legal profession
abogado (m) lawyer
abordar to tackle
abrelatas (m) tin opener
absoluto absolute
  en absoluto by no means
acabar to finish
  acabar de + inf. to have just + past part.
  acabar + ger. to end up by + ger.
acalorado heated
acentuar to stress
acentuarse to become more noticeable
acercamiento (m) approach
acertado correct
acierto (m) success
aclarar to clarify
acoger to receive, welcome
acogida (f) reception; acceptance
acontecimiento (m) event
acordar to agree
acostumbrado accustomed; usual
acostumbrarse a to get used to
acrecentar to increase
acreditar to prove
actitud (f) attitude
actual present
actualidad (f) present time
  en la actualidad at present
actualmente at present
acudir to come
acuerdo (m) agreement
  de acuerdo agreed; in accordance
  estar de acuerdo to agree
acusado accused; apparent
adecuación (f) adaptation
además besides
adhesión (f) support
adjunto accompanying
administrativo administrative
adquisitivo acquisitive
  poder adquisitivo purchasing power
aduana (f) customs
aduanero (m) (adj.) customs
adulterio (m) adultery
advenimiento (m) advent; coming
advertir to notice
aéreo (adj.) air
afianzar to strengthen
afirmar to affirm, state
agobiado overwhelmed

agregar to add
agrios (m) citrus fruits
agrupación (f) group, association
aguantar to put up with
ahijado (m) protégé (figuratively)
ahora bien now then
aislado isolated
aislamiento isolation
ajuste (m) adjustment
alavés inhabitant of Alava
alcance (m) significance
alcanzar to reach
alegar to adduce
aliado (m) ally
  los Aliados the Allies
alimentación (f) food
alimentado fed
alineación (f) alignment
aliviar to relieve, ease
alrededor de around, about
ama de casa (f) housewife
amparar to protect
ambiente (m) environment, atmosphere
ámbito (m) scope
ambos both
ametrallar to machine-gun
amistad (f) friendship
amistosamente in a friendly way
amnistía (f) amnesty
ampliación (f) enlargement
analfabeto illiterate
anarquista anarchist
anclado anchored; rooted in
Andalucía Andalusia
andaluz Andalusian
ansia (f) yearning
ante(s) before
anuncio (m) advertisement;
  announcement
añadir to add
apenas hardly
apertura (f) opening
aplastante overwhelming
aplaudir to applaud
aplicar to apply
aportar to contribute
apoyarse en to be supported by
apoyo (m) support
apreciable considerable
aprender to learn
aprendiz (m) apprentice
apretado tight; demanding
apretura (f) tightening

aprobación (f) approval
aprobar to approve
aprovechar to take advantage
apuntar to point to
aragonés Aragonese
árbol (m) tree
argumentar to argue
argumento (m) argument
armador (m) shipowner
arrancar to pull out
arreglo (m) agreement
  con arreglo a according to
arriesgarse to risk
artículo (m) article
asco (m) revulsion
  ¡qué asco! how revolting!
asegurar to safeguard; to assure
asesinar to murder, assassinate
asesinato (m) murder, assassination
aseverar to assert
así in this way; thus
  así como as well as
astillero (m) shipyard
asunto (m) affair; subject
  asuntos exteriores foreign affairs
atentado (m) attack, assault
  atentado terrorista terrorist attack
atentar to attempt (crime)
atravesar to cross
auge (m) boom
aumentar to increase
aumento increase
aun even
aún still, yet
aunque although, even though
automovilístico (adj.) car
  industria automovilística car industry
auxiliar (mf) assistant
  auxiliar administrativo administrative
    assistant
ayuda (f) help, assistance
ayudante (m) assistant
ayudar to help, assist

B

balanza de pagos balance of payments
Baleares (f) Balearics
  Islas Baleares Balearic Islands
barbaridad (f) outrage
  ¡qué barbaridad! how awful!
base (f) base

base aérea air-base
base aeronaval air-sea base
Bélgica Belgium
beneficio *(m)* benefit, advantage
bienes *(m)* property; goods
boletín *(m)* report; bulletin
boquiabierto open-mouthed
borrar to erase, delete
Bunker *(m)* Franco's hard-line
    supporters
busca *(f)* search
buscar to look for
búsqueda *(f)* search

C

caber to be possible *(figuratively)*
    cabe mencionar one may mention
cabo *(m)* corporal
cadáver *(m)* dead body
cadena *(f)* chain
calidad *(f)* quality
calificar to describe; define
calumnia *(f)* slander
cámara *(f)* chamber, house
    Cámara Alta Upper House
    Cámara Baja Lower House
cambio *(m)* change
    a cambio in return
    en cambio instead; on the other hand
caminata *(f)* long walk
camino *(m)* way; road
campesino *(m)* peasant
campo *(m)* field; countryside
    campo de batalla battle field
canal *(m)* channel
    Canal de la Mancha the English
    Channel
Canarias *(f)* Canaries
    Islas Canarias Canary Isles
canario of the Canary Isles
capacitación *(f)* training
capital *(m)* capital *(financial)*
    (f) capital *(city)*
capitán *(m)* captain
capítulo *(m)* chapter
capturar to capture, seize
carabinero *(m)* policeman
carecer de to lack
cargo *(m)* responsibility
    hacerse cargo to take charge
carne de cañón *(f)* cannon fodder
cartera *(f)* portfolio
casi almost
castellano Castilian
catalán Catalan, Catalonian

catalanoparlante Catalan-speaking
Cataluña Catalonia
cátedra *(f)* senior teaching post;
    professorship; subject *(school,
    university)*
    libertad de cátedra academic freedom
catedrático *(m)* professor; teacher
cauce *(m)* channel
Caudillo *(m)* the Leader (of Spain), title
    assumed by General Franco
causa *(f)* cause
    a causa de because of
causante *(mf)* responsible
censor *(m)* censor
censura *(f)* censorship
censurar to censor
centenar *(m)* hundred
cerco *(m)* siege
Cerdeña Sardinia
cerdo *(m)* pig; pork
cerrado reserved (person)
cese *(m)* suspension
cierto certain; true
cifra *(f)* figure (mathematical)
cita *(f)* quotation; appointment
citar to mention; summon
ciudadano *(m)* citizen
civilidad *(f)* civility
clamor *(m)* clamour
cláusula *(f)* clause
clave *(adj.)* key
código *(m)* code
    código de justicia code of justice
    código penal penal code
cogestión *(f)* co-partnership
colocar to place
comandancia *(f)* area under a
    commander's jurisdiction
comandante *(m)* major
comentar to comment on
comicios *(m)* election
compañía *(f)* company
competidor *(m)* competitor
componerse de to consist of
comprender to understand; comprise
comprensible understandable
comprometerse to undertake
comunidad *(f)* community
    **Comunidad Económica Europea
    (CEE)** European Economic
    Community
comunismo communism
comunista *(mf)* communist
conceder to grant
concerniente a concerning
    en lo que concierne a with regard to
conciencia *(f)* conscience

tomar conciencia de to become aware
    of
concluir to conclude
concretizar to specify
condena *(f)* sentence, conviction
condicionante *(f)* condition
conducir to lead; drive
configurar to shape, form
conformarse con to resign oneself to
conforme a in accordance with
congelado frozen
conjunto *(m) (adj.)* group; joint
    en su conjunto in its entirety
Cono Sur *(m)* Southern Cone (Argentina,
    Uruguay, Chile)
conseguir to get; to manage
consejo *(m)* council; piece of advice
    consejo de ministros council of
    ministers
    Consejo de Seguridad Security Council
consenso *(m)* consensus
conservero canning
    industria conservera canning industry
consiguiente consequent
consultivo consultative
consumidor *(m)* consumer
contar con to have
contarse entre to figure among
contra against
    estar en contra to be against
contrabando *(m)* smuggling
contraer matrimonio to marry
contraproducente counter-productive
contrapropuesta *(f)* counter-proposal
contrario opposed; contrary
    por el contrario on the contrary
contratar to hire
convencimiento *(m)* conviction
conveniencia *(f)* advisability
convenio *(m)* agreement
convenir to agree; suit
    conviene + inf. it is important to
convertirse en to become
convivencia *(f)* coexistence
cónyuges *(m)* husband and wife
corona *(f)* crown
coronar to crown
coronel *(m)* colonel
corporativo corporate
corriente *(f)* tendency; course
Cortes *(f)* Spanish Parliament
cortesía *(f)* politeness
    visita de cortesía formal visit
cosa *(f)* thing
coste *(m)* cost
    coste de la vida cost of living
costear to finance, pay for

costumbre (f) custom
crear to set up, create
crecer to grow
creciente increasing, growing
crecimiento (m) growth
criticar to criticise
cuadrado square
cualificado qualified
cualquiera any
  cualquiera que sea whichever it may be
cuanto antes as soon as possible
  en cuanto as soon as
  en cuanto a as for, as regards
cuartel (m) barracks
cuarto fourth
cubrir to cover
cuenta (f) account
  por cuenta propia on one's own account
  trabajar por cuenta propia to be self-employed
cuerpo (m) body, corporation
cuidarse de to be careful to
culpable guilty
cultivo (m) crop; cultivation
cumplimiento (m) fulfilment
cumplir to observe (the law); to carry out
cursar estudios to study; to attend (school)
cursiva italics
cuyo whose

CH

chantaje (m) blackmail
charla (f) a talk
charlar to chat
chico (m) boy
Chipre Cyprus
chófer (m) driver

D

dar to give
darse to be found (biologically)
  darse cuenta to realize
dato (m) information
debatir to discuss
deber (m) duty
deber must, have to
deberse a to be due to
debido a due to
debilitado weakened
década (f) decade
décimo tenth

decretar to decree
decreto (m) decree; act (Parliamentary)
  decreto-ley law
dejar to leave
  dejar de + inf. to stop + ger.
delincuencia (f) delinquency
delincuente (m) delinquent
delito (m) crime, offence
demás other(s)
dentro de within
denuncia (f) accusation, report
deportivo (adj.) sports
deprimido depressed
derecha (f) right (political)
derecho (m) right; law
  derechos humanos human rights
derribar to overthrow
desacierto (m) mistake
desacuerdo (m) disagreement
desarraigo (m) uprooting
desarrollado developed
desarrollar to develop
desarrollo (m) development
desatado unleashed
descanso (m) rest
descendiente (mf) descendant
desconocimiento (m) ignorance
desempeñar to perform (duty)
  desempeñar un papel to play a part
desempleo (m) unemployment
desencadenar to unleash
deseo (m) wish
desfase (m) lack of synchronisation
desgraciadamente unfortunately
desierto (m) desert
desmentido (m) denial
desnaturalizar to distort; misrepresent
despacho (m) office
despegar to take off
desplazamiento (m) movement
despliegue (m) deployment (military)
desprovisto de lacking in
destacado important, outstanding
destacar to emphasise
destape (m) nudity, permissiveness in the press
desventaja (f) disadvantage
desviar to divert
devolver to return; give back
día (m) day
  en su día in due time
diario (m) newspaper
diario daily
dicho said; above-mentioned
dictadura (f) dictatorship
difundir to spread (information)
dignidad (f) rank; office

digno decent
  digno de worthy of
Dinamarca Denmark
diputación (f) deputation
  diputación provincial county council
diputado (m) deputy (member of the Lower House)
directivo (m) executive
dirigir to lead, direct
dirigirse a to go to; to speak to
disculparse to excuse oneself
discurso (m) speech
disenso (m) disagreement
disponer dispose, arrange
dispuesto a willing to
distinto different
distraer to distract
diverso diverse
diversos several
divorcio (m) divorce
droga (f) drug
duda (f) doubt
  no cabe duda there can be no doubt
  sin duda undoubtedly
  sin lugar a duda beyond all doubt
dureza (f) hardness; harshness

E

echar to expel
  echar la culpa to blame
editar to publish
editorial publishing; editorial
  casa editorial (f) publishing house
efectuar to carry out
eficaz effective
ejemplar (m) copy
ejercer to exercise
ejercicio (m) exercise
ejército (m) army
elegir to elect
elevación (f) rise
embarazada pregnant
emigración (f) emigration
emigrante (mf) emigrant
emigrar to emigrate
empeño (m) pledge; determination
empleado (m) employee
emplear to employ
emprender to undertake
empresa (f) company
empresario (m) manager
encabezar to lead
encadenar to chain
encaminarse a to be directed towards
encargar to commission

encima over, above
encuesta (f) public opinion poll
enfermedad (f) illness
enfrentarse con to face
enlace sindical (m) shop steward
enseñanza (f) teaching
entender to understand
  entender en to have the authority
enterarse to get to know
  darse por enterado to express
    awareness of
entidad (f) organisation
entregar to hand over
enviar to send
equivocarse to be mistaken
erradicar to eradicate
escaso scarce
escisión (f) split
esclarecer to elucidate, explain
escolaridad (f) schooling
escrito (m) written text; document
escritor (m) writer
esfuerzo (m) effort
eso that
  a eso de about (time)
  por eso that is why
españolidad (f) Spanishness
esperanza (f) hope
espina (f) thorn
espíritu (m) spirit
establecer to establish, set up
establecimiento (m) setting up
estado (m) state
  estado civil marital status
  estado mayor general staff (military)
Estados Unidos (EE.UU.) United States
estatal (adj.) state
estatura (f) height
estatuto (m) statute
estrecho close; narrow
estrenar to show or perform for the first
  time
etapa (f) stage
euskaldún ethnically Basque
euskera Basque (language)
evasión fiscal (f) tax evasion
evitar to avoid
excedente (m) excess
exceptuar to except
excluir to exclude
exención (f) exemption
exigencia (f) demand, requirement
exigir to demand, require
exiliado (m) exile(d)
exilio (m) exile
éxito (m) success
éxodo (m) exodus

expedir to issue
expresamente expressly
extranjero (m) foreigner; foreign
  ir al extranjero to go abroad
extrañar to find strange
extremeño Extremaduran

F

facultad (f) faculty
faenar to work
falta (f) lack
  hacer falta to be necessary
fantasma (m) ghost
fecha (f) date
felicitar to congratulate
fijar to determine
fin (m) end; aim
  a fin de cuentas in the final analysis
  a fin de que so that
  poner fin a to put an end to
  por fin at last
flotar to float
  mantenerse a flote to keep afloat
fomentar to encourage
forma (f) way, method
  de forma que so that
  de la misma forma in the same way
fortaleza (f) fortress
fortuna (f) fortune
  por fortuna fortunately
franco frank
franquista (adj.) pro-Franco; Franco
frente (m) front
  hacer frente to face
fuente (f) source
fuero (m) law code, charter, traditional
  rights
fuerza (f) force
  fuerzas armadas armed forces
  fuerzas del orden público forces of law
    and order
funcionario (m) official
  funcionario público public official
fundamento (m) foundation
fundar to set up
fundarse en to be based on

G

gallego Galician
ganar to earn; win
gastar to spend
gasto (m) expense
gendarme (m) policeman

general de brigada (m) brigadier-general
género (m) type, kind
gestión (f) management
girar to turn round
  girar en torno (de) (a) to be centred on
gobernante (mf) ruler (political)
gobernar to govern
gobierno (m) government
gordo fat
gozar de to enjoy
grasa (f) fat
grave serious
gravedad (f) seriousness
gremio (m) trade union
guardaespaldas (m) bodyguard
guardia (m) policeman, guard
    (f) custody
  Guardia Civil Civil Guard
gubernamental governmental
guerra (f) war
  guerra fría cold war

H

habitante (mf) inhabitant
hacer la América to make a fortune
hacia towards
hallarse to be; to find oneself
hasta until; as far as; even
hecho fact; event
heredar to inherit
heredero (m) heir
herida (f) injury
Hispanoamérica Spanish America
hispanoamericano Spanish-American
hogar (m) home
hombre-rana (m) frogman
horno (m) furnace
hoy today
  hoy en día nowadays
huelga (f) strike
huelguista (mf) striker
huevo (m) egg
huir to escape

I

Iberoamérica Latin America
iberoamericano Latin American
igual same; equal
igualdad (f) equality
impensable unthinkable
implicar to imply
imponer to impose
imprescindible essential

impuesto (*m*) tax
impulsar to impel, drive
incluso even
inconveniente (*m*) disadvantage
incorporarse a to join
incumplimiento (*m*) non-fulfilment
índice (*m*) rate; index
índole (*f*) nature; kind, sort
indudablemente undoubtedly
indulto (*m*) pardon (*law*)
infantil relating to children
inferencia (*f*) inference
influir to influence
informe (*m*) report
infracción (*f*) offence
ingeniero (*m*) engineer
ingresar to join; to be admitted
ingreso (*m*) entry
inicio (*m*) beginning
injuria (*f*) insult
inmigrante (*mf*) immigrant
inmutable immutable, changeless
inquietante worrying, disturbing
instalarse to settle down
instancia (*f*) petition (*law*)
instauración (*f*) restoration, installation
instaurar to restore, to instal
integrar to make up; to form
intención (*f*) intention; plan
intentar to try
intercambio (*m*) exchange
interlocutor (*m*) speaker
interrogante (*f*) query, question
intocable untouchable
invadir to invade
invasor (*m*) invader
inversión (*f*) investment
invertir to invest
isla (*f*) island
Islandia Iceland

J

jefatura (*f*) leadership
jefe (*m*) chief, head
  jefe de administración y taller works manager
  jefe de estado head of state
jornada (*f*) working day
jornalero (*m*) labourer
jubilación (*f*) retirement
juego (*m*) game
juez (*m*) judge
jugar to play
  jugar un papel to play a part

juicio (*m*) judgement; opinion
  a juicio de in the opinion of
  a mi juicio in my opinion
junta (*f*) council, committee
  junta sindical union committee
junto together
jurado (*m*) jury
jurídico legal
justo just
juvenil (*adj.*) youth
juventud (*f*) young people, youth
juzgado (*m*) court, tribunal
  juzgado de instrucción investigating magistrates' court
  juzgado de primera instancia investigating magistrates' court

L

lado (*m*) side
  por un lado on the one hand
laminado (*m*) sheet (*technical*)
lanzar to launch (*commercial*)
largo long
  a la larga in the long run
  a lo largo de throughout
lástima (*f*) pity
  ¡qué lástima! what a pity!
lazo (*m*) link
lector (*m*) reader
lectura (*f*) reading
leer to read
  leer entre líneas to read between the lines
legumbre (*f*) vegetable
lento slow
lepra (*f*) leprosy
leprosería (*f*) leper colony (*figuratively*)
lesionar to hurt, injure
letras (*f*) Arts (*university*)
levantamiento (*m*) lifting; uprising
ley (*f*) law
libertad (*f*) freedom
  libertad de imprenta freedom of the press
  poner en libertad to set free
licenciado graduate
ligado linked
ligeramente lightly
limítrofe bordering
línea (*f*) line
lograr to achieve; manage
lucha (*f*) struggle, fight
luchar to struggle, fight
luego then, later
  desde luego of course

lugar (*m*) place
  en lugar de instead of
  tener lugar to take place
lujo (*m*) luxury

LL

llamamiento (*m*) call
llamativo striking
llegar a + *inf.* to succeed in + *ger.*
lleno full
llevar a cabo to carry out

M

mando (*m*) command
  al mando de under the command of
manera (*f*) manner, way
  de manera que so that
manifestación (*f*) demonstration
manifestante (*mf*) demonstrator
manifestar to state
manifestarse to demonstrate
mano de obra (*f*) labour force
mantener to maintain
marco (*m*) framework
margen (*m*) edge
marina (*f*) navy
marroquí Moroccan
Marruecos Morocco
materia (*f*) matter; subject
  en materia de as regards; in the matter of
matrimonio (*m*) marriage
matutino (*adj.*) morning
mayor greater, bigger
media (*f*) average
mediante by means of
medida (*f*) measure
  en cierta medida up to a point
  tomar medidas to take steps
medio (*m*) means
  por medio de by means of
  medios de comunicación de masas mass media
mejora (*f*) improvement
mejoramiento (*m*) improvement
mejorar to improve
memoria (*f*) memory
  de memoria by heart
menos less
  a menos que unless
  al menos at least
mensual monthly

mente (f) mind
menudo small
   a menudo often
mercado (m) market
   Mercado Común Common Market
meridional southern
miedo (m) fear
miembro (m) member
mientras while; as long as
   mientras que whereas
   mientras tanto in the meantime
minifundio (m) small farm
   minifundio empresarial small
      company (*figuratively*)
ministerio (m) ministry
ministro (m) minister
   Ministro de Asuntos Exteriores Foreign
      Secretary
   Ministro de Gobernación o del Interior
      Home Secretary
   Ministro de Hacienda Chancellor of the
      Exchequer
   Primer Ministro Prime Minister
misa (f) mass
   ir a misa to go to mass
mitad (f) half
modo (m) way, manner
   de modo que so that
   en cierto modo in a way
monarquía (f) monarchy
monetario monetary
montaje (m) montage
movimiento (m) movement
muerte (f) death
muerto dead
murciano Murcian
mutuo mutual

N

nacer to be born
nacimiento (m) birth
naturalmente naturally
navarro Navarrese
negar to deny
negarse a to refuse to
negociación (f) negotiation
   negociación colectiva collective
      bargaining
neutralidad (f) neutrality
nieto (m) grandson
nivel (m) level
norteño northern
Noruega Norway
noticia (f) piece of news
núbil marriageable

nuevo new
   de nuevo again
nulidad (f) nullity

O

objeto (m) aim, object
   con el objeto de in order to
objetor de conciencia (m) conscientious
      objector
obra (f) work
obrero (m) worker
obstante: no —— nevertheless; in spite of
occidental western
occidente (m) west
ocio (m) leisure
   tiempo de ocio spare time
ocultar to hide
oferta y demanda (f) supply and demand
oficial (m) officer; skilled workman;
      official
ojalá que if only ... !; I hope ...
ola (f) wave
opinar to think
oponerse to oppose
Organización de las Naciones Unidas
   (ONU) (f) United Nations
      Organization (UNO)
Organización del Tratado del Atlántico
   Norte (OTAN) (f) North Atlantic
      Treaty Organization (NATO)
oriente (m) east

P

pacífico peaceful
pacto (m) pact
página (f) page
palabra (f) word
palacio (m) palace
palpitante burning (*interest*)
pancarta (f) banner
para for, in order to
   para que so that
parada (f) stop, stopping
parado unemployed
paraíso (m) paradise
parecer to seem, appear
   al parecer apparently
   a (su) parecer in (his) opinion
parlamentario (m) member of
      parliament
paro (m) unemployment
parte (f) part
   en ninguna parte nowhere
   por una parte on the one hand
   por otra parte on the other hand

partidario (m) supporter
partido político (m) political party
partir to start, depart
   a partir de starting from
pasar a ser to become
paso (m) step
patria (f) fatherland
   madre patria mother country
patrono (m) employer; boss
peligro (m) danger
pena (f) punishment
pendiente pending
pensión (f) pension
peón (m) unskilled workman
peor worse
perder to lose
pérdida loss
periodismo (m) journalism
periodista (mf) journalist
perito (m) expert; technician
perjudicar to harm
permanecer to remain
permiso (m) permit
   permiso de trabajo work permit
   permiso de residencia residence permit
pesar to weigh
pesar (m) regret
   a pesar de in spite of
pesca (f) fishing
pescar to fish
pese a in spite of
petróleo (m) oil, petroleum
   industria petrolera (f) oil industry
   industria petroquímica petrochemical
      industry
pie (m) foot
   a pie on foot
   de pie standing
   al pie de la letra word for word
plano flat
plantear to get under way; implant; to
      raise (*a question, etc.*)
plazo (m) period
   a largo plazo long-term
pleno complete, full
pluriempleo (m) having more than one
      job
población (f) population
poblado populated
poder (m) power
   poder judicial judiciary
policía (f) police force
policía (m) policeman
política (f) politics
político (m) politician
porcentaje (m) percentage
porcentual (*adj.*) percentage

portada (f) cover (of a magazine)
porta(a)viones (m) aircraft carrier
portavoz (m) spokesman
porvenir (m) future
posterioridad: con —— a subsequent to
potencia (f) power
prebélico prewar
precisar to specify
preciso necessary
preferente preferential
prensa (f) press
preocupar to worry
preparativos (m) preparations
preso (m) prisoner
   preso político political prisoner
prestar to lend; give (support)
prestarse a to lend oneself to
presupuesto (m) budget
pretender to claim; try to
pretensión (f) claim; aim
primacía (f) priority
principado (m) principality
príncipe (m) prince
principio (m) beginning; principle
   a principios de at the beginning of
   en un principio at first
prisión (f) prison
priva (f) deprivation
procesar to prosecute
proclamar to proclaim
procurar+ inf. to try to
profesar to profess
profundidad (f) depth
prometer to promise
pronunciamiento (m) military coup
pronunciar un discurso to make a speech
proponer to propose
proponerse hacer algo to propose to do
   something
propósito (m) purpose
   con el propósito de in order to
propuesta (f) proposal
proteger to protect
proveniente de coming from
provenir de to stem from
prudente sensible
prueba (f) proof
publicar to publish
puente (m) bridge
   hacer puente not to work on a day
   between two holidays
puerto (m) port
puesto (m) post
puesto que since, as
punto (m) point
   punto de partida starting point
   punto de vista point of view

Q

quedar to remain
quincena (f) fortnight
quinto fifth
quiosco (m) kiosk
quitar to reduce, diminish
quizá(s) perhaps

R

raíz (f) root
   a raíz de as a result of
rama (f) branch
raro strange
   ¡qué raro! how strange!
rasgo (m) characteristic
   a grandes rasgos broadly speaking
ratificar to ratify
razón (f) reason
real real; royal
realizar to carry out
rechazar to reject
recién llegado newly arrived
reclamar to demand, claim
recoger to pick up
reconocer to recognize
reconocimiento (m) recognition
recorrer to go over
recuperación (f) recovery
recuperar to recover
red eléctrica (f) electricity grid
referirse a to refer to
   por lo que se refiere a as regards
reflejarse to be reflected
reflejo (m) reflection
reforma fiscal (f) tax reform
refugiado refugee
refugiarse to seek asylum
régimen (m) régime
regir to rule
regirse por to be ruled by
regla (f) rule, regulation
   en regla in order
reglamentación (f) regulation
reino (m) kingdom
reivindicación (f) claim
relieve (m) importance
   poner de relieve to emphasize
remedio (m) solution (figuratively)
remesa (f) remittance
remolacha (f) beet
rendimiento (m) return (financial)
renovación (f) renewal
renovar to renew
rentabilidad (f) profitability

rentable profitable
repartir to share; distribute
reparto (m) distribution
reportar to obtain; bring
requerir to require; summon
requisito (m) requirement
respaldo (m) backing
respecto a with regard to
   en lo que respecta a as regards
respetar to respect
restauración (f) restoration
restaurar to restore
restringir to restrict
resumen (m) summary
   en resumen to sum up
retardar to delay
retornar to return
retorno (m) return
retribuir to pay
revista (f) magazine
rey (m) king
reyes (m pl) king and queen
riesgo (m) risk
rigor (m) severity
riqueza (f) wealth
robo (m) robbery
rodar to run (figuratively)
rodear to surround
romper to break
rotundamente roundly, in no uncertain
   terms
rueda de prensa (f) press conference
rumbo (m) direction, route

S

saber to know
   a saber namely
salario (m) salary, wages
salto (m) leap
salud (f) health
salvaguardar to safeguard
salvaguardia (f) safeguard
salvo except
secuestro (m) kidnapping
sede (f) headquarters
seguir to continue; follow
según according to
seguridad (f) security
   seguridad social social security
seguro de desempleo (m) unemployment
   benefit
semanal weekly
semanario weekly
semejante similar
senado (m) senate

senador (m) senator
sencillo simple
seno (m) headquarters; mind
   (figuratively)
sensiblemente noticeably
sentido (m) sense
señalar to indicate
septentrional northern
ser to be
   a no—— unless
servicio militar (m) military service
siderúrgico (adj.) iron and steel
   industria siderúrgica iron and steel
      industry
siempre que as long as
siglo (m) century
sindical (adj.) trade union
sindicarse to join, form a union
sindicato (m) trade union
sin embargo however
singular peculiar; singular
siquiera at least
   ni siquiera not even
sirve: no sirve para nada it is useless
soberanía (f) sovereignty
sobrepasarse to exceed oneself
sobre todo above all
sobrevivir to survive
socialista (mf) socialist
socorro (m) help
soldado (m) soldier
solicitar to request
solidarizarse con to declare one's
   solidarity with
sometido a subjected to
sondeo (m) opinion poll
sordomudo deaf and dumb
sostener to maintain
subalterno (m) minor, auxiliary
   (personnel)
subdesarrollado underdeveloped
suboficial (m) sergeant-major
subsiguiente subsequent
subvencionar to subsidise
sucesión (f) succession
sucesor (m) successor
sucesorio (adj.) succession
Suecia Sweden
sufragio (m) suffrage
sufrir to suffer
sugerencia (f) suggestion
Suiza Switzerland
suma (f) summary; addition
   en suma in short
sumado a added to
Su Majestad (S.M.) His Majesty
sumar to add

supeditar to subordinate
superar to emerge from; overcome;
   exceed
supervivencia (f) survival
suponer to involve; suppose
suprimir to abolish
supuesto: por supuesto of course
surgir to come up
susceptible de capable of

T

Tabacalera (f) Spanish state tobacco
   monopoly
tal(es) como such as
   con tal que provided that
tan pronto como as soon as
tanto es así so much so
   por lo tanto therefore
tardar to take (time)
tasa (f) rate
   tasa de natalidad birth rate
técnica (f) technique
técnico (m) technician
teleimpresión (f) teleprinting
temer to fear
tempranamente early
tender a to tend to
teniente (m) lieutenant
   teniente coronel lieutenant-colonel
tentativa (f) attempt
Tercer Mundo (m) Third World
tercero third
tercio (m) a third
término (m) term; end
   término medio average
   en primer término in the first place
   en último término in the last analysis
territorio (m) territory
terrorismo (m) terrorism
terrorista (mf) terrorist
tiempo: con el tiempo eventually
tirada (f) circulation
tirar to print
titulado qualified; having a degree
titular to entitle
título (m) title; degree
tocante: en lo tocante a as regards
tocar: en lo que toca a as regards
todavía still, yet
tono (m) tone
   a tono con in tune with
torno: en torno a round, about
torturar to torture
toxicómano drug addict
trabajador (m) worker; hard-working

traducirse en to result in
traición (f) treason
trámites (m) proceedings (law)
transcurrir to pass
tras after
tratamiento (m) treatment
tratar to try; treat
través: a—— de through
trigo (m) wheat
trimestre quarter; 3 months
triplicar to treble
Turquía (f) Turkey

U

ubicar to place
ulterior subsequent
ultraderecha extreme right
ultraizquierda extreme left
unánime unanimous
únicamente only
único only, sole
urgir to be urgent
urna (f) ballot box

V

valer la pena to be worth it
valor (m) value
varón (m) male
vasco Basque
vascoparlante Basque speaking
vascuence Basque (language)
vecino (m) neighbour
velar por to protect
vencedor (m) winner
venta (f) sale
ventaja (f) advantage
ver: a mi modo de ver in my view
vestuario (m) clothes
vez:
   a la vez at the same time
   a su vez in (its) turn
   a veces sometimes
   de vez en cuando from time to time
   en vez de instead of
   una vez, dos veces once, twice, etc.
viabilidad (f) feasibility
vigencia (f) validity
   en vigencia in force
vigente valid
vinculación (f) connexion; linking
vinculante binding
vincular to link, bind

vista *(f)* sight, view
  a primera vista at first sight
  con vistas a with a view to
visto: por lo visto apparently
viudo *(m)* widower; widowed
vivienda *(f)* accommodation;
  housing

vizcaíno Biscayan
voluntad *(f)* wish; intention
votación *(f)* voting
votante *(mf)* voter
votar to vote
voto *(m)* vote
voz *(f)* voice

Y

ya already, now
  ya no no longer
  ya que since, as